KB074756

신주 사마천 사기 27

중니제자열전

상군열전

소진열전

이 책은 롯데장학재단의 지원을 받아 번역, 출간되었습니다.

신주 사마천 사기 27 / 중니제자열전·상군열전·소진열전

초판 1쇄 인쇄 2023년 10월 15일
초판 1쇄 발행 2023년 11월 10일

지은이   (본문) 사마천
              (삼가주석) 배인·사마정·장수절
번역 및 신주 한가람역사문화연구소 사기연구실

펴낸이   이덕일
펴낸곳   한가람역사문화연구소

등록번호   제2019-000147호
주소   서울특별시 종로구 김상옥로17 대호빌딩 신관 305호
전화   02) 711-1379
팩스   02) 704-1390
이메일   hgr4012@naver.com

ISBN   979-11-90777-40-7 94910

값은 뒤표지에 있습니다.

세계 최초
**삼가주석
완역**

신주
사마천
사기

중니제자열전
상군열전
소진열전

지은이
본문_ 사마천
삼가주석_ 배인·사마정·장수절

번역 및 신주
한가람역사문화연구소 사기연구실

한가람역사문화연구소

사기 제68권 史記卷六十八
상군열전 商君列傳

사기 제69권 史記卷六十九
소진열전 蘇秦列傳

> 원 사료는 중화서국中華書局 발행의 《사기》와 영인본 《백납본사기百衲本史記》를 기본으로 삼고, 인터넷 사료로는 대만 중앙연구원 역사어언연구소歷史語言研究所에서 제공하는 한적전자문헌자료고漢籍電子文獻資料庫의 《사기》를 참조했다.

일러두기

❶ 네모 상자 안의 글은 사기 본문 및 삼가주석 서문의 글이다.

❷ 한글 번역문 바로 아래 한문 원문을 실어 쉽게 대조할 수 있게 했다.

❸ 삼가주석 아래 신주를 실어 우리 연구진의 새로운 해석을 달았다.

❹ 사기 분문뿐만 아니라 삼가주석도 필요할 경우 신주를 달았다.

❺ 직역을 원칙으로 삼고 의역은 최대한 피했다.

❻ 한문 원문에서 ( )는 빠져야 할 글자를, 〔 〕는 추가해야 할 글자를 나타낸다.

　예) 살펴보니 15개 음은 이 두 음에 가까웠다.

　　案 十五邑近此(三)〔二〕邑

《사기》〈열전〉의 넓고 깊은 세계에 관하여

1. 시대별 〈열전〉의 세계

《사기》는 〈본기本紀〉, 〈표表〉, 〈서書〉, 〈세가世家〉, 〈열전列傳〉의 다섯 부분으로 구성된 기전체紀傳體 역사서이다. 기전체라는 이름은 다섯 부분 중에 제왕의 사적인 〈본기〉와 신하의 사적인 〈열전〉이 중심이라는 사실을 시사하고 있다. 〈본기〉가 북극성이라면 〈세가〉와 〈열전〉은 북극성을 향하는 뭇별이라는 구성이다. 〈열전〉은 모두 70편으로 구성되어 있지만 한 편의 〈열전〉에 여러 명을 수록하는 경우가 여럿이어서 실제 수록된 인물은 300명이 넘는다. 중국의 24사는 대부분《사기》를 따라 기전체를 택하고 있지만《사기》만의 독창적 내용이 적지 않다.

먼저 서술 시기를 보면《사기》는 한 왕조사가 아니라 오제五帝부터 자신이 살던 한무제漢武帝 시기까지 천하사天下史를 기술했기에 그 시기가 광범위한데, 이는 〈열전〉도 마찬가지다. 그래서 이를 시기별로 나누어 정리할 필요가 있다.

첫째 시기는 춘추春秋시대 이전부터 춘추시대까지 활동했던 여러 인물이다. 〈백이열전伯夷列傳〉부터 〈중니제자열전仲尼弟子列傳〉까지 7편이 그런 경우로서 백이伯夷·숙제叔齊, 관중管仲, 안영晏嬰, 노자老子, 손자孫子, 오자서伍子胥, 공자孔子의 제자들 등이 이에 속한다.

둘째 시기는 전국戰國시대와 진秦 조정에서 활동한 인물들에 대해서 서술했다. 〈상군열전商君列傳〉부터 〈몽염열전蒙恬列傳〉까지 21편이 이런 경우로서 상앙商鞅, 소진蘇秦, 장의張儀, 백기白起, 왕전王翦, 전국 4공자, 여불위呂不韋, 이사李斯, 몽염蒙恬 등이 이에 속한다.

셋째 시기는 초楚와 한漢이 중원의 패권을 다투던 시기에 활동했던 인물들이다. 〈장이진여열전張耳陳餘列傳〉부터 〈전담열전田儋列傳〉까지 6편으로 장이, 진여, 한신韓信, 노관盧綰 등이 이에 속한다.

넷째 시기는 한고조 유방부터 경제景帝 때까지의 인물들을 서술하고 있다. 〈번역등관열전樊酈滕灌列傳〉부터 〈오왕비열전吳王濞列傳〉으로 번쾌樊噲, 육가陸賈, 계포季布, 유비劉濞 등이 이에 속한다.

다섯째 시기는 한무제 때의 인물들이다. 〈위기무안후열전魏其武安侯列傳〉 등으로 두영竇嬰, 이광李廣, 위청衛靑, 곽거병霍去病 등과 사마천 자신에 대해서 서술한 〈태사공자서太史公自序〉도 이 범주에 들 수 있다.

사마천은 한 사람의 인생 전부를 서술하는 개념으로 〈열전〉을 서술하지는 않았다. 그가 관심을 가진 것은 특정 인물이 어떤 사상을 가지고 한 시대를 어떻게 헤쳐 나갔는가, 또는 그 시대에 어떤 영향을 미쳤는가 하는 것이지 인생 전반을 세세하게 서술하는 것은 아니었다. 그러다보니 《사기》〈열전〉을 보면 한 인간의 역경을 통해서 그가 산 시대의 생생한 분위기도 엿볼 수 있다.

2. 〈백이열전〉을 첫머리로 삼은 이유

《사기》〈열전〉이 지금껏 인구에 회자되는 것은 사마천이 당위성만 추구한 것이 아니라 당위성과 실제 현실 사이의 괴리를 포착해 한 인물의 부침을 서술했기 때문이기도 할 것이다. 그가 〈열전〉의 첫머리를 〈백이열전〉으로 삼은 것은 〈세가〉의 첫머리를 〈오태백세가吳泰伯世家〉로 삼아 막내 계력季歷에게 왕위를 물려준 사양辭讓의 정신을 크게 높인 것과 마찬가지로 이利보다는 의義를 추구한 백이·숙제를 높인 것이다.

　사마천은 제후가 아닌 공자를 〈공자세가〉로 높여 서술하고 〈중니제자열전〉과 〈유림열전儒林列傳〉도 서술해 유가儒家를 높이기도 하였다. 그러나 사마천은 단순히 유학을 높인 것이 아니라 유학에서 천하는 공公의 것이기에 자기 자식이 아니라 현명한 인물에게 자리를 넘겨주는 선양禪讓의 정신을 높게 산 것이다. 그래서 오제의 황제黃帝부터 요순堯舜까지 행해 졌던 선양禪讓의 정신을 크게 높였다.

　그러나 〈백이열전〉에서 사마천은 "백이·숙제는 남을 원망하지 않았다." 는 공자의 말을 수록하면서도 사마천 자신은 공자의 견해에 동의하지 않고 백이·숙제의 뜻을 비통한 것으로 여겼다. 또한 그가 의문을 가진 것은 "하늘의 도道는 친함이 없고 항상 선한 사람과 함께한다."라고 했는데 선한 사람인 백이·숙제 같은 사람이 왜 굶어죽어야 했느냐는 질문이다. 그럼 에도 불구하고 이利를 추구하는 삶보다 의義를 추구하는 삶이 중요하다 는 생각에서 〈백이열전〉을 첫머리로 삼은 것이다.

　〈백이열전〉뿐만 아니라 초나라를 끝까지 부흥시키려고 했던 〈춘신군 열전春申君列傳〉이나 〈자객열전刺客列傳〉 등도 이에 속한다. 〈자객열전〉의 형가荊軻가 남긴 "장사 한 번 떠나면 다시 돌아오지 않으리[壯士一去兮不復還]"라는 시가가 대일항전기 의열단원들이 목숨을 걸고 국내에 잠입할 때 동지들과 나누던 시가라는 점은 시대와 장소를 넘어 의義의 실천에 목숨을 건 사람들이 깊은 동질감을 느꼈기 때문일 것이다.

3. 주제별 〈열전〉

〈열전〉 중에는 각 부문의 사람들을 주제별로 묶어서 서술한 〈열전〉이 적지 않다. 좋은 벼슬아치를 뜻하는 〈순리열전循吏列傳〉은 이후 많은 기전체 역사서가 따라서 서술하고 있다. 후세 벼슬아치들에게 역사의 포상이 가장 중요한 상으로 여기고 좋은 벼슬아치가 되려고 노력하라는 권고의 뜻을 담고 있다. 또한 혹독한 벼슬아치를 뜻하는 〈혹리열전酷吏列傳〉은 반대로 역사의 비판이 가장 무거운 형벌임을 깨닫고 백성들을 가혹하게 대하거나 가렴주구를 하지 말라는 권고를 담고 있다.

사마천은 비록 유학을 높였지만 유자儒者는 칭송을 받는데 유협游俠은 비난을 받는 현실에 대해서도 불만이었다. 그래서 유협들도 수백 년이 지난 후에도 제사를 받든다면서 〈유협열전〉을 서술했다. 〈유협열전〉같은 경우 《사기》, 《한서》와 그 전편이 모두 전하지 않는 《위략魏略》 정도가 이어서 유협에 대해 서술하였고 이후의 역사서에서는 외면받았던 인물들이다.

사마천은 또한 '기업가 열전'이라고 할 〈화식열전貨殖列傳〉을 서술했다는 이유로도 비판받았지만 그가 지금껏 역사가의 전범典範으로 대접받는 밑바탕에는 경제를 무시하지 않았던 역사관이 깔려 있었다. 그러나 〈화식열전〉은 이후 《사기》와 《한서》에서만 서술하고 있을 정도로 여러 사서는 벼슬아치와 학자만 높였지 사업가는 낮춰 보았던 것이 동양 유학 사회의 현실이었다.

《사기》에만 실려 있고, 다른 기전체 사서는 외면한 〈열전〉이 〈골계열전滑稽列傳〉, 〈일자열전日者列傳〉, 〈귀책열전龜策列傳〉이다. 〈골계열전〉은 보통 세속을 따르지 않고, 세상의 이익을 다투지 않는 것을 귀하게 여기는 사람들의 풍자정신에 대해 서술한 것으로 해석된다. 사마천이 보기에는 천문관측에 관한 〈일자열전〉이나 길흉을 점치는 복서卜筮에 대한 〈귀책열전〉도 나라를 다스리는데 필수적이라는 생각에서 이를 〈열전〉에 서술했다.

4. 위만조선만 서술한 〈조선열전〉

사마천이 〈열전〉에서 창안한 형식중 하나가 외국에 대한 〈열전〉이다. 사마천은 〈흉노열전匈奴列傳〉을 필두로 〈남월열전南越列傳〉, 〈동월열전東越列傳〉, 〈조선열전朝鮮列傳〉, 〈서남이열전西南夷列傳〉 등을 서술했다. 이것이 공자가 《춘추》에서 높인 존주대의尊周大義와 함께 중국의 전통적인 화이관華夷觀을 만들어 낸 것으로 볼 수 있다.

그러나 사마천은 동이족이 분명한 삼황三皇을 배제하고 오제五帝부터 서술한 데에서 알 수 있는 것처럼 화하족華夏族의 뿌리를 찾기 어렵다는 현실에 부닥칠 수밖에 없었다. 그래서 때로는 이족夷族의 역사를 무리하게 화하족 역사로 편입시키려 노력했다. 한나라를 크게 괴롭혔던 흉노를 하夏나라의 선조 하후夏后의 후예로 서술하고, 남월, 동월 등도 그 뿌리를 모두 화하족과 연결되게 서술한 것은 이 때문일 것이다.

〈조선열전〉에서는 단군과 기자의 사적은 생략하고 연나라 출신 위만衛滿에 대해서만 서술했다. 사마천은 《사기》의 여러 부분에서 기자箕子에 대해 서술했고, 그가 존경하던 공자가 《논어》에서 기자를 미자微子, 비간比干과 함께 삼인三仁으로 꼽았으므로 그의 사적을 몰랐을 리 없다. 그러니 기자가 주무왕周武王에 의해 석방된 후 '조선朝鮮'으로 갔다는 사실을 몰랐을 리 없고 기자가 간 조선이 '단군조선檀君朝鮮'이라는 사실도 몰랐을 리 없다. 그러나 사마천은 단군과 기자는 생략하고 위만조선만 서술했다. 그럼에도 그가 〈조선열전〉이라도 서술했기에 우리는 위만조선과 한나라의 관계나 위만조선의 왕족과 귀족들이 왜 망국 후 한나라의 제후로 봉함을 받았는지 알 수 있게 되었다.

이제 〈열전〉을 내놓으면서 40권에 이르는 《신주 사마천 사기》의 대단원의 막이 내려진다. 《신주 사마천 사기》는 비단 지금까지 전 세계에서 발간된 가장 방대한 《사기》 번역서 및 주석서일 뿐만 아니라 그간 《사기》에서 놓쳤던 여러 관점과 사실에 대해 알 수 있다. 예를 들면 《사기》 본문 및 그 주석에 숱하게 드러나고 있는 이족夷族의 역사를 되도록 되살렸다는 내용면에서도 새로운 시도라고 자평할 수 있다. 《신주 사마천 사기》 완간을 계기로 사마천이 그렸던 천하사가 더욱 풍부해질 뿐만 아니라 《사기》 속에 숨어 있던 우리 선조들의 이야기가 우리 후손들의 가슴 속에 자리 잡게 된다면 망외의 소득이라고 말할 수 있을 것이다.

사기 제67권 史記卷六十七

중니제자열전 仲尼弟子列傳

신주 공자孔子의 제자들에 관한 열전이다. 그 체제는 크게 공문십철孔門十哲, 행적을 남긴 제자, 이름만 전하는 제자들, 3편으로 구성하고 있다. 이들이 열전에 실린 이유는 유학이라는 학문의 특성상 공자가 많은 제자를 기른 점도 있지만, 공자와 더불어 그 제자들과 제자들의 후예들이 후대 역사에 지대한 영향을 미쳤기 때문이다. 그래서 공자의 행적을 많이 기록한 〈공자세가〉, 〈노주공세가〉, 〈위강숙세가〉와 함께 읽으면 이해가 쉽다.

공자는 3,000여 제자가 있었는데, 그중 72인의 훌륭한 제자가 있었고, 또 그중 더 뛰어난 10명이 있다. 이들을 공문십철이라고 하는데, 덕행으로 칭송받은 안회顏回, 민자건閔子騫, 염백우冉伯牛, 중궁仲弓을 말하고, 정사政事로 칭송받은 염구冉求와 자로子路를 말하고, 언어로 칭송받은 자아子我와 자공子貢을 말하고, 문학으로 칭송받은 자유子游와 자하子夏를 말한다.

안회는 노나라 사람이고 자는 자연子淵이다. 공자보다 몇 년 앞서 죽었다. 자로 및 자공과 더불어 공자가 가장 아끼던 제자이다. 민자건의 이름은 손損이다. 통상 민자건으로 부른다. 염백우의 이름은 경耕이다. 문등병으로 죽어 공자가 매우 안타까워했다. 중궁의 성명은 염옹冉雍이다. 통상 중궁으로 부른다.

염구冉求의 자는 자유子有이다. 공자를 따라 유랑하다가 먼저 노나라로 돌아와서 실권자인 계손씨의 재宰가 되었다. 제나라와 전투에서 공을 세우고 공자를 다시 노나라로 돌아오게끔 건의한다. 중유仲由의 자는 자로子路이고 공자보다 9세가 적었다. 그래서 다른 제자들과 달리 공자에겐 거의 벗과 같은 제자이다. 처음엔 공자를 업신여겼으나 제자가 된 이후로 힘과 용기로 늘 공자를 위험에서 보호함으로써 공자가 가장 믿고 의지했다. 공자를 따라 유행하다가 막바지에 진陳나라에서 공자보다 몇 년 앞서 위衛나라로 들어와 실권자인 공회孔悝의 재가 되어 포蒲 땅의 대부가 되었다. 당시 위나라 군주 출공出公의 부친 장공(괴외蕢聵)이 진晉나라에서 들어와 출공을 쫓아내고 군주의 지위에 올라 자로를 살해했는데, 공자는 자로가 죽었다는 소식을 듣고 상심하다 그다음 해 세상을 떠난다.

재여宰予의 자는 자아子我이다. 그래서 통상 자아라고 부른다. 사마천은 자아를 착각하여, 제나라 전씨田氏의 역성혁명 중에 죽은 자아와 혼동하여 기록했다. 자공의 성명은 단목사端沐賜이다. 말재주로 외교 역할을 많이 했으며, 안회 및 자로와 더불어 공자가 가장 아끼던 제자의 한 사람으로, 공자의 임종을 지켰다. 경제 수완도 좋아 많은 재물을 모으기도 했으며 부귀영화를 누리다 죽었다.

자유子游의 성명은 언언言偃이다. 멀리 남쪽 오吳나라 사람이다. 자하子夏의 성명은 복상卜商이다. 훗날 위魏나라 서하 지방에 살면서 위나라 문후文侯를 가르쳤다고 하나, 시기적으로 불가능하다. 아마 자하의 문인에게 수업받았을 것이다.

　공자십문 외 62현 중에서도 증자(증삼曾參 부자), 자장子張, 자천子賤, 원헌原憲(자는 자사子思), 자장子長 등은 많이 알려졌다. 여기에서 의문스러운 것은 십철十哲 중 증삼이 빠져 있고, 재여가 들어 있다는 점이다. 증삼은 공자의 사상을 실천하였고, 그의 학문을 정통으로 받아 이를 후대에 계승시키는 데 공이 가장 큰 사람이다. 그러나 재여는 공자께서 "썩은 나무는 조각할 수 없고, 거름흙으로 쌓은 담은 흙손질할 수 없다. 재여에게 무엇을 꾸짖겠는가."라고 말할 만큼 그의 인간성을 힐난하고 있다. 그래서 정자는 '공문십철은 공자가 인정하는 훌륭한 제자를 가리킨 것이 아니라 후세 사람들이 멋대로 지어낸 말이라'고 이른 것이다.

덕행 4철

공자께서 말했다.

"내게 학업을 전수받아 (육예에) 통달한 자가 77인이다.[①]"

모두 남다른 재능이 있는 사인들이다. 덕행德行에는 안연과 민자건과 염백우와 중궁이다. 정사政事에는 염유와 계로이다. 언어言語에는 재아와 자공이다.[②] 문학文學에는 자유와 자하이다. 그러나 사師는(전손사) 편벽하고[③] 삼參(증삼)은 노둔하고[④] 시柴(고시)는 어리석다.[⑤] 유由(중유)는 거칠었고[⑥] 회回(안회)는 자주 (뒤주가) 비었다. 사賜(자공)는 가르침을 받지 않고도 재물을 불리었는데 그의 생각은 자주 적중했다.[⑦]

孔子曰 受業身通者七十有七人[①] 皆異能之士也 德行 顔淵 閔子騫 冉伯牛 仲弓 政事 冉有 季路 言語 宰我 子貢[②] 文學 子游 子夏 師也辟[③] 參也魯[④] 柴也愚[⑤] 由也喭[⑥] 回也屢空 賜不受命而貨殖焉 億則屢中[⑦]

① 受業身通者七十有七人 수업신통자칠십유칠인

색은 《공자가어》에도 77인으로 되어 있는데 오직 《문옹공묘도》에만 72인으로 되어 있다.

孔子家語亦有七十七人 唯文翁孔廟圖作七十二人

② 德行~言語 宰我 子貢덕행~언어 재아 자공

[색은] 《논어》에는 첫째는 덕행, 둘째는 언어, 셋째는 정사, 넷째는 문학으로 되어 있다. 지금 이 문장은 정사가 언어 위에 있으니 이것은 (전하는 기록이) 다름이 있는 것이다.

論語一曰德行 二曰言語 三曰政事 四曰文學 今此文政事在言語上 是其記有異也

③ 師也辟사야벽

[집해] 마융이 말했다. "자장子張은 재주가 남보다 뛰어나지만 한쪽으로 치우쳐 문文이 지나친 결점이 있다."

馬融曰 子張才過人 失於邪辟文過

[정의] 辟의 발음은 '벽癖'이다.

音癖

④ 參也魯삼야노

[집해] 공안국이 말했다. "노魯는 둔한 것이다. 증자는 느리고 둔했다."

孔安國曰 魯 鈍也 曾子遲鈍

⑤ 柴也愚시야우

[집해] 하안이 말했다. "어리석지만 곧은 것이 우愚이다."

何晏曰 愚直之愚

⑥ 由也喭유야언

집해 정현이 말했다. "자로의 행실은 굳세고 거친 결점이 있다."

鄭玄曰 子路之行 失於畈喭

색은 《논어》에는 먼저 시柴를 말하고 다음은 삼參을 말하고 다음은 사師를 말학 다음은 유由를 말했다. 지금 이 열전의 차례는 또한 《논어》와 같지 않지만, 번번이 그것이 잘못이라고 말하지는 않겠다.

論語先言柴 次參 次師 次由 今此傳序之亦與論語不同 不得輒言其誤也

정의 畈의 발음은 '반畔'이고 喭의 발음은 '안岸'이다.

畈音畔 喭音岸

⑦ 回也屢空~億則屢中회야루공~억즉루중

집해 하안이 말했다. "안회는 성인의 도에 가까워서 비록 자주 뒤주가 비었지만 즐거움이 그 안(성인의 도)에 있었다는 말이다. 자공은 가르치는 명命을 받지 않고 오직 재물만을 증식했으나 옳고 그른 것을 헤아려 판단했는데 아마도 안회를 아름답게 여겨서 사賜를 격려한 까닭이리라. 일설에는 누屢(자주)는 매每(매번)와 같고, 공空은 마음을 비우는 것과 같다고 했다. 성인께서 선도善道로써 여러 제자에게 도에 가깝도록 가르쳤는데 그들이 아직 도를 아는데 이르지 못한 것은 각각 안에 이러한 허물이 있기 때문이라는 것이다. 언제나 마음을 잘 비워 도에 근접한 자는 오직 안회뿐이니 가슴에 품은 도가 심원하였다. 마음을 비우지 않았다면 능히 도를 깨닫지 못했을 것이다. 자공은 몇몇 제자와 같은 결점은 없지만 또한 도를 깨닫지 못했다. 비록 이치를 궁구하지 못했으나 요행히 이치에 맞았다. 비록 천명은 아닐지라도 우연히 부자가 되었는데 이 때문에 또한 마음을 비우지 못한 것이다."

何晏曰 言回庶幾於聖道 雖數空匱而樂在其中 賜不受教命 唯財貨是殖 億度是
非 蓋美回所以勵賜也 一曰屢猶每也 空猶虛中也 以聖人之善道 教數子之庶幾
猶不至於知道者 各內有此害也 其於庶幾每能虛中者唯回 懷道深遠 不虛心不
能知道 子貢無數子之病 然亦不知道者 雖不窮理而幸中 雖非天命而偶富 亦所
以不虛心也

공자께서 존경하여 섬겼던 이는 주나라의 노자와 위衛나라의 거
백옥蘧伯玉[1]과 제나라의 안평중[2]과 초나라의 노래자[3]와 정나
라의 자산子産과 노나라의 맹공작孟公綽이었다.
(공자께서) 장문중臧文仲과 유하혜柳下惠[4]와, 동제銅鞮[5] 백화伯華와
개산자연介山子然 등을 자주 칭찬했지만 공자는 이들보다 후대에
태어났으니 같은 시대에 산 것은 아니다.[6]
孔子之所嚴事 於周則老子 於衛 蘧伯玉[1] 於齊 晏平仲[2] 於楚 老萊子[3]
於鄭 子産 於魯 孟公綽 數稱臧文仲柳下惠[4]銅鞮[5]伯華介山子然 孔子
皆後之 不竝世[6]

① 蘧伯玉거백옥

집해 밖으로는 너그러웠고 안으로는 곧았으며 스스로 바로잡는 마음
을 베풀어 자신은 바르게 했으나 남은 바르게 하지 못했지만 인仁에 급
급해서 선善으로 인생을 잘 마친 것은 아마 거백옥의 행동일 것이다.
外寬而內直 自設於隱括之中 直己而不直人 汲汲於仁 以善自終 蓋蘧伯玉之行

색은 살펴보니 《대대례》에서 또 이르기를 "밖으로는 너그럽고 안으로

는 곧으며 스스로 바로잡는 마음을 즐거워하여 자신은 곧게 하였으나 남은 곧게 하지 못했지만 인仁에 급급해하고 존망에 잘 대처한 것은 대개 거백옥의 행동이다."

按 大戴禮又云外寬而內直 自娛於隱括之中 直己而不直人 汲汲于仁 以善存亡 蓋蘧伯玉之行也

신주 거원蘧瑗을 뜻한다. 희성姬姓의 거씨蘧氏로서 이름이원瑗이고 자字가 백옥伯玉이었다. 대부 거무구蘧無咎의 아들로 위衛나라 대신이었는데 공자의 친구였다.

② 晏平仲안평중

집해 군주는 신하를 가려서 부리고 신하는 군주를 선택해서 섬기는데 군주에게 도가 있으면 명을 따르고 군주에게 도가 없으면 명을 따르지 않았던 것이 대개 안평중의 행동이다.

君擇臣而使之 臣擇君而事之 有道順命 無道衡命 蓋晏平仲之行也

색은 《대대기》에서 말한다. "군주는 신하를 가려서 부리고 신하는 군주를 선택해서 섬기는데 군주에게 도가 있으면 명을 따르고 군주에게 도가 없으면 명을 따르지 않았던 것이 대개 안평중의 행동이다."

大戴記曰 君擇臣而使之 臣擇君而事之 有道順命 無道衡命 蓋晏平仲之行也

신주 안평중은 제나라 대부 안영晏嬰을 뜻한다. 안영은 희성姬姓(일설에는 자성子姓)의 안씨晏氏이고 자字가 중仲이고 시호가 평平이다. 안자晏子로 불렸는데 《안자춘추晏子春秋》를 남겼다. 《논어》〈공야장公冶長〉에서 공자는 "안평중은 남과 잘 사귄 사람이다. 시간이 오래되어도 상대방을 여전히 공경하였다.[晏平仲善與人交 久而敬之]"라고 했다는 말이 나온다.

③ 老萊子노래자

색은 《대대례》에서 또 말한다. "덕이 있고 공손하되 행동에 믿음이 있으며, 종일토록 말해도 뉘우칠만한 허물이 가슴 속에 있지 않았고 가난해도 즐거워했던 것은 대개 노래자의 행동이다."

大戴記又云 德恭而行信 終日言不在悔尤之內 貧而樂也 蓋老萊子之行也

신주 노래자는 초楚나라 은사隱士이다. 70세에도 늙은 어버이를 기쁘게 하기 위해 색동옷을 입고 재롱을 떨었다는 고사가 《초학기初學記》〈효자전孝子傳〉에 나온다.

④ 柳下惠유하혜

집해 효성스럽고 공손하며 인자하고 진실한 덕으로 의를 도모하고, 재물을 절약하여 원망을 사지 않은 것은 대개 유하혜의 행동이다.

孝恭慈仁 允德圖義 約貨去怨 蓋柳下惠之行

색은 《대대례》에서 또 말한다. "효성스럽고 공손하며 인자하여 진실한 덕으로 의를 도모하고, 재물을 절약하여 원망을 사지 않는 것은 대개 유하혜의 행동이다."

大戴記又云 孝恭慈仁 允德圖義 約貨亡怨 蓋柳下惠之行也

신주 유하혜는 희성姬姓의 전씨展氏로 이름은 획獲이고 자는 계금季禽 또는 자금子禽이다. 노나라 유하읍柳下邑 출신인데 사시私諡가 혜였기에 유하혜라고 불렸다. 《논어》〈미자微子〉에 공조가 "일민逸民은 백이伯夷, 숙제叔齊, 우중虞仲, 이일夷逸, 주장朱張, 유하혜柳下惠, 소련少連 등이다"라고 한 기록이 있다.

⑤ 銅鞮동제

〈지리지〉에는 현 이름이고 상당군에 속한다.

地理志縣名 屬上黨

정의 鞮의 발음은 '재[丁奚反]'이다. 살펴보니 동제는 노주潞州의 현이다.

鞮 丁奚反 按 銅鞮 潞州縣

⑥ 孔子皆後之 不並世공자개후지 불병세

집해 《대대례》에서 말한다. "공자께서 이르기를 '국가에 도가 있으면 그 말이 몸을 일으키기에 족하고 국가에 도가 없으면 그의 침묵이 그 몸을 용납하기에 족한데 대개 동제 사람 백화伯華의 행동이다. 사방을 둘러보아도 그 어버이를 잊지 못하고 진실로 그 어버이를 생각해도 그 즐거움을 다하지 못하는 것은 대개 개산자연介山子然의 행동이다.'라고 했다." 《설원》에서 말한다. "공자께서 탄식하며 이르기를 '동제 백화가 죽지 않았더라면 천하가 안정되었을 것이다.'라고 했다." 《진태강지기》에서 말한다. "동제는 진晉나라 대부 양설적羊舌赤의 읍인데 세상에서 양설적을 동제백화라고 부른다."

大戴禮曰 孔子云 國家有道 其言足以興 國家無道 其默足以容 蓋銅鞮伯華之所行 觀於四方 不忘其親 苟思其親 不盡其樂 蓋介山子然之行也 說苑曰 孔子歎曰銅鞮伯華無死 天下有定矣 晉太康地記云 銅鞮 晉大夫羊舌赤之邑 世號赤曰銅鞮伯華

색은 살펴보니 장문중 이하부터 공자는 이들보다 후대에 태어나서 같은 시대에는 살지 않았다. 공자께서 존경하는 마음으로 섬겼던 분인 노자부터 맹공작 이상은 모두 공자와 동시대 사람이다. 살펴보니 한漢나라 대덕戴德이 편찬한 예서禮書를 《대대례》라고 하는데 모두 85편이다. 그런데 그중에 47편이 망실되어 지금 존재하여 볼 수 있는 것은 38편이다. 지금 배인이 인용한 바는 〈위장군〉 편에 나온다. 공자께서 일컫기를 기해祁奚가 진평공에게 대답한 말에는 오직 동제와 개산介山 두 사람의 행동을 들었을 뿐이라고 했다. 《공자가어》에는 또 말한다. "이기지 못해도 싫어하지 않고 지난날의 원망을 생각하지 않은 것은 대개 백이와 숙제의 행동이다. 하늘을 생각하고 사람을 공경하며 외에 복종하고 행동이 진실한 것은 대개 조문자趙文子의 행동이다. 군주를 섬기되 그의 목숨을 아끼지 않고 자신의 이익을 도모하되 그의 벗을 버리지 않는 것은 대개 수무자隨武子의 행동이다."

按 自臧文仲已下 孔子皆後之 不竝代 其所嚴事 自老子及公綽已上 皆孔子同時人也 按 戴德撰禮 號曰大戴禮 合八十五篇 其四十七篇亡 見今存者有三十八篇 今裴氏所引在衞將軍篇 孔子稱祁奚對晉平公之辭 唯擧銅鞮介山二人行耳 家語又云 不克不忌 不念舊怨 蓋伯夷叔齊之行 思天而敬人 服義而行信 蓋趙文子之行 事君不愛其死 謀身不遺其友 蓋隨武子之行

안회는 노나라 사람으로 자는 자연子淵이다. 공자보다 30세가 적었다. ① 안연이 인仁을 묻자 공자께서 말했다.

"자신의 사욕을 누르고 예로 돌아간다면② 천하가 인으로 돌아올 것이다."

공자께서 말했다.

"어질구나, 안회여!③ 한 소쿠리④ 밥을 먹고 한 표주박 물을 마시며 누추한 곳에 사는 것을 다른 사람들은 그 괴로움을 견디지 못하는데, 안회는 그 즐거움을 고치지 않는구나.⑤"

"안회는 어리석은 듯한데[6] 물러간 뒤에 그의 생활을 살펴보건대 또한 내가 해준 말을 충분히 실천하고 있었으니 안회는 어리석은 사람이 아니로다.[7]"

"등용되면 나아가 좋은 정치를 행하고 버려지면 물러나 은둔하는 것은 오직 나와 너만 할 수 있구나.[8]"

顔回者 魯人也 字子淵 少[1] 孔子三十歲 顔淵問仁 孔子曰 克己復禮[2] 天下歸仁焉 孔子曰 賢哉回也[3] 一簞[4]食 一瓢飲 在陋巷 人不堪其憂 回也不改其樂[5] 回也如愚[6] 退而省其私 亦足以發 回也不愚[7] 用之則行 捨之則藏 唯我與爾有是夫[8]

① 少소

정의 少의 발음은 '쇼[戌妙反]'이다.

少 戌妙反

② 克己復禮극기복례

집해 마융이 말했다. "극기는 자신에게 약속하는 것이다." 공안국이 말했다. "복復은 되돌리는 것이다. 자신이 능히 예로 되돌아가면 인仁이 되는 것이다."

馬融曰 克己 約身也 孔安國曰 復 反也 身能反禮 則爲仁矣

③ 賢哉回也현재회야

집해 위관이 말했다. "크게 현명하여 도를 즐기는 사람이 아니라면 이와 같이 못하므로 칭찬한 것이다."

衞瓘曰 非大賢樂道 不能若此 故以稱之

[색은] 위관의 자는 백옥伯玉이고 진晉의 태보太保인데 또한 《논어》를
주석했다. 그러므로 배인이 인용한 것이다.

衞瓘字伯玉 晉太保 亦注論語 故裴引之

④ 簞단

[집해] 공안국이 말했다. "단簞은 바구니이다."

孔安國曰 簞 笥也

⑤ 不改其樂불개기락

[집해] 공안국이 말했다. "안회는 도를 즐기는데 비록 한 소쿠리 밥을
먹고 누추한 곳에 살더라도 그가 즐거워하는 바를 고치지 않았다."

孔安國曰 顏回樂道 雖簞食在陋巷 不改其所樂也

⑥ 如愚여우

[집해] 공안국이 말했다. "공자의 말씀에 대해 묵묵히 기억하기만 하는
것이 마치 어리석은 사람 같았다는 것이다."

孔安國曰 於孔子之言 默而識之 如愚也

⑦ 退而省其私~回也不愚퇴이성기사~회야불우

[집해] 공안국이 말했다. "그가 물러나 돌아가서 두서너 명의 제자들과
함께 도의道義를 해석하여 대체大體를 드러내 밝히는 것을 살펴보고서
그가 어리석지 않음을 알았다."

孔安國曰 察其退還與二三子說釋道義 發明大體 知其不愚

⑧ 用之則行~唯我與爾有是夫용지즉행~유아여이유시부

집해 공안국이 말했다. "도를 행할 만하면 행하고 그만둘 만하면 그만두는 것은 오직 나와 안회만이 같을 뿐이라는 말이다." 난조가 말했다. "등용되면 그 뒤에 행하고 은자를 위장하여 스스로 높다고 하지 않고 도道를 굽혀 명예를 구하지 않고 당시의 사람이 그의 진실을 알아주지 않는데도 진실한 것은 오직 나와 너만이 이런 행동이 있다."

孔安國曰 言可行則行 可止則止 唯我與顔回同也 欒肇曰 用己而後行 不假隱以自高 不屈道以要名 時人無知其實者 唯我與爾有是行

정의 난조의 자는 영초永初이고 고평 사람이며 진晉나라 상서랑이다. 《논어의석》10권과 《논어박》2권을 지었다.

肇字永初 高平人 晉尙書郞 作論語疑釋十卷 論語駁二卷

안회는 29세에 머리털이 다 세었고 일찍 죽었다.[①] 공자께서 곡하고 애통해하면서 말했다.
"내가 안회를 얻은 뒤로 문인들이 나와 더욱 친밀해졌다.[②]"
노나라 애공哀公이 물었다.
"제자 중에서 누가 배우기를 좋아합니까?"
공자께서 대답했다.
"안회라는 자가 있었는데 배우기를 좋아하고 노여움을 남에게 옮기지 않고 같은 잘못을 두 번 다시 하지 않았습니다. 불행하게도 단명하여 죽고 지금은 없습니다.[③]"
回年二十九 髮盡白 蚤死[①] 孔子哭之慟 曰 自吾有回 門人益親[②] 魯哀公

> 問 弟子孰爲好學 孔子對曰 有顔回者好學 不遷怒 不貳過 不幸短命死
> 矣 今也則亡③

① 蚤死조사

[색은] 살펴보니 《공자가어》에서 또한 말한다. "29세에 머리가 세었고 32
세에 죽었다." 왕숙이 말했다. "이것은 오래된 책으로 나이에 착오가 있으
나 상세히 알 수 없다. 그의 나이를 따져보니, 안회가 죽을 당시 공자는 61세
였다. 그런데 백어伯魚는 50세에 공자보다 먼저 죽었다. 그때 공자 또한 70세
였다. 지금 이곳에는 안회가 백어보다 먼저 죽은 것으로 되어 있다. 그런데
《논어》에는 안회가 죽자 그의 아버지 안로顔路가 공자의 수레를 팔아 관을
마련하기를 청했는데 공자께서 말씀하기를 '이鯉가 죽었을 때도 관만 있고
곽은 없었다.'라고 했다. 어떤 사람이 일을 만들어내서 한 말이다." 살펴보니
안회가 백어보다 먼저 죽었기 때문에 《논어》에 가탁해서 말한 것이다.

按 家語亦云年二十九而髮白 三十二而死 王肅云此久遠之書 年數錯誤 未可詳
也 校其年 則顔回死時 孔子年六十一 然則伯魚年五十先孔子卒時 孔子且七十
也 今此爲顔回先伯魚死 而論語曰顔回死 顔路請子之車 孔子曰 鯉也死 有棺
而無槨 或爲設事之辭 按 顔回死在伯魚之前 故以論語爲設詞

[신주] 안회 사망 시기는 선학들마다 달라서 정설이 없다. 확실한 것은
안회 사망 시기가 공자의 아들 백어의 사망 시기보다 늦고 자로의 사망
시기 이르다.

② 門人益親문인익친

[집해] 왕숙이 말했다. "안회가 공자를 위해 붙임성 있는 벗이 되어 문인

들로 하여금 날로 공자와 친밀해지게 했다."

王肅曰 顔回爲孔子胥附之友 能使門人日親孔子

③ 不遷怒～今也則亡 불천노～금야즉망

집해 하안이 말했다. "보통 사람은 자기 마음대로 행동하니 기뻐하고 노여워하는 것이 사리에 어긋난다. 안회는 도에 따라서 행동하니 노여워하는 것이 분수에 넘지 않았다. 천遷은 옮기는 것인데 노여워하는 것은 마땅히 그 이유가 있지만 다른 곳으로 옮기지 않은 것이다. 같은 잘못을 두 번 다시 하지 않는다는 것은 선하지 않는 일이 있으면 즉시 고쳤고 다시 행한 적이 없는 것이다."

何晏曰 凡人任情 喜怒違理 顔回任道 怒不過分 遷者移也 怒當其理 不移易也 不貳過者 有不善未嘗復行

민손閔損의 자는 자건子騫이며① 공자보다 15세가 적었다. 공자께서 말했다.

"효성스럽구나! 민자건이여. 남들이 그의 부모나 형제들의 말을 이간시키지 못하는구나.②"

대부에게 벼슬하지 않았고 더러운 군주의 녹봉을 먹지 않았다.③

"만일 다시 와서 나를 부른다면④ 나는 반드시 문수汝水 부근에 있을 것이다.⑤"

閔損字子騫① 少孔子十五歲 孔子曰 孝哉閔子騫 人不間於其父母昆弟之言② 不仕大夫 不食汚君之祿③ 如有復我者④ 必在汝上矣⑤

① 閔損字子騫민손자자건

[집해] 정현이 말했다. "《공자제자목록》에는 노나라 사람이라고 하였다."

鄭玄曰 孔子弟子目錄云魯人

[색은] 《공자가어》에서 말한다. "노나라 사람이다. 공자보다 15세가 적었다."

家語亦云魯人 少孔子十五歲

② 人不間於其父母昆弟之言인불간어기부모곤제지언

[집해] 진군이 말했다. "민자건이 위로는 부모를 섬기고 아래로는 형제들에게 공손하니 움직이는 것이 모두 선했다. 그러므로 사람들이 이간시키는 말을 할 수 없었다는 말이다."

陳群曰 言子騫上事父母 下順兄弟 動靜盡善 故人不得有非間之言

③ 不仕大夫 不食汚君之祿불사대부 불식오군지록

[색은] 《논어》에서 말한다. "계손씨가 민자건을 비費 고을의 재宰로 삼으려 하자 민자건이 사자에게 '나를 위해 말을 잘해주시오.'라고 했다." 이것이 대부에게 벼슬하지 않고 더러운 군주의 녹봉을 먹지 않은 것이다.

論語季氏使閔子騫爲費宰 子騫曰 善爲我辭焉 是不仕大夫 不食汚君之祿也

④ 如有復我者여유복아자

[집해] 공안국이 말했다. "복아復我는 거듭 와서 나를 부르는 것이다."

孔安國曰 復我者 重來召我

⑤ 必在汶上矣필재문상의

집해 공안국이 말했다. "노나라를 떠나서 문수汶水 부근으로 가서 북쪽의 제나라로 가고자 한 것이다."

孔安國曰 去之汶水上 欲北如齊

염경冉耕의 자는 백우伯牛이다.① 공자가 덕행이 있다고 여겼다. 백우가 악질(나병癲病)에 걸렸다. 공자께서 문병을 가서 들창문을 통해 그의 손을 잡고② 말했다.

"운명이로다. 이 사람이 이런 병에 걸리다니, 운명이로다!③"

冉耕字伯牛① 孔子以爲有德行 伯牛有惡疾 孔子往問之 自牖執其手②
曰 命也夫 斯人也而有斯疾 命也夫③

---

① 冉耕字伯牛염경자백우

집해 정현은 노나라 사람이라고 했다.

鄭玄曰魯人

색은 살펴보니 《공자가어》에는 노나라 사람이라고 했다.

按 家語云魯人

② 自牖執其手자유집기수

집해 포씨가 말했다. "백우가 문둥병에 걸려서 사람을 만나고자 하지 않자 공자께서는 들창문을 통해 그의 손을 잡은 것이다."

包氏曰 牛有惡疾 不欲見人 孔子從牖執其手

③ 命也夫～命也夫명야부～명야부

집해 포씨가 말했다. "다시 말한 것은 애통해함이 심한 것이다."

包氏曰 再言之者 痛之甚也

염옹冉雍의 자는 중궁仲弓이다.① 중궁이 정사를 묻자 공자께서
말했다.

"문을 나설 때는 큰 손님을 만나는 것과 같이 하고 백성을 부릴
때는 큰 제사를 받드는 것처럼 하라.② 그러면 나라에는 원망하는
사람이 없고, 집안에도 원망하는 사람이 없을 것이다.③"

공자가 중궁이 덕행이 있다고 여겨서 말했다.

"옹雍은 임금의 자리에 올라 백성을 부릴 만하다.④"

중궁의 아버지는 비천한 사람이었다. 공자께서 말했다.

"얼룩소의 새끼가 털이 붉고 또 뿔이 바르다면 비록 사람들이 제
사 때 희생으로 쓰지 않으려고 해도 산천의 (정령이) 그것을 그냥
내버려두겠는가.⑤"

冉雍字仲弓① 仲弓問政 孔子曰 出門如見大賓 使民如承大祭② 在邦無
怨 在家無怨③ 孔子以仲弓爲有德行 曰 雍也可使南面④ 仲弓父 賤人 孔
子曰 犁牛之子騂且角 雖欲勿用 山川其舍諸⑤

---

① 冉雍字仲弓염옹자중궁

집해 정현이 말했다. "노나라 사람이다."

鄭玄曰 魯人

《공자가어》에서 말한다. "백우伯牛의 종족은 공자보다 29세가 적었다."

家語云 伯牛之宗族 少孔子二十九歲

② 如承大祭여승대제

공안국이 말했다. "공경보다 높은 것이 없다는 뜻이다."

孔安國曰 莫尙乎敬

③ 在邦無怨 在家無怨재방무원 재가무원

포씨가 말했다. "나라에 있으면 제후가 되고 집안에 있으면 경대부가 된다."

包氏曰 在邦爲諸侯 在爲卿大夫

④ 可使南面가사남면

포씨가 말했다. "남면하여 부릴 만하니 제후로서 정치를 맡길 만한 사람이라는 말이다."

包氏曰 可使南面 言任諸侯之治

⑤ 犂牛之子騂且角~山川其舍諸이우지자성차각~산천기사제

하안이 말했다. "이犂는 얼룩무늬이다. 성騂은 적색이다. 각角은 뿔이 둥글고 곧은 것이다. 희생의 규격에 맞는 것이다. 비록 그 어미가 얼룩소라 하여 (제물로) 쓰지 않으려고 하더라도 산천의 (정령들이) 어찌 그것을 내버려두겠는가. 아버지가 비록 선하지 않더라도 자식의 아름다운 덕에 해가 되지 않는다는 말이다."

何晏曰 犂 雜文 騂 赤色也 角者 角周正 中犧牲 雖欲以其所生犂而不用 山川寧

肯舍之乎 言父雖不善 不害於子之美

정사 2철, 염구와 자로

염구冉求의 자는 자유子有인데[①] 공자보다 29세가 적었다. 계손씨의 재宰가 되었다. 계강자季康子가 공자에게 물었다.

"염구는 인仁한 사람입니까?"

공자가 대답했다.

"1,000호의 읍邑과 100승 집안에서[②] 염구에게 세금을 맡겨서 다스리게 할 수 있습니다. 인에 대해서 나는 모르겠습니다.[③]"

다시 물었다.

"자로는 인仁한 사람입니까?"

공자가 대답했다.

"염구와 같습니다."

염구가 물었다.

"도리를 들으면 행해야 합니까?"

공자가 대답했다.

"행해야 한다."

자로가 물었다.

"도리를 들으면 행해야 합니까?[④]"

공자가 말했다.

"부모와 형이 계시는데 어찌 들었다고 바로 행할 수 있겠느냐?⑤"

자화子華가 듣고 괴이하게 여겼다.

"감히 묻사오니, 같은 질문에 달리 대답하십니까?"

공자가 말했다.

"염구는 물러서기 때문에 나아가게 한 것이고, 자로는 남보다 앞서기 때문에 물러서게 한 것이다.⑥"

冉求字子有① 少孔子二十九歲 爲季氏宰 季康子問孔子曰 冉求仁乎 曰 千室之邑 百乘之家② 求也可使治其賦 仁則吾不知也③ 復問 子路仁乎 孔子對曰 如求 求問曰 聞斯行諸④ 子曰 行之 子路問 聞斯行諸 子曰 有父兄在 如之何其聞斯行之⑤ 子華怪之 敢問問同而答異 孔子曰 求也退 故進之 由也兼人 故退之⑥

① 冉求字子有염구자자유

집해 정현이 말했다. "노나라 사람이다."

鄭玄曰魯人

신주 이름과 자를 혼합하여 주로 '염유冉有'라 한다.

② 千室之邑 百乘之家천실지읍 백승지가

집해 공안국이 말했다. "1,000실은 경대부의 읍이다. 경대부는 가家라고 칭한다. 제후는 1,000승인데 대부인 까닭에 100승이라 했다."

孔安國曰 千室 卿大夫之邑 卿大夫稱家 諸侯千乘 大夫故曰百乘

③ 其賦 仁則吾不知也기부 인즉오부지야

[집해] 공안국이 말했다. "부賦는 군사와 재정이다. 인도仁道는 지극히 크니 온전히 갖추었다고 말할 수 없다."

孔安國曰 賦 兵賦也 仁道至大 不可全名也

④ 聞斯行諸문사행저

[집해] 포씨가 말했다. "궁색한 것을 넉넉하게 하고 궁핍한 이를 구휼하는 일이다."

包氏曰 賑窮救乏之事也

⑤ 如之何其聞斯行之여지하기문사행지

[집해] 공안국이 말했다. "마땅히 부모나 형제에게 여쭈어야 하고 마음대로 독단해서는 안 된다."

孔安國曰 當白父兄 不可自專

⑥ 求也退~故退之구야퇴~고퇴지

[집해] 정현이 말했다. "염유는 성품이 겸손하여 물러남이 있고 자로는 힘쓰는 것이 남을 이기는데 있으니, 각기 그 사람의 결점에 따라서 바로잡아 준 것이다."

鄭玄曰 言冉有性謙退 子路務在勝尚人 各因其人之失而正之

중유仲由의 자는 자로子路이고 변卞 땅 사람이며[1] 공자보다 9세가 적었다. 자로의 성품은 질박해서 용력을 좋아하고 뜻이 강직했다. 수탉의 깃을 꽂은 관을 쓰고 수돼지 가죽으로 만든 혁대를 찼으며,[2] 공자를 능멸하여 사납게 굴었다. 공자가 예를 베풀어 조금씩 자로를 교유하자, 자로는 뒤에 유자의 옷을 입고 예물을 가지고 와서[3] 문인門人을 통해 제자가 되기를 청했다. 자로가 정사를 묻자 공자가 대답했다.

"먼저 솔선수범하며 몸소 수고해야 한다.[4]"

더 말씀해 주시기를 청하자 공자가 말했다.

"게을리 하지 않아야 한다.[5]"

자로가 물었다.

"군자君子도 용기를 숭상합니까?"

공자가 말했다.

"의義를 최상으로 삼는다. 군자가 용기를 좋아하되 의義가 없으면 어지럽고[6] 소인이 용기를 좋아하되 의가 없으면 도둑이 된다."

자로는 들은 것이 있는데, 그것을 실행하지 못하였으면 오직 (다시) 듣는 것이 있을까 두려워했다.[7]

仲由字子路 卞人也[1] 少孔子九歲 子路性鄙 好勇力 志伉直 冠雄雞 佩豭豚[2] 陵暴孔子 孔子設禮稍誘子路 子路後儒服委質[3] 因門人請爲弟子 子路問政 孔子曰 先之 勞之[4] 請益 曰 無倦[5] 子路問 君子尙勇乎 孔子曰 義之爲上 君子好勇而無義則亂[6] 小人好勇而無義則盜 子路有聞 未之能行 唯恐有聞[7]

① 仲由字子路 卞人也중유자자로 변인야

[집해] 서광이 말했다. "《시자》에서 '자로를 일컬어 변卞의 시골 사람이다.'라고 하였다."

徐廣曰 尸子曰子路 卞之野人

[색은] 《공자가어》에서 "또 다른 자는 계로이고 또한 변 땅 사람이다."라고 하였다.

家語一字季路 亦云是卞人也

② 冠雄雞 佩豭豚관웅계 패하돈

[집해] 수탉의 깃을 꽂은 관을 쓰고 수퇘지 가죽으로 만든 혁대를 찼다. 두 가지의 물건은 모두 용맹을 표시하는 것인데 자로는 용맹을 좋아했다. 그러므로 관을 쓰고 혁대를 찬 것이다.

冠以雄雞 佩以豭豚 二物皆勇 子路好勇 故冠帶之

③ 儒服委質유복위질

[색은] 살펴보니 복건은 《좌전》에 주석하여 말했다. "옛날에 처음 벼슬하면 반드시 먼저 그의 이름을 책策에 쓰고 군주에게 자신의 죽음을 맡기겠다고 약속을 한 다음에야 신하가 되는데 반드시 목숨을 바쳐 절개를 지키겠다는 것을 군주에게 보이는 것이다."

按 服虔注左氏云古者始仕 必先書其名於策 委死之質於君 然後爲臣 示必死節於其君也

④ 先之 勞之선지로지

[집해] 공안국이 말했다. "먼저 덕으로써 인도하여 백성으로 하여금 민

게 한 연후에 백성을 수고롭게 하는 것이다. 《역》에서 '백성의 마음을 기쁘게 하여 백성을 부리면 백성은 그 수고로움을 잊는다.'라고 했다."

孔安國曰 先導之以德 使民信之 然後勞之 易曰 悅以使民 民忘其勞

⑤ 無倦무권

집해 공안국이 말했다. "자로는 (공자의 말씀이) 미진한 것으로 의심했기 때문에 더 말씀해 주시기를 청한 것이다. '무권無倦'이라고 한 것은 위에서 말한 일들을 행하려면 게으르지 않아야 할 수 있다는 것이다."

孔安國曰 子路嫌其少 故請益 曰無倦者 行此上事無倦則可

⑥ 好勇而無義則亂호용이무의즉란

집해 이충이 말했다. "이미 군자君子라고 일컬어지면 화근이 되는 것을 직분으로 삼지 않는다. 만약 군주가 친히 도道를 잃으면 나라가 혼란하여 그 환란으로 나아감에 죽음에 이르게 된다. 그래서 바름을 알지 못하고 의를 돌아보는 것은 또한 환란함에 빠져서 의롭지 못하다는 꾸중을 받는 것이다."

李充曰 既稱君子 不職爲亂階也 若君親失道 國家昏亂 其於赴患致命 而不知正顧義者 則亦陷乎爲亂而受不義之責也

색은 살펴보니 이충의 자는 홍도弘度이고, 진晉의 중서시랑이며 또한 《논어해》를 지었다.

按 充字弘度 晉中書侍郎 亦作論語解

⑦ 唯恐有聞유공유문

집해 공안국이 말했다. "앞서 들은 것을 미처 실행하지 못하였는데, 다시 듣는 것이 있으면 아울러 실행하지 못할까 두려워한 것이다."

孔安國曰 前所聞未及行 故恐復有聞不得竝行

공자가 말했다.

"한쪽의 말만 듣고도 옥사獄事를 판결할 수 있는 자는 참으로 유由(자로)일 것이다.[①]"

"유由가 용맹을 좋아하는 것은 나보다 낫지만 취해서 쓸만한 것이 없다.[②]"

"유와 같은 자는 제명에 죽지 못할 것이다.[③]"

"해진 솜두루마기를 입고도[④] 여우나 담비 가죽으로 지은 옷을 입은 사람과 서 있어도 부끄러워하지 않을 사람은 아마도 유일 것이다."

"유는 마루에는 올라왔으나 방에는 들어오지 못했다.[⑤]"

계강자가 물었다.

"중유는 인仁한 사람입니까?"

공자가 말했다.

"1,000승의 나라에서 군정軍政을 맡아 다스리게 할 수는 있겠지만, 그가 인仁한지는 모르겠습니다."

孔子曰 片言可以折獄者 其由也與[①] 由也好勇過我 無所取材[②] 若由也不得其死然[③] 衣敝縕袍[④]與衣狐貉者立而不恥者 其由也與 由也升堂矣 未入於室也[⑤] 季康子問 仲由仁乎 孔子曰 千乘之國可使治其賦 不知其仁

① 片言可以折獄者 其由也與편언가이절옥자 기유야여

집해 공안국이 말했다. "편片은 한쪽과 같다. 송사를 듣는 것은 반드시 모름지기 양쪽의 말을 듣고 옳고 그름을 결정하는 것인데 한쪽의 말만을 믿고 한마디로 옥사를 판단하는 것은 오직 자로만이 할 수 있다."

孔安國曰 片猶偏也 聽訟必須兩辭以定是非 偏信一言折獄者 唯子路可也

② 好勇過我 無所取材호용과아 무소취재

집해 난조가 말했다. "쓰임에 적당한 것을 재材라고 하는데, 용맹을 좋아하는 것이 내가 쓰려는 것보다 지나치는 까닭에 '취할 것이 없다.'라고 했다."

欒肇曰 適用曰材 好勇過我用 故云 無所取

색은 살펴보니 난조의 자는 영초永初인데 진晉의 상서랑이었고 《논어의》를 지었다.

按 肇字永初 晉尙書郎 作論語義也

③ 不得其死然부득기사연

집해 공안국이 말했다. "천수대로 죽는 것을 얻지 못할 것이다."

孔安國曰 不得以壽終也

④ 衣敝縕袍의폐온포

집해 공안국이 말했다. "온縕은 모시옷이다."

孔安國曰 縕 枲著也

⑤ 升堂矣 未入於室也승당의 미입어실야

집해 마융이 말했다. "나의 마루에는 올라왔으나 아직 방에는 들어오지 못했을 뿐이다."

馬融曰 升我堂矣 未入於室耳

신주 입실入室은 학문이 경지에 다다랐음을 의미한다. 이 말은《논어論語》〈선진先進〉에 기록되어있다.

자로는 기쁘게 공자를 따라 유랑하며 장저長沮와 걸닉桀溺과 하조장인荷蓧丈人을 만났다.[1] 자로가 계손씨의 재宰가 되었는데 계손씨가 물었다.

"자로를 대신大臣이라고 할 수 있습니까?"

공자가 말했다.

"신하의 수만 채우는 사람이라 이를 수 있을 것이오.[2]"

자로가 포蒲 땅의 대부[3]가 되어 공자에게 고하자 공자가 말했다.

"포 땅은 장사壯士들이 많아서 또 다스리기 어렵다. 그러나 나는 너에게 말하겠다. 일을 할 때 공손하고 공경하게 하면 용맹한 사람을 제어할 수 있다.[4] 너그럽고 바르게 하면 많은 사람이 따르게 될 것이다.[5] 고요함으로써 공손하고 바르게 행동하면 윗사람에게 보답할 수 있다."

子路喜從游 遇長沮桀溺荷蓧丈人[1] 子路爲季氏宰 季孫問曰 子路可謂大臣與 孔子曰 可謂具臣矣[2] 子路爲蒲大夫[3] 辭孔子 孔子曰 蒲多壯士 又難治 然吾語汝 恭以敬 可以執勇[4] 寬以正 可以比衆[5] 恭正以靜 可以報上

① 遇長沮桀溺荷蓧丈人우장저걸닉하조장인

신주 장저와 걸닉과 하조장인은 초나라의 현인들이다.

② 具臣矣구신의

집해 공안국이 말했다. "신하의 숫자만 채울 뿐이라는 말이다."

孔安國曰 言備臣數而已

③ 蒲大夫포대부

색은 포蒲는 위衛나라 읍이다. 자로는 읍재가 되었다.

蒲 衞邑 子路爲之宰也

④ 執勇집용

집해 공손하고 삼가며 겸손하고 공경하면 용맹한 자라도 해칠 수 없기에 '제어할 수 있다.'라고 했다는 말이다.

言恭謹謙敬 勇猛不能害 故曰執也

⑤ 寬以正 可以比衆관이정 가이비중

집해 比의 발음은 '비鼻'이다. 관대하고 청정淸正하면 무리가 반드시 돌아와 가까이한다는 말이다.

音鼻 言寬大淸正 衆必歸近之

애초에, 위衛나라 영공靈公에게는 총애하는 여인인 남자南子가 있었다. 영공의 태자 괴외蒯聵는 남자에게 죄를 얻어서 죽임을 당할까 두려워 달아났다. 영공이 죽자 부인(남자)은 공자 영郢을 세우고자 했다. 영은 동의하지 않고 말했다.

"망명한 태자의 아들 첩輒이 있습니다."

이에 위衛나라는 첩을 세워 군주로 삼았는데 이이가 출공出公이다. 출공이 즉위한 지 12년, 그의 아버지 괴외는 외국에 살면서 위나라로 들어오지 못했다. 자로는 위나라 대부 공회孔悝의 읍재가 되었다.[①]

괴외가 공회와 함께 난을 일으키려고 계획하여 공회의 집으로 갔다. 마침내 그의 무리와 함께 출공을 습격했다. 출공은 노나라로 달아나고 괴외가 위나라로 들어와 즉위하였는데, 이이가 장공莊公이다.

初 衞靈公有寵姬曰南子 靈公太子蒯聵得過南子 懼誅出奔 及靈公卒 而夫人欲立公子郢 郢不肯 曰 亡人太子之子輒在 於是衞立輒爲君 是爲出公 出公立十二年 其父蒯聵居外 不得入 子路爲衞大夫孔悝之邑宰[①] 蒯聵乃與孔悝作亂 謀入孔悝家 遂與其徒襲攻出公 出公奔魯 而蒯聵入立 是爲莊公

① 孔悝之邑宰 공회지읍재

[색은] 살펴보니 복건이 말했다. "공회의 읍재가 되었다."

按 服虔云爲孔悝之邑宰

마침 공회가 난을 일으키자① 자로는 밖에 있다가 소문을 듣고 달려갔다. 자고子羔가 위나라 성문을 빠져 나오다가 자로를 만나게 되자 자로에게 말했다.

"출공은 떠났고 성문은 이미 닫혔으니 그대는 그냥 돌아가는 것이 좋네. 쓸데없이 그 재앙을 받지 마시게."

자로가 말했다.

"그의 녹봉을 먹는 자는 그의 어려움을 피하지 않는다."

자고는 마침내 떠났다. 성으로 들어가려는 사자가 있었는데② 성문이 열리자 자로가 따라서 들어갔다. 괴외를 만났는데 괴외는 공회와 함께 대에 올랐다. 자로가 말했다.

"그대는 어찌하여 공회를 이용하시오? 청컨대 잡아서 죽이시오.③"

괴외는 듣지 않았다. 이에 자로가 대臺를 불사르려고 하자 괴외가 두려워하고 이에 석기石乞과 호염壺黶④을 내려 보내 자로를 공격하게 했는데, (이들이) 자로의 갓끈을 쳐서 끊었다. 자로가 말했다.

"군자는 죽어서도 관을 벗지 않는다."

마침내 갓끈을 매고 죽었다. 공자는 위나라에 난亂이 있었다는 소식을 듣고 말했다.

"아아, 유由는 죽었을 것이다.⑤"

이윽고 과연 자로는 죽었다. 그러므로 공자는 말했다.

"내가 유를 얻고부터 나에 대한 험담이 귀에 들리지 않았다.⑥"

이때 자공은 노나라를 위해 제나라에 사신으로 갔다.⑦

方孔悝作亂① 子路在外 聞之而馳往 遇子羔出衞城門 謂子路曰 出公去矣 而門已閉 子可還矣 毋空受其禍 子路曰 食其食者不避其難 子羔卒

去 有使者入城② 城門開 子路隨而入 造蕢聵 蕢聵與孔悝登臺 子路曰
君焉用孔悝 請得而殺之③ 蕢聵弗聽 於是子路欲燔臺 蕢聵懼 乃下石乞
壺黶④攻子路 擊斷子路之纓 子路曰 君子死而冠不免 遂結纓而死 孔子
聞衞亂 曰 嗟乎 由死矣⑤ 已而果死 故孔子曰 自吾得由 惡言不聞於耳⑥
是時子貢爲魯使於齊⑦

① 孔悝作亂공회작란

[색은] 살펴보니 《좌전》에는 괴외가 공회의 집으로 들어가자 공회의 어
머니 백희伯姬가 공회를 측간에서 겁박해서 강제로 함께 맹세하게 하고
괴외를 세우라고 했으니 공회의 본심은 스스로 난을 일으키려는 것이 아
니었다.

按 左傳蒯聵入孔悝家 悝母伯姬劫悝於廁 强與之盟而立蒯聵 非悝本心自作亂也

② 有使者入城유사자입성

[신주] 《좌전》과 〈위강숙세가〉에는 '나가려는 사자가 있었는데[有使者出]'
라고 되어 있다.

③ 君焉用孔悝 請得而殺之군언용공회 청득이살지

[신주] 〈위강숙세가〉에서 "태자께서 어찌 공회를 이용하시는가. 비록 그
를 죽일지라도, 반드시 어떤 이가 계승할 것이오."라고 했다. 《좌전》의
기록도 그러하다. 따라서 자로는 공회의 읍재이므로 공회를 죽이라고 말
한 것은 〈위강숙세가〉와 《좌전》의 기록과 모순된다.

④ 石乞壺黶석기호염

신주 乞의 발음은 '기'이다. 《좌전》과 〈위강숙세가〉에는 호염을 '우염
盂黶'이라 했다. 자로의 죽음에 관한 일은 〈위강숙세가〉에 더 자세하게 기
록되어 있다.

⑤ 由死矣유사의

신주 공자는 불의를 보고 참지 못하는 자로의 성격을 잘 알고 있기 때
문에 위나라에서 난이 일어났다는 소식을 듣고 자로가 죽었음을 예견한
것이다.

⑥ 惡言不聞於耳악언불문어이

집해 왕숙이 말했다. "자로가 공자를 위해 위衛나라에 모셨다. 그래서
남을 업신여기거나 거만한 사람도 감히 사나운 말을 하지 못했다. 이 때
문에 험담이 공자의 귀에 들리지 않았던 것이다."
王肅曰 子路爲孔子侍衛 故侮慢之人不敢有惡言 是以惡言不聞於孔子耳

신주 왕숙의 말은 위나라에서 있었던 일만 적시하였다. 자로는 공자와
같이 국내에 있거나 해외를 유랑할 때 언제나 방패막이가 되어 주었다.
또한 자로는 공자의 가장 친근한 벗이자 끔찍이 아끼는 제자였다. 공자
는 자로가 세상을 떠나자 그 슬픔에 세상을 살 의지를 잃고 몇 달 만에
세상을 떠났다.

⑦ 爲魯使於齊위로사어제

색은 살펴보니 《좌전》에는 자공子貢이 노나라를 위해 제나라에 사신
으로 간 것은 애공 15년에 있었다고 했다. 아마 이곳의 문장은 잘못된 것

일 것이다.

按 左傳子貢爲魯使齊在哀十五年 蓋此文誤也

신주 무엇이 잘못인지 모르겠다. 자로가 죽었을 때 자공은 제나라에 사신으로 가 있었다. 아마 자로의 죽음을 공자의 죽음으로 착각한 것으로 보인다.

제3장

언어 2철, 자아와 자공

재여宰予의 자는 자아子我이다.[①] 말을 잘하고 말솜씨가 좋았다. 이윽고 가르침을 받다가 물었다.

"3년 상은 너무 길지 않습니까? 군자가 3년 동안 예를 차리지 않는다면 예가 반드시 무너질 것이며, 3년 동안 음악을 익히지 않는다면 음악이 반드시 무너진다고 했습니다. 묵은 곡식이 이미 없어지고 새로운 곡식이 나오며 불씨도 바꾸는데[②] 1년이니 (1년이면) 그칠 만합니다."

공자가 말했다.

"그렇게 하면 너는 편안하겠느냐?"

재여가 말했다.

"편안할 것입니다."

"네가 편안하다면 그렇게 하라. 군자는 상중에 음식을 먹어도 맛이 없으며 음악을 들어도 즐겁지 않기 때문에 편하지 않다.[③]"

재아가 나가자 공자가 말했다.

"재여는 인仁하지 못하구나. 자식이 태어나서 3년이 지난 뒤에야 부모의 품에서 벗어난다.[④] 대저 3년의 상이란 천하의 공통된 의義이니라.[⑤]"

宰予字子我^① 利口辯辭 既受業 問 三年之喪不已久乎 君子三年不爲禮
禮必壞 三年不爲樂 樂必崩 舊穀既沒 新穀既升 鑽燧改火^② 期可已矣
子曰 於汝安乎 曰 安 汝安則爲之 君子居喪 食旨不甘 聞樂不樂 故弗爲
也^③ 宰我出 子曰 予之不仁也 子生三年然後免於父母之懷^④ 夫三年之
喪 天下之通義也^⑤

① 宰予字子我재여자자아

집해 정현은 노나라 사람이라고 했다.

鄭玄曰魯人

색은 《공자가어》에도 노나라 사람이라고 했다.

家語亦云魯人

② 鑽燧改火찬수개화

집해 마융이 말했다. "《상서》〈주서 월령〉에 경화更火의 문장이 있다.
봄에는 느릅나무와 버드나무에서 불을 취한다. 여름에는 대추나무와
살구나무에서 불을 취한다. 늦여름에는 뽕나무와 산뽕나무에서 불을
취한다. 가을에는 떡갈나무와 졸참나무에서 불을 취한다. 겨울에는 홰
나무와 박달나무에서 불을 취한다. 1년 중에서 나무에 구멍을 뚫어 비
벼서 불을 얻는 것을 각각 다른 나무로 한다. 그러므로 '개화改火'라고
했다."

馬融曰 周書月令有更火之文 春取楡柳之火 夏取棗杏之火 季夏取桑柘之火 秋
取柞楢之火 冬取槐檀之火 一年之中 鑽火各異木 故曰改火

③ 汝安則爲之~故弗爲也여안즉위지~고불위야

[집해] 공안국이 말했다. “지늠는 아름다움이다. 재여가 어버이에게 인
仁함이 없는 것을 꾸짖은 것이기 때문에 ‘네가 편안하다면 그렇게 하라.’
라고 말했다.”

孔安國曰 旨 美也 責其無仁於親 故言汝安則爲之

④ 子生三年然後免於父母之懷자생삼년연후면어부모지회

[집해] 마융이 말했다. “태어나서 3년이 안 될 때까지는 부모의 품에 안
겨서 살게 되는 것이다.”

馬融曰 生未三歲 爲父母所懷抱也

⑤ 天下之通義也천하지통의야

[집해] 공안국이 말했다. “천자로부터 일반인까지 통하는 것이다.”

孔安國曰 自天子達於庶人

재여가 낮잠을 자는 것을 보고 공자가 말했다.
“썩은 나무에는 조각할 수 없으며① 썩은 흙으로 쌓은 담장은 손
질을 할 수 없는 것이다.②”
재아가 오제五帝의 덕에 대해 묻자 공자가 말했다.
“재여는 그 사람이 아니니라.③”
재아가 임치臨菑의 대부가 되어④ 전상田常과 더불어 난亂을 일으
켜 그의 일족이 멸족하자 공자는 부끄럽게 여겼다.⑤

宰予晝寢 子曰 朽木不可雕也^① 糞土之牆不可圬也^② 宰我問五帝之
德 子曰 予非其人也^③ 宰我爲臨菑大夫^④ 與田常作亂 以夷其族 孔子
恥之^⑤

① 朽木不可雕也후목불가조야

[집해] 포씨가 말했다. "후朽는 썩은 것이다. 조雕는 쪼고 다듬어 그림을
새기는 것이다."

包氏曰 朽 腐也 雕 雕琢刻畫

② 糞土之牆不可圬也분토지장불가오야

[집해] 왕숙이 말했다. "오圬는 흙을 바르는 것이다. 이 두 가지(썩은 나무
와 썩은 흙)에 비유하여 아무리 공功을 들여도 성공할 수 없다는 것으로 깨
우쳤다."

王肅曰 圬 墁也 二者喻雖施功猶不成也

③ 予非其人也여비기인야

[집해] 왕숙이 말했다. "오제의 덕은 밝히기에는 부족하다는 말이다."

王肅曰 言不足以明五帝之德也

④ 爲臨菑大夫위임치대부

[색은] 살펴보니 제나라에서 벼슬한 것을 이른다. 제나라는 임치에 도읍
했다. 그러므로 '임치의 대부가 되었다.'고 한 것이다.

按 謂仕齊 齊都臨淄 故云爲臨淄大夫也

⑤ 與田常作亂~孔子恥之여전상작란~공자취지

색은 살펴보니 《좌전》에는 재아宰我가 전상과 더불어 난을 일으켰다는 문장이 없다. 그러나 감지闞止로 자字가 자아子我인 총애를 다투다가 마침내 진항陳恆에게 죽음을 당했다. 아마 (감지의) 자가 재여와 관련이 있기 때문에 잘못 말한 것이다.

按 左氏傳無宰我與田常作亂之文 然有闞止字子我 而因爭寵 遂爲陳恆所殺 恐字與宰予相涉 因誤云然

단목사端沐賜[①]는 위衞나라 사람으로 자는 자공子貢이다. 공자보다 31세가 적었다. 자공은 말을 잘했고 문장을 잘 꾸몄다. 공자는 항상 그의 변론을 물리쳤다. 공자가 물었다.

"너는 안회와 견주어 누가 낫다고[②] 생각하느냐?"

자공이 대답했다.

"제가 어찌 감히 안회와 같기를 바라겠습니까? 안회는 하나를 들으면 열을 아는데 저는 하나를 들으면 둘을 알 뿐입니다."

자공이 학업을 마치고 나서 물었다.

"저는 어떤 사람입니까?"

공자가 말했다.

"너는 그릇이니라.[③]"

자공이 다시 물었다.

"어떤 그릇입니까?"

공자가 대답했다.

> "호瑚나 연璉이다.④"
>
> 端沐賜① 衞人 字子貢 少孔子三十一歲 子貢利口巧辭 孔子常黜其辯 問
> 曰 汝與回也孰愈② 對曰 賜也何敢望回 回也聞一以知十 賜也聞一以知
> 二 子貢旣已受業 問曰 賜何人也 孔子曰 汝器也③ 曰 何器也 曰 瑚璉也④

① 端沐賜단목사

색은 《공자가어》에는 '목木'으로 되어 있다.

家語作木

② 愈유

집해 공안국이 말했다. "유愈는 승勝(낫다)과 같다."

孔安國曰 愈猶勝也

③ 汝器也여기야

집해 공안국이 말했다. "너는 그릇으로 사용될 수 있는 사람이라는 말이다."

孔安國曰 言汝器用之人

④ 瑚璉也호련야

집해 포씨가 말했다. "호련은 서직黍稷을 담는 그릇이다. 하나라는 호瑚, 은나라는 연璉, 주나라는 보궤簠簋라 하는데 종묘의 귀한 기물이다."

包氏曰 瑚璉 黍稷器 夏曰瑚 殷曰璉 周曰簠簋 宗廟之貴器

진陳나라 자금子禽이 자공에게 물었다.

"중니는 어디서 배웠습니까?"

자공이 대답했다.

"문왕과 무왕의 도가 아직 땅에 떨어지지 않고[①] 사람들에게 남아 있다. 현명한 자는 그 큰 것을 기억하고 현명하지 못한 자는 그 작은 것을 기억하는데, 문왕과 무왕의 도가 있지 않는 곳이 없으니, 선생님께서 어디서든 배우지 않았겠는가? 또한 어찌 일정한 스승이 있으셨겠는가?[②]"

또 물었다.

"공자께서 어떤 나라에 이르시면 반드시 그 나라의 정치에 관해서 들으시는데, 선생님께서 요구하신 것입니까? 아니면 그 나라 임금이 들려준 것입니까?[③]"

자공이 대답했다.

"선생님께서는 온화하고 선량하고 공손하고 검약하고 겸양하시므로 듣게 되신 것이니, 선생님께서 구하시는 것은 아마도 남들이 구하는 것과는 다를 것이다.[④]"

陳子禽問子貢曰 仲尼焉學 子貢曰 文武之道未墜於地[①] 在人 賢者識其大者 不賢者識其小者 莫不有文武之道 夫子焉不學 而亦何常師之有[②] 又問曰 孔子適是國必聞其政 求之與 抑與之與[③] 子貢曰 夫子溫良恭儉讓以得之 夫子之求之也 其諸異乎人之求之也[④]

① 文武之道未墜於地문무지도미추어지

집해 공안국이 말했다. "문왕과 무왕의 도가 땅에 떨어지지 않아서 현명하고 현명하지 못하더라도 각각 아는 바가 있는데 선생님께서 따라 배우지 않으신 바가 없었다."

孔安國曰 文武之道未墜落於地 賢與不賢各有所識 夫子無所不從學

② 亦何常師之有역하상사지유

집해 공안국이 말했다. "따라 배우지 않으신 바가 없으므로 일정한 스승이 없으셨다."

孔安國曰 無所不從學 故無常師

③ 求之與 抑與之與구지여 억여지여

집해 정현이 말했다. "공자께서 이르는 나라마다 반드시 그 나라의 정치에 대해 듣는 것을 괴이하게 여겨서 '구해서 얻은 것인가? 아니면 군주가 스스로 원해서 정치를 그에게 알려준 것인가?'라고 물은 것이다."

鄭玄曰 怪孔子所至之邦必與聞國政 求而得之邪 抑人君自願與之爲治者

④ 其諸異乎人之求之也기제이호인지구지야

집해 정현이 말했다. "선생님께서는 이 오덕五德을 행하셔서 얻는 것으로 남들이 구하는 것과는 다르다고 말한 것이니 군주가 스스로 준 것임을 밝힌 것이다."

鄭玄曰 言夫子行此五德而得之 與人求之異 明人君自與之

자공이 물었다.

"부유하지만 교만하지 않고 가난하지만 아첨하지 않으면 어떻습니까?"

공자가 대답했다.

"좋은 말이다.① 그러나 가난하면서도 도를 즐기고② 부유하면서도 예를 좋아하는 것만 못하다."

전상田常이 제나라에서 난을 일으키려고 했는데, 고씨高氏, 국씨國氏, 포씨鮑氏, 안씨晏氏를 두려워하여 그의 군사를 옮겨서 노나라를 정벌하려고 했다. 공자가 듣고 문하의 제자들에게 말했다.

"대저 노나라는 조상의 분묘가 있는 곳이며 부모의 나라인데, 국가가 위태로움이 이와 같으니 여러 제자 중에 누가 사신으로 가지 않겠느냐?"

자로가 나가기를 청하자 공자가 그만두게 했다. 자장子張과 자석子石③이 가기를 청하자 공자가 허락하지 않았다. 자공이 가기를 청하자 공자가 허락했다.

子貢問曰 富而無驕 貧而無諂 何如 孔子曰 可也① 不如貧而樂道② 富而好禮 田常欲作亂於齊 憚高國鮑晏 故移其兵欲以伐魯 孔子聞之 謂門弟子曰 夫魯 墳墓所處 父母之國 國危如此 二三子何爲莫出 子路請出 孔子止之 子張子石③請行 孔子弗許 子貢請行 孔子許之

---

① 可也가야

[집해] 공안국이 말했다. "만족하지 못한 것이 많은 것이다."

孔安國曰 未足多也

② 樂道낙도

[집해] 정현이 말했다. "낙樂이란 도道에 뜻을 두는 것이니 가난을 근심하고 괴로워하지 않음을 이른다."

鄭玄曰 樂謂志於道 不以貧爲憂苦也

③ 子石자석

[색은] 공손룡이다.

公孫龍也

마침내 길을 가서 제나라에 이르러 전상에게 다음과 같이 설득했다.

"군君께서 노나라를 정벌하는 것은 지나친 것입니다. 대저 노나라는 정벌하기 어려운 나라입니다. 그 성들은 작고 낮으며 그 농농경지는 좁고 얕으며,① 그 군주는 어리석고 불인不仁하며 대신들은 거짓되고 쓸모가 없으며, 그 사민士民들은 또 전쟁의 일을 싫어합니다. 이것은 더불어 싸울만한 곳이 아니니 군께서는 오나라를 정벌하는 것만 같지 못할 것입니다. 무릇 오나라는 성이 높고 두터우며 농지가 넓고 깊으며, 갑옷은 단단하고 새 것이며 선발된 병사들은 배가 부른데다 중요한 무기와 정예병들이 그 안에다 갖추어져 있고 또 현명한 대부를 시켜서 지키게 하고 있으니 이곳은 정벌하기 쉬운 곳입니다."

전상이 성을 내다가 얼굴빛을 바꾸어 말했다.

"그대가 어렵게 여기는 것은 사람들이 쉽게 여기는 것이고 그대가 쉽다고 여기는 것은 사람들이 어렵게 여기는 것인데 나를 가르치는 것은 무슨 연유인가?"

자공이 말했다.

"신이 듣기에 근심하는 것이 안에 있으면 강한 나라를 공격하고 근심하는 것이 밖에 있으면 약한 나라를 공격한다고 했습니다. 지금 군君이 근심하는 것은 안에 있습니다. 내가 듣자니 (제나라 왕이) 군을 세 번이나 봉하려고 했지만 세 번 다 이루지 못했다고 하는데 대신들이 들어주지 않았기 때문입니다.

지금 군이 노나라를 깨뜨려 제나라 영토를 넓힌다면 전쟁에서 승리한 것이므로 제나라 군주는 교만해질 것입니다. 타국을 깨뜨려 신하가 높아지지만② 군은 그 공을 함께 하지 못하고 날이 갈수록 군주에게서 멀어질 것입니다. 이것은 군께서 위로는 군주의 마음을 교만하게 만들고 아래로는 신하들을 방자하게 만들 것이므로 대사大事를 이루기를 바라지만 어려울 것입니다.

대저 군주가 교만하면 방자해지고 신하가 교만하면 다투게 되는데, 이 때문에 군이 위로는 군주와 틈이 있게 되고 아래로는 대신들과 서로 다투게 될 것입니다. 이렇게 되면 제나라에서 군의 입지가 위태로워질 것입니다. 그러므로 오나라를 정벌하는 것만 같지 못하다고 한 것입니다.

오나라를 정벌했는데 승리하지 못하면 (대신들이 장악한) 백성들은 밖에서 죽고 대신들은 안에서 세력을 잃게 되니 곧 군에게 위로는 강한 신하라는 적이 없어지고 아래로는 백성에게 허물이 없게 되는 것이니 군주는 고립될 것이고 제나라를 제어할 자는 오직 군이 될 것입니다."

전상이 말했다.

"좋은 말이오. 그러나 우리 군사들은 그 일로 이미 노나라에 이르렀는데 노나라를 떠나 오나라로 가게 하면 대신들이 나를 의심할 것이니 어찌 해야겠소."

자공이 말했다.

"군께서 군사를 머무르게 하시고 정벌하지 않으면 청컨대 신이 오왕에게 사신으로 가서 구원을 청하여 오나라로 하여금 노나라를 구원하게 하고 제나라를 정벌하도록 하겠습니다. 군은 (오나라) 군사를 맞이하면 될 것입니다."

전상이 허락하자 자공을 사신으로 보내 남쪽에서 오왕을 만나게 했다.

遂行 至齊 說田常曰 君之伐魯過矣 夫魯 難伐之國 其城薄以卑 其地狹以泄[1] 其君愚而不仁 大臣僞而無用 其士民又惡甲兵之事 此不可與戰 君不如伐吳 夫吳 城高以厚 地廣以深 甲堅以新 士選以飽 重器精兵盡在其中 又使明大夫守之 此易伐也 田常忿然作色曰 子之所難 人之所易 子之所易 人之所難 而以教常 何也 子貢曰 臣聞之 憂在內者攻彊 憂在外者攻弱 今君憂在內 吾聞君三封而三不成者 大臣有不聽者也 今君破魯以廣齊 戰勝以驕主 破國以尊臣[2] 而君之功不與焉 則交日疏於主 是君上驕主心 下恣群臣 求以成大事 難矣 夫上驕則恣 臣驕則爭 是君上與主有郤 下與大臣交爭也 如此 則君之立於齊危矣 故曰不如伐吳 伐吳不勝 民人外死 大臣內空 是君上無彊臣之敵 下無民人之過 孤

> 主制齊者唯君也 田常曰 善 雖然 吾兵業已加魯矣 去而之吳 大臣疑我
> 奈何 子貢曰 君按兵無伐 臣請往使吳王 令之救魯而伐齊 君因以兵迎
> 之 田常許之 使子貢南見吳王

① 地狹以泄지협이설

[색은] 살펴보니 《월절서》에서 말한다. "설泄 자는 천淺으로 되어 있다."

按 越絕書其泄字作淺

[신주] 여기에서 말하는 지地는 국토, 농지, 해자를 의미하는데 본문에
서는 농경지로 번역하였다.

② 破國以尊臣파국이존신

[집해] 왕숙이 말했다. "포씨와 안씨 등이 군사를 거느리고 만약 노나라
를 깨뜨리면 신하의 위치가 높아지게 된다."

王肅曰 鮑晏等帥師 若破國則臣尊矣

> 자공이 (오왕 부차를) 설득해서 말했다.
> "신이 듣기에 왕자王者는 (다른 나라의) 대대로 이어지는 자손을 끊지
> 않고 패자霸者는 적을 강하게 만들지 않으며 1,000균鈞(3만 근)의 무
> 게도 한 눈금 양을 더하면 움직인다고 했습니다. 지금 만승萬乘의
> 제나라가 천승千乘의 노나라를 사사로이 공격해서 오나라와 강함
> 을 다투려고 하는데 가만히 생각하면 왕에게 위태로울 것입니다.

무릇 노나라를 구원하면 명분이 뚜렷해질 것이고 제나라를 정벌하면 큰 이익을 얻을 것입니다. 사수泗水 주변 제후들을 어루만지면서 사나운 제나라를 주벌하고 강한 진晉나라를 복종시킨다면 이보다 큰 이로움은 없을 것입니다. 망해가는 노나라를 보존시켰다는 명분을 얻고 강한 제나라를 곤궁에 빠뜨리는 실리를 얻게 됩니다. 지혜로운 자는 의심하지 않을 것입니다."

오왕이 말했다.

"좋은 말이오. 그러나 우리는 일찍이 월나라와 싸워서 월나라를 회계산으로 몰아서 살게 했소. 월왕(구천)은 몸의 고초를 겪으면서 용사들을 길러 나에게 복수할 마음을 먹고 있으니 그대가 나를 기다려 준다면 월나라를 정벌하고 나서 그대의 말을 듣겠소."

자공이 말했다.

"월나라의 강함은 노나라보다 나을 것이 없고 오나라의 강함은 제나라보다 나을 것이 없는데 왕께서 제나라를 놔두고 월나라를 정벌한다면 제나라는 이미 노나라를 평정한 뒤일 것입니다. 또 왕께서 지금 망하려는 노나라를 보존해주고 끊어지려는 대를 이어줬다는 명분을 얻을 수 있는데 무릇 작은 월나라를 정벌하고 강한 제나라를 두려워하는 것은 용기가 아닙니다. 대저 용기 있는 자는 어려움을 피하지 않고 인仁한 자는 (어려움에 처한 자를) 곤궁하게 하지 않으며, 지혜로운 자는 제때를 잃지 않고 왕자는 (다른 나라의) 대를 끊지 않는 것으로 그 의義를 세우는 것입니다. 지금 월나라를 보존시켜서 제후들에게 인仁을 보이시고 노나라를 구원하고 제나라를 정벌하신다면 위엄이 진晉나라에 가해져서 제후들이 반드시 서로 인솔하고 오나라에 조회하러 올 것이니 패업이 성취될 것입니다. 또한 왕께서 반드시 월나라를 염려하신다면① 신이 동쪽으로 가서 월왕을 만나서 출병을 따르도록 청하면 이는 실로 월나라를 텅 비게 만들면서 (월나라에게) 제후를 따라서 (제나라를) 정벌한다는 명분을 얻게 되는 것입니다."

오왕은 크게 흡족하여 이에 자공을 월나라에 사신으로 보냈다.

說曰 臣聞之 王者不絕世 霸者無彊敵 千鈞之重加銖兩而移 今以萬乘之齊而私千乘之魯 與吳爭彊 竊爲王危之 且夫救魯 顯名也 伐齊 大利也 以撫泗上諸侯 誅暴齊以服彊晉 利莫大焉 名存亡魯 實困彊齊 智者不疑也 吳王曰 善 雖然 吾嘗與越戰 棲之會稽 越王苦身養士 有報我心 子待我伐越而聽子 子貢曰 越之勁不過魯 吳之彊不過齊 王置齊而伐越 則齊已平魯矣 且王方以存亡繼絕爲名 夫伐小越而畏彊齊 非勇也 夫勇者不避難 仁者不窮約 智者不失時 王者不絕世 以立其義 今存越示諸侯以仁 救魯伐齊 威加晉國 諸侯必相率而朝吳 霸業成矣 且王必惡①越 臣請東見越王 令出兵以從 此實空越 名從諸侯以伐也 吳王大說 乃使子貢之越

① 惡오

색은 오惡는 두려워하고 싫어하는 것과 같다.

惡猶畏惡也

월왕은 길을 청소하고 교외에서 맞이했는데 자신이 직접 수레를 몰아 숙소에 이르러 자공에게 물었다.

"이곳은 만이蠻夷의 나라인데, 대부께서 어찌하여 위엄 있는 발걸음으로 왕림하셨습니까?"

자공이 말했다.

"지금 제가 오왕을 설득하여 노나라를 구원하고 제나라를 정벌하라고 했더니 그는 마음으로 그렇게 하고자 하면서도 월나라가 두려워서 '나를 기다려 준다면 월나라를 정벌하고 나서 하겠습니다.'라고 했습니다. 이와 같다면 월나라를 치는 것은 필연입니다. 또 무릇 남에게 보복할 뜻이 없는데도 남에게 의심하게 하는 것은 졸렬한 것이고, 남에게 보복할 뜻이 있는 것을 남이 알아차리게 하는 것은 위태로운 것입니다. 일을 시작하기도 전에 (남이) 먼저 듣게 하는 것은 위험한 것입니다. 세 가지는 거사에 있어서 큰 걱정거리입니다."

구천이 머리를 조아리고 두 번 절을 올리고서 말했다.

"고孤는 일찍이 힘을 헤아리지 못하고 오나라와 싸워 회계산에서 곤욕을 당하고 아픔이 골수까지 들어와 낮밤으로 입술이 타고 혀가 말랐으니 우리들은 오왕과 발뒤꿈치가 이어지도록 싸우다 죽고 싶은 것이 고孤가 원하는 것입니다."

마침내 자공에게 물었다.

자공이 말했다.

"오왕의 사람됨은 사납고 포악스러워 신하들이 감당하지 못하고 나라는 자주 전쟁을 해서 피폐해지고 사졸들은 견뎌내지 못합니다.

백성은 윗사람을 원망하고 대신들은 국가에 변고를 일으키고 오자서는 간하다 죽었고[①] 태재 백비는 권력을 휘두르는데 군주의 잘못을 따르면서 자신의 사익에 안주하는데 이것이 없어질 나라의 정치입니다. 지금 왕께서 진실로 사졸들을 보내서 그 뜻을[③] 격려하시고[②] 귀중한 보화로 그 마음을 기쁘게 하시고 자신을 낮추는 말로써 그 예의를 높인다면 오나라는 반드시 제나라를 정벌할 것입니다.

저들이 싸워 승리하지 못하면 왕의 복입니다. 싸워서 승리하면 반드시 군사가 진晉나라에 이를 것입니다. 신이 북쪽에서 진나라 군주를 만나서 함께 공격하도록 청한다면, 오나라를 약해지는 것은 필연입니다. 그의 정예병들은 제나라에서 다 죽고 중무장한 갑병은 진나라에서 곤경에 처할 것이니, 왕께서 그 피폐해진 오나라 군사를 제압하시면 이는 반드시 오나라를 멸망시킬 수 있습니다." 월왕은 크게 흡족하여 허락했다. 마침내 자공에게 금 100일鎰과 검 한 자루와 좋은 창 두 자루를 보냈다. 자공은 받지 않고 마침내 길을 나섰다.

越王除道郊迎 身御至舍而問曰 此蠻夷之國 大夫何以儼然辱而臨之 子貢曰 今者吾說吳王以救魯伐齊 其志欲之而畏越 曰 待我伐越乃可 如此 破越必矣 且夫無報人之志而令人疑之 拙也 有報人之志 使人知之 殆也 事未發而先聞 危也 三者擧事之大患 句踐頓首再拜曰 孤嘗不料力 乃與吳戰 困於會稽 痛入於骨髓 日夜焦脣乾舌 徒欲與吳王接 而死 孤之願也 遂問子貢 子貢曰 吳王爲人猛暴 群臣不堪 國家敝以數戰 士卒弗忍 百姓怨上 大臣內變 子胥以諫死[①] 太宰嚭用事 順君之過

以安其私 是殘國之治也 今王誠發士卒佐之徼②其志③ 重寶以說其心

卑辭以尊其禮 其伐齊必也 彼戰不勝 王之福矣 戰勝 必以兵臨晉 臣請

北見晉君 令共攻之 弱吳必矣 其銳兵盡於齊 重甲困於晉 而王制其敝

此滅吳必矣 越王大說 許諾 送子貢金百鎰 劍一 良矛二 子貢不受 遂行

① 子胥以諫死자서이간사

색은 왕소가 살펴보니 《공자가어》와 《월절서》에는 모두 이 다섯 글자
가 없다고 한다. 이때 오자서는 아직 죽지 않았다.

王劭按 家語越絕竝無此五字 是時子胥未死

② 徼요

집해 徼의 발음은 '교[結堯反]'이다.

結堯反

신주 요徼의 의미는 주로 '순찰하다'로 쓰이지만 본문에서는 '격려한
다'는 의미로 썼다.

③ 志지

집해 왕숙이 말했다. "그 뜻을 헤아려 격려하는 것이다."

王肅曰 激射其志

오왕에게 다음과 같이 보고했다.

"신이 공경히 대왕의 말씀으로 월왕에게 알렸습니다. 월왕이 크게 두려워하면서 말하기를 '고孤가 불행히도 젊어서 아버지를 잃고 안으로 스스로 헤아리지 못하고 오나라에 죄를 지어 군사는 패배하고 몸은 치욕을 당해 회계에서 살고 있습니다. 나라는 빈터가 되어 풀이 자라는데[1] 대왕의 은혜를 입어 제기를 받들어 제사를 지내게 되었으니, 죽어서도 감히 잊지 못할 것인데 어찌 감히 (오나라를) 우려시키는 일을 도모하겠습니까?' 라고 했습니다."

5일 뒤에 월나라는 대부 종을 시켜 머리를 조아리고 오왕에게 말을 전하게 했다.

"동해에서 사역하는 신하 고孤 구천의 사자인 신 종種은 감히 하리下吏로써 좌우에 문안을 올립니다. 지금 듣건대, 대왕께서 장차 대의를 일으켜 강자를 주벌하시고 약자를 구원하셔서 사나운 제나라를 곤욕스럽게 하고 주나라 왕실을 위무한다고 하시니 (월나라) 국경 안의 사졸 3,000명을 모두 일으키고 고孤는 스스로 갑옷을 입고 병기를 가지고 먼저 화살과 돌을 받들기를 청하겠습니다. 이로 인해 월나라의 천한 신하 종種이 선인先人의 숨겨 놓은 기물을 받들고 갑옷 20벌과 부굴로鈇屈盧의 창[2]과 보광검步光劍으로 군리軍吏에게 축하하려 합니다."

오왕은 매우 흡족하여 자공에게 고했다.

"월왕이 몸소 과인을 따라서 제나라를 정벌하겠다는데 괜찮습니까?"

자공이 대답했다.

"불가합니다. 대저 남의 나라를 텅 비게 하고 남의 나라 사람을 다 동원하고 또 그의 군주까지 따르게 하는 것은 불의不義입니다. 군주께서는 그의 폐백을 받고 그의 군사를 허락하되 그 군주는 사양하십시오."

오왕은 허락하고 월왕이 따른다는 것은 거절했다. 이에 오왕은 마침내 9개 군郡의 병력으로 제나라를 정벌했다.

報吳王曰 臣敬以大王之言告越王 越王大恐 曰 孤不幸 少失先人 內不自量 抵罪於吳 軍敗身辱 棲于會稽 國爲虛莽[1] 賴大王之賜 使得奉俎豆而修祭祀 死不敢忘 何謀之敢慮 後五日 越使大夫種頓首言於吳王曰 東海役臣孤句踐使者臣種 敢修下吏問於左右 今竊聞大王將興大義 誅彊救弱 困暴齊而撫周室 請悉起境內士卒三千人 孤請自被堅執銳 以先受矢石 因越賤臣種奉先人藏器 甲二十領 鈇屈盧之矛[2] 步光之劍 以賀軍吏 吳王大說 以告子貢曰 越王欲身從寡人伐齊 可乎 子貢曰 不可 夫空人之國 悉人之衆 又從其君 不義 君受其幣 許其師 而辭其君 吳王許諾 乃謝越王 於是吳王乃遂發九郡兵伐齊

① 虛莽허망

[집해] 虛의 발음은 '허墟'이고 莽의 발음은 '망[莫朗反]'이다.
虛音墟 莽 莫朗反

[색은] 어떤 판본에는 '극棘'으로 되어 있다고 했다. 아마 잘못일 것이다.
有本作棘 恐誤也

② 鈇屈盧之矛부굴로지모

[색은] 鈇의 발음은 '부膚'이다. 부鈇는 도끼이다. 유씨는 다른 판본에는

이 글자가 없다고 했다. 굴로屈盧는 창 이름이다.

鈇音膚 斧也 劉氏云一本無此字 屈盧 矛名

자공은 그대로 진晉나라로 가서 진晉나라 군주(정공)에게 말했다.
"신이 듣건대 생각이 먼저 정해지지 않으면 갑작스러운 일에 대응
하지 못하고[1] 군사를 먼저 준비해 두지 않으면 적을 이기지 못한
다고 했습니다. 지금 제나라와 오나라가 싸우려 하는데 저 싸움
에서 오나라가 승리하지 못한다면 월나라가 반드시 어지럽게 할
것입니다. 제나라와 전쟁에서 오나라가 승리하게 되면 반드시 그
군사를 이끌고 진晉나라로 갈 것입니다."
진晉나라 군주는 크게 두려워하며 말했다.
"어찌해야 하겠습니까?"
자공이 말했다.
"병기를 정비하고 군사들을 휴식시킨 다음 기다리십시오."
진나라 군주가 허락했다.
子貢因去之晉 謂晉君曰 臣聞之 慮不先定不可以應卒[1] 兵不先辨不可
以勝敵 今夫齊與吳將戰 彼戰而不勝 越亂之必矣 與齊戰而勝 必以其
兵臨晉 晉君大恐 曰 爲之奈何 子貢曰 修兵休卒以待之 晉君許諾

[1] 慮不先定不可以應卒여불선정불가이응졸
[색은] 살펴보니 졸卒은 갑작스러움을 이른다. 계획이나 생각이 먼저 결
정되지 않으면 갑자기 비상한 일이 있을 때 대응하기 불가한 것이다.

按 卒謂急卒也 言計慮不先定 不可以應卒有非常之事

자공이 진나라를 떠나서 노나라로 갔다. 오왕은 과연 제나라 사람들과 애릉艾陵에서 싸워[1] 제나라 군사를 크게 쳐부수고 7명의 장군의 병사들을 얻었는데 돌아가지 않고 과연 군사를 이끌고 진晉나라로 가다가 진나라 사람들과 황지黃池 부근에서 서로 마주했다.[2] 오나라와 진나라가 강함을 다투었다. 진나라 사람들이 공격하여 오나라 군사를 크게 무찔렀다.[3]

월왕이 듣고 강수를 건너서[4] 오나라를 습격하여 성에서 7리 떨어진 곳에 군사를 주둔시켰다. 오왕이 듣고 진晉나라를 떠나 오나라로 돌아가 월나라와 오호五湖에서 싸웠다. 세 번을 싸웠으나 이기지 못하고 성문을 수비하지 못하게 되자 월나라는 마침내 왕궁을 포위하여 부차를 살해하고 그의 재상도 죽였다.[5] 오나라를 깨뜨리고 3년 만에 동쪽의 패자霸者가 되었다.

子貢去而之魯 吳王果與齊人戰於艾陵[1] 大破齊師 獲七將軍之兵而不歸 果以兵臨晉 與晉人相遇黃池[2]之上 吳晉爭彊 晉人擊之 大敗吳師[3] 越王聞之 涉江[4]襲吳 去城七里而軍 吳王聞之 去晉而歸 與越戰於五湖 三戰不勝 城門不守 越遂圍王宮 殺夫差而戮其相[5] 破吳三年 東向而霸

① 戰於艾陵전어애릉

색은 살펴보니 《좌전》에는 애공 11년에 있었다.

按 左傳在哀十一年

② 晉人相遇黃池진인상우황지

색은 《좌전》에서 황지의 회합은 애공 13년에 있었다. 월나라가 오나라로 쳐들어가고 오나라는 월나라와 화평을 맺었다.

左傳黃池之會在哀十三年 越入吳 吳與越平也

③ 晉人擊之 大敗吳師진인격지 대패오사

신주 〈오태백세가〉와 〈진세가〉에는 오나라와 진나라가 황지에서 회맹했다고 기록되어 있다.

④ 涉江섭강

신주 강수는 오나라 북쪽이니, 오나라 남쪽의 월나라가 강수를 건널 일은 없다.

⑤ 殺夫差而戮其相살부차이륙기상

색은 상고해보니 《좌전》에는 월나라가 오나라를 멸망시킨 것이 애공 22년에 있었던 일이니 곧 일은 모두 현격하게 햇수가 차이가 난다. 대개 이 문장은 그 사실을 설명하고 마무리하고자 한 것이다. 그러므로 그 말을 서로 연결한 것이다.

按 左傳越滅吳在哀二十二年 則事竝懸隔數年 蓋此文欲終說其事 故其辭相連

그래서 자공이 한 번 나가서 노나라를 보존시키고 제나라를 어지럽게 만들고 오나라를 쳐부수고 진晉나라를 강하게 만들고 월나라를 패자로 만들었다. 자공이 한 번 사신으로 가서 세력 있는 나라들이 서로를 공격하게 하니 10년 안에 5개국에 각각 변화가 있었다.[1]

자공은 (물건을) 쌀 때 사서 비쌀 때 파는 것을 잘하고 시세에 따라서 재화를 유통시켜 자산을 불렸다.[2] 남의 아름다움을 선양하기를 좋아했지만 남의 과실을 숨겨주는 것에는 능하지 못했다. 항상 노나라와 위衛나라를 도왔으며, 집에는 1,000금을 쌓아두었고 마침내 제나라에서 생을 마쳤다.

故子貢一出 存魯 亂齊 破吳 彊晉而霸越 子貢一使 使勢相破 十年之中 五國各有變[1] 子貢好廢擧 與時轉貨貲[2] 喜揚人之美 不能匿人之過 常相魯衞 家累千金 卒終于齊

① 五國各有變오국각유변

[색은] 살펴보니 《좌전》에는 노魯, 제齊, 진晉, 오吳, 월越을 일컬었다. 그러므로 이르기를 "자공이 나가서 노나라를 보존시키고 제나라를 어지럽게 하고 오나라를 쳐부수고 진晉나라를 강하게 만들고 월나라를 패자로 만들었다."라고 했다.

按 左傳謂魯齊晉吳越也 故云子貢出 存魯 亂齊 破吳 彊晉而霸越

② 好廢擧 與時轉貨貲호폐거 여시전화자

[집해] 폐거廢擧는 머물러 쌓아둠을 이른다. 여시與時는 시세를 따른 것

을 이른다. 대저 사물이 천해지면 사서 쌓아두고 가치가 귀해지면 곧 시세를 따라 굴려 바꾸어 매매하여 자본의 이익을 취한다.

廢擧謂停貯也 與時謂逐時也 夫物賤則買而停貯 値貴即逐時轉易 貨賣取資利也

색은 살펴보니 《공자가어》에는 '화貨'가 '화化'로 되어 있다. 왕숙이 말했다. "폐거는 값이 싼 것을 구매했다가 값이 비싸지면 파는 것이고, 전화轉化는 때에 따라 재물을 굴려서 그 자본을 증식하는 것을 이른다." 유씨가 말했다. "폐廢는 물건 값이 비싸지면 파는 것을 이르고 거擧는 물건 값이 싸지면 거두어 구매하는 것을 이르고 전화轉貨는 값이 비쌀 때는 옮겨 내다 팔고 값이 쌀 때는 거두어들이는 것을 이른다."

按 家語貨作化 王肅云廢擧謂買賤賣貴也 轉化謂隨時轉貨以殖其資也 劉氏云廢謂物貴而賣之 擧謂物賤而收買之 轉貨謂轉貴收賤也

문학 2철, 자유와 자하

언언言偃은 오나라 사람이며[1] 자는 자유子游이다. 공자보다 45세
가 적었다. 자유는 이미 (공자에게) 학문을 배우고 난 후 무성武成의
재宰가 되었다.[2] 공자가 지나가다가 현을 튕기며 노래하는 소리
를 들었다. 공자가 빙긋이 웃으면서[3] 말했다.

"닭을 잡는데 어찌 소 잡는 칼을 쓰겠는가?[4]"

자유가 대답했다.

"지난날 저는 선생님께서 '군자가 도를 배우면 사람을 사랑하고 소
인이 도를 배우면 부리기가 쉽다.[5]'라고 하신 말씀을 들었습니다."

공자가 말했다.

"제자들아[6] 언언의 말이 옳다. 조금 전에 내가 한 말은 농담이었다.[7]"

공자는 이 때문에 자유가 문학을 익혔다고 여겼다.

言偃 吳人[1] 字子游 少孔子四十五歲 子游既已受業 爲武城宰[2] 孔子過
聞弦歌之聲 孔子莞爾而笑[3]曰 割雞焉用牛刀[4] 子游曰 昔者偃聞諸夫
子曰 君子學道則愛人 小人學道則易使[5] 孔子曰 二三子[6] 偃之言是也
前言戲之耳[7] 孔子以爲子游習於文學

① 言偃 吳人언언 오인

[색은] 《공자가어》에는 노나라 사람이라 했다. 살펴보니 언언은 노나라에서 벼슬하고 무성의 재가 되었을 뿐이다. 지금 오군吳郡에는 언언의 무덤이 있는데, 아마 오군 사람의 무덤일 것이다.

家語云魯人 按 偃仕魯爲武城宰耳 今吳郡有言偃冢 蓋吳郡人爲是也

② 爲武城宰위무성재

[정의] 《괄지지》에서 말한다. "연주兗州에 있는데 곧 남성南城이다. 《여지지》에서 남무성현은 노나라 무성읍이고 자유가 재가 되었는데, 태산군에 있다고 했다."

括地志云 在兗州 即南城也 輿地志云南武城縣 魯武城邑 子游爲宰者也 在泰山郡

③ 莞爾而笑완이이소

[집해] 하안이 말했다. "완이莞爾는 살짝 웃는 모습이다."

何晏曰 莞爾 小笑貌

④ 割雞焉用牛刀할계언용우도

[집해] 공안국이 말했다. "작은 곳을 다스리는데 어찌 대도大道를 사용하겠느냐는 말이다."

孔安國曰 言治小何須用大道

⑤ 學道則易使학도즉이사

[집해] 공안국이 말했다. "도道는 예악을 이른다. 음악은 사람을 화락하

게 한다. 사람이 화락하면 부리기가 쉽다."

孔安國曰 道謂禮樂也 樂以和人 人和則易使

⑥ 二三子이삼자

집해 공안국이 말했다. "따르는 자들이다."

孔安國曰 從行者

⑦ 前言戲之耳전언희지이

집해 공안국이 말했다 "작은 곳을 다스리는데 대도를 사용한다고 농담한 것이다."

孔安國曰 戲以治小而用大

복상卜商의 자字는 자하子夏이다.① 공자보다 44세가 적었다. 자하가 물었다.

"시詩에서 '방긋 웃는 웃음에 입매 더욱 곱고, 아름다운 눈에 맑고 검은 눈동자여 흰 바탕의 채색 같구나.②'라고 한 것은 무엇을 뜻하는 것입니까?"

공자가 말했다.

"그림을 그리는 일은 흰 바탕이 있은 다음이다.③"

자하가 다시 물었다.

"예禮의 뒤라는 것입니까?④"

공자가 말했다.

"상商은 비로소 더불어 시를 말할 만하구나.⑤"

자공이 물었다.

"사師(자장)와 상商중에 누가 더 현명합니까?"

공자가 말했다.

"사는 지나치고 상은 미치지 못하니라.⑥"

"그렇다면 사가 낫다는 말씀입니까?"

공자가 말했다.

"지나침은 미치지 못함과 같으니라."

공자가 자하에게 말했다.

"너는 군자다운 유자가 되고 소인 같은 유자는 되지 말라.⑦"

공자가 세상을 떠나고 나서 자하는 서하西河에 살면서⑧ 후학을 가르치다가 위문후魏文侯의 스승이 되었다.⑨ 그의 아들이 죽어 통곡하다가 실명失明했다.

卜商字子夏① 少孔子四十四歲 子夏問 巧笑倩兮 美目盼兮 素以爲絢兮② 何謂也 子曰 繪事後素③ 曰 禮後乎④ 孔子曰 商始可與言詩已矣⑤ 子貢問 師與商孰賢 子曰 師也過 商也不及⑥ 然則師愈與 曰 過猶不及 子謂子夏曰 汝爲君子儒 無爲小人儒⑦ 孔子既沒 子夏居西河⑧教授 爲魏文侯師⑨ 其子死 哭之失明

① 卜商字子夏복상자자하

집해 《공자가어》에는 위衛나라 사람이라고 했다. 정현은 온국溫國의 복상卜商이라고 했다.

家語云衛人 鄭玄曰溫國卜商

살펴보니《공자가어》에는 위나라 사람이라고 이르고 정현은 온국 사람이라고 하여 동일하지 않은데, 온국은 지금 하내군 온현으로 본래는 위나라에 속했기 때문이다.

按 家語云衞人 鄭玄云溫國人 不同者 溫國今河內溫縣 元屬衞故

② 巧笑倩兮~素以爲絢兮교소천혜~소이위현혜

집해 마융이 말했다. "천倩은 웃는 모습이다. 반盼은 눈이 움직이는 모양이다. 현絢은 문채의 모양이다. 위에 시의 두 구절은 《시경》〈위풍衞風 석인碩人〉편의 2장章이고 그 아래 한 구절은 없어진 《시경》에 수록되지 않은 고시이다."

馬融曰 倩 笑貌 盼 動目貌 絢 文貌 此上二句在衞風碩人之二章 其下一句逸詩

신주 지금 《시경》이나 《논어》에서 해석은 "교소巧笑는 여인의 방긋 웃는 모습, 천倩은 웃을 때 입가가 고운 것, 반盼은 눈동자의 흰자위와 검은자위가 뚜렷한 것, 현絢은 채색으로 그림을 장식하는 것"으로 되어 있다.

③ 繪事後素회사후소

집해 정현이 말했다. "회繪는 그린 무늬이다. 무릇 그림을 그리면서 먼저 여러 색깔을 칠하여 그림을 그린 연후에 흰 물감을 그 사이에 칠해서 그 무늬를 완성하니 마치 아름다운 여인이 비록 방긋 웃는 모습이나 눈동자의 아름다운 바탕이 있더라도 또한 예를 기다려서 아름다움을 완성함을 비유한 것이다."

鄭玄曰 繪 畫文也 凡畫繪先布衆色 然後以素分布其間以成其文 喻美女雖有倩盼美質 亦須禮以成也

④ 禮後乎예후호

집해 하안이 말했다. "공자의 말은 그림을 그리는 일은 흰 바탕이 있은 다음이라는 것인데, 자하가 듣고 이해하여 소素를 예禮에 비유한 것임을 알았다. 그러므로 '예의 뒤'라고 했다."

何晏曰 孔言繪事後素 子夏聞而解知以素喩禮 故曰禮後乎

⑤ 商始可與言詩已矣상시가여언시이의

집해 포씨가 말했다. "나의 뜻을 제대로 드러내 밝혔으니 더불어 시를 말할 만하다."

包氏曰 能發明我意 可與言詩矣

⑥ 師也過 商也不及사야과 상야불급

집해 공안국이 말했다. "함께 알맞은 것을 얻지 못했다는 말이다."

孔安國曰 言俱不得中

⑦ 君子儒 無爲小人儒군자유 무위소인유

집해 하안은 "군자다운 유자는 장차 도道를 밝히고 소인다운 유자가 되면 그의 명성을 자랑한다."

何晏曰 君子之儒將以明道 小人爲儒則矜其名

⑧ 居西河거서하

색은 하동군 서쪽 경계에 있는데 대개 용문龍門에 가까웠다. 유씨가 말했다. "지금 동주同州 하서현에 자하의 석실과 학당學堂이 있다."

在河東郡之西界 蓋近龍門 劉氏云 今同州河西縣有子夏石室學堂也

정의 서하군은 지금의 분주汾州이다.《이아》에서 말한다. "양하兩河 사이를 기주冀州라고 이른다."《예기》에서 말한다. "동하東河로부터 서하에 이른다." 하동은 옛날에는 용문하龍門河라고 불러 서하로 삼았는데 한나라는 그로 인해 서하군으로 삼았으며, 분주이고 자하가 가르치던 곳이다.《괄지지》에서 말한다. "알천산謁泉山은 일명 은천산이며 분주 습성현隰城縣 북쪽 40리에 있다.《수경》의 주석에는 '그 산의 낭떠러지는 다섯이고 낭떠러지 중간에 하나의 석실이 있으며 땅과의 거리는 50장丈이고 정상은 평지로 10경頃 가량이다.《수국집기》에서 '이곳에 자하가 석실을 만들고 늙어서 물러나 서하의 이곳에 거처했다고 했다.'라고 했다. 복상의 신사神祠가 있는데 지금도 남아 있다."

西河郡 今汾州也 爾雅云 兩河間曰冀州 禮記云 自東河至於西河 河東故號龍門河爲西河 漢因爲西河郡 汾州也 子夏所教處 括地志云 謁泉山一名隱泉山在汾州隰城縣北四十里 注水經云 其山崖壁五 崖半有一石室 去地五十丈 頂上平地十許頃 隨國集記云此爲子夏石室 退老西河居此 有卜商神祠 今見在

⑨ 魏文侯師위문후사

색은 살펴보니 자하의 문학은 사과四科에 드러나서,《시경》의 서문을 쓰고《역》을 해설했다. 또 공자께서는《춘추》를 복상에게 부탁했다. 또《예기》를 해설한 저서로《예지》가 남아 있다. 여기《사기》에서 모두 논하지 않았고《논어》에서는 작은 일로 여겨서 기록하지 않았으니 또한 소홀히 한 것이다.

按 子夏文學著於四科 序詩 傳易 又孔子以春秋屬商 又傳禮 著在禮志 而此史竝不論 空記論語小事 亦其疏也

정의 위문후는 안읍安邑에 도읍했다. 공자께서 세상을 떠난 뒤에 자하가 서하 부근에서 가르쳤는데 문후는 스승으로 섬겼고 국가의 정사를 자문했다.

文侯都安邑 孔子卒後 子夏教於西河之上 文侯師事之 咨問國政焉

신주 《사기지의》에 따르면, 자하는 공자보다 44세가 적으니 이때는 100세를 훨씬 넘긴 나이가 되어 위문후가 스승으로 삼은 것은 불가능한 얘기라고 한다. 아마 자하의 문하생에게 배운 일이 후대에 윤색되어 채록되었다고 봐야 한다.

기타 제자들

전손사顓孫師는 진陳나라 사람이며[①] 자는 자장子張이다. 공자보다 48세가 적었다. 자장이 녹봉祿奉을 구하는 방법[②]을 묻자 공자가 말했다.

"많이 듣되 의심스러운 것은 버리고 그 나머지만을 신중하게 말하면 허물이 적을 것이다.[③] 많이 보되 위태로운 것은 버리고 그 나머지만을 신중하게 행동하면 뉘우치는 일이 적을 것이다.[④] 말을 하는데 허물이 적고 행동함에 후회할 일을 적게 하면 녹봉은 그 가운데 있는 것이다.[⑤]"

顓孫師 陳人[①] 字子張 少孔子四十八歲 子張問干祿[②] 孔子曰 多聞闕疑 愼言其餘 則寡尤[③] 多見闕殆 愼行其餘 則寡悔[④] 言寡尤 行寡悔 祿在其中矣[⑤]

① 顓孫師 陳人전손사 진인

색은 정현의 《공자제자목록》에는 양성陽城 사람이라고 했다. 양성은 현 이름이고 진군陳郡에 속했다.

鄭玄目錄陽城人 陽城 縣名 屬陳郡

② 干祿간록

집해 정현이 말했다. "간干은 구하는 것이다. 녹祿은 녹봉과 지위이다."

鄭玄曰 干 求也 祿 祿位也

③ 寡尤과우

집해 포씨가 말했다. "우尤는 허물이다. 의심스러우면 버리는 것이다. 그 나머지 의심스럽지 않은 것이라도 오히려 신중하게 말하면 허물이 적은 것이다."

包氏曰 尤 過也 疑則闕之 其餘不疑 猶愼言之 則少過

④ 多見闕殆~則寡悔다견궐태~즉과회

집해 포씨가 말했다. "태殆는 위태한 것이다. 위태한 것을 당해서 버리고 행하지 않는다면 뉘우침이 적다."

包氏曰 殆 危也 所見危者 闕而不行 則少悔

⑤ 祿在其中矣녹재기중의

집해 정현이 말했다. "언행이 이와 같으면 비록 녹봉을 얻지 못하더라도 녹봉을 얻을 수 있는 길이 있다."

鄭玄曰 言行如此 雖不得祿 得祿之道

다른 날에 모시고 진陳나라와 채蔡 땅 사이 있을 때[1] 곤궁해지자 뜻을 행하는 방법을 물었다. 공자가 말했다.

"말이 충실하고 믿음이 있으며 행실이 돈독하고 공경하면 비록 만맥蠻貊의 국가에서도 뜻이 행해질 수 있다. 말이 충실하거나 믿음이 없고 행실이 돈독하거나 공경하지 않으면 비록 자신이 사는 마을이라 하더라도 뜻이 행해질 수 있겠는가![2] 일어서 있으면 그것(충신과 독경)이 앞에 있어 볼 수 있고 수레에 있으면 그것이 멍에에 기대어 있어 볼 수 있어야 하니,[3] 그렇게 한 뒤에야 뜻이 행해질 수 있는 것이다."

자장이 그 말을 허리띠[4]에 적었다.

他日從在陳蔡間[1] 困 問行 孔子曰 言忠信 行篤敬 雖蠻貊之國行也 言不忠信 行不篤敬 雖州里行乎哉[2] 立則見其參於前也 在輿則見其倚於衡[3] 夫然後行 子張書諸紳[4]

① 在陳蔡間재진채간

신주 공자가 유랑하며 진나라와 채 땅 사이에서 곤경을 겪은 일을 말한다. 이때 채나라는 이미 주래州來로 옮겨갔고 옛 채 땅은 초나라 소유가 되었다.

② 州里行乎哉주리행호재

집해 정현이 말했다. "2,500가家가 주州가 되고 5가家가 인鄰이 되고 5인鄰이 리里가 된다. 행호재行乎哉는 행할 수 없다는 말이다."

鄭玄曰 二千五百家爲州 五家爲鄰 五鄰爲里 行乎哉 言不可行

③ 輿則見其倚於衡여즉견기의어형

집해 포씨가 말했다. "형衡은 멍에이다. 충실하고 믿음이 있을 것을 생각하고 서 있으면 곧 항상 보일 것을 생각해서 앞에 있듯이 참여하며, 수레에 있으면 곧 마차 멍에에 기대는 것처럼 하라는 말이다."

包氏曰 衡 軛也 言思念忠信 立則常想見 參然在前 在輿則若倚於車軛

④ 紳신

집해 공안국이 말했다. "신紳은 큰 띠이다."

孔安國曰 紳 大帶也

자장이 물었다.

"사인은 어찌해야 통달했다 할 수 있습니까?"

공자가 말했다.

"무엇이냐? 네가 말하는 통달이라는 것이."

자장이 대답했다.

"나라에 있어도 반드시 명성이 들리고 집에 있어서도 반드시 명성이 들리는 것입니다.①"

공자가 대답했다.

"이는 명성이지 통달이 아니다. 대저 통달이라는 것은 질박하고 정직하면서 의를 좋아하고, 남의 말을 살피고 기색을 잘 관찰하며, 남에게 낮출 것을 생각하는 것이니,② 이렇게 하면 나라에 있으나 집에 있으나 반드시 통달하게 될 것이다.③ 대저 명성이라는 것은 겉으로 인仁을 취하면서 실제 행동은 어긋나고 여기에 안주하면서도 의심하지 않는 것이다.④ 그런 자들이 나라에 있으나 집안에 있으나 (겉으로는) 반드시 명성이 있다.⑤"

子張問 士何如斯可謂之達矣 孔子曰 何哉 爾所謂達者 子張對曰 在國必聞 在家必聞① 孔子曰 是聞也 非達也 夫達者 質直而好義 察言而觀色 慮以下人② 在國及家必達③ 夫聞也者 色取仁而行違 居之不疑④ 在國及家必聞⑤

① 在國必聞 在家必聞재국필문 재가필문

[집해] 정현이 말했다. "사인이 있는 곳에는 모두 명예가 있다는 말이다."

鄭玄曰 言士之所在 皆能有名譽

② 慮以下人여이하인

[집해] 마융이 말했다. "항상 겸손하고 물러날 뜻이 있어 남의 언어를 살피고 안색을 관찰하여 그가 하고자 하는 바를 알아서 항상 남에게 낮추려고 생각한다."

馬融曰 常有謙退之志 察言語 觀顏色 知其所欲 其念慮常欲下於人

③ 在國及家必達재국급가필달

[집해] 마융이 말했다. "겸손하면 높아지고 빛나며 낮추어도 넘을 수가 없다."

馬融曰 謙尊而光 卑而不可踰

④ 居之不疑거지불의

집해 마융이 말했다. "이것은 아첨하는 사람을 말한 것이다. 아첨하는 사람이 인자仁者의 안색을 빌려서 행동하면 어그러진다. 그 거짓된 행동에 편안하게 안주하면서 스스로 의심하지 않는다."

馬融曰 此言佞人也 佞人假仁者之色 行之則違 安居其僞而不自疑

⑤ 在國及家必聞재국급가필문

집해 마융이 말했다. "아첨하는 사람들이 많은 것이다."

馬融曰 佞人黨多

증삼은 남무성南武城 사람①이고 자는 자여子輿이다. 공자보다 46세가 적었다. 공자는 효도에 능통했다고 여겼다.② 그러므로 그에게 학업을 전수하였다. 《효경》을 지었다. 노나라에서 죽었다.

曾參 南武城人① 字子輿 少孔子四十六歲 孔子以爲能通孝道② 故授之業 作孝經 死於魯

---

① 曾參 南武城人증삼 남무성인

색은 살펴보니 무성武城은 노나라에 속했다. 당시 노나라에는 또 북무성北武城이 있었다. 그러므로 남南이라고 말했다.

按 武城屬魯 當時魯更有北武城 故言南也

정의 《괄지지》에서 말한다. "남무성은 연주에 있는데 자유子游가 재宰가 되었다. 〈지리지〉에는 정양군에 무성이 있고 청하군에 무성이 있다.

그러므로 이곳에서는 남무성이라고 하였다."

括地志云 南武城在兗州 子游爲宰者 地理志云定襄有武城 清河有武城 故此云
南武城也

② 能通孝道능통효도

정의 《한시외전》에서 말한다. "증자가 말하기를 '나는 일찍이 벼슬해서 관리가 되었는데 녹봉은 종부鍾釜(10섬)에 지나지 않았으나 오히려 기뻐했는데, 기뻐한 것은 많다고 여겨서가 아니라 도를 즐기며 어버이를 봉양할 수 있었기 때문이다. 어버이가 돌아가신 뒤에는 나는 일찍이 남쪽 월나라를 유람하고 높은 관직을 얻었는데 집의 높이는 9인仞(63자)이고 서까래는 3자이고 수레가 100대였다. 그러나 오히려 북쪽을 향해서 우는 것은 천하다고 여겨서가 아니라 나의 어버이를 보지 못하는 것을 슬퍼한 것이다.'라고 하였다."

韓詩外傳云 曾子曰 吾嘗仕爲吏 祿不過鍾釜 尙猶欣欣 而喜者 非以爲多也 樂
道養親也 親沒之後 吾嘗南游於越 得尊官 堂高九仞 榱提三尺 躬轂百乘 然猶
北向而泣者 非爲賤也 悲不見吾親也

담대멸명澹臺滅明[1]은 무성武城 사람이고[2] 자는 자우子羽이다. 공자보다 39세가 적었다. 겉모습이 매우 추했다. 공자를 섬기고자 했는데 공자는 재주가 적을 것으로 여겼다. 이미 학업을 전수받고 물러나 행실을 닦아 길을 다닐 때 지름길로 가지 않았고 공적인 일이 아니면 경卿이나 대부를 만나지 않았다.[3]

남쪽으로 유람하며 강수江水에 이르렀는데[4] 따르는 제자가 300여 명이었다. 취하고 주며 물러나고 나아가는 것을 설교하여 명성이 제후들에게 퍼졌다. 공자가 듣고 말했다.

"내가 말 잘하는 것으로 사람을 선택했다가 재여宰予를 잘못 보았고 겉모양으로 사람을 취했다가 자우에게 실수했다.[5]"

澹臺滅明[1] 武城人[2] 字子羽 少孔子三十九歲 狀貌甚惡 欲事孔子 孔子以爲材薄 旣已受業 退而修行 行不由徑 非公事不見卿大夫[3] 南游至江[4] 從弟子三百人 設取予去就 名施乎諸侯 孔子聞之 曰 吾以言取人 失之宰予 以貌取人 失之子羽[5]

① 澹臺滅明담대멸명

[집해] 포씨가 말했다. "담대는 성姓이고 멸명은 이름이다."

包氏曰 澹臺 姓 滅明 名

[정의] 《괄지지》에서 말한다. "연진延津은 활주滑州 영창현 동쪽 7리에 있다. 《수경주》에 말하기를 '황하의 물이 이곳에 이르면 연진이 된다. 옛날 담대자우澹臺子羽가 1,000금의 벽璧을 싸가지고 하수를 건너는데 양후陽侯가 파도를 일으키고 두 마리 교룡이 배를 위협했다. 자우가 이르기를, 「나를 의로써 찾는 것은 할 수 있지만 위협으로 겁주는 것은 할 수 없다.」면서 칼을 휘둘러 교룡을 베었다. 교룡이 죽자 이에 벽璧을 하수에 던졌는데 세 번을 던져도 번번이 튀어나오자 이에 벽을 훼손시키고 떠났는데 또한 괴상하게 여기는 뜻이 없었다.'라고 했는데 곧 이곳 나루터이다."

括地志云 延津在滑州靈昌縣東七里 注水經云 黃河水至此爲之延津 昔澹臺子羽齎千金之璧渡河 陽侯波起 兩蛟夾舟 子羽曰 吾可以義求 不可以威劫 操劍

斬蛟 蛟死 乃投璧於河 三投而輒躍出 乃毀璧而去 亦無怪意 即此津也

신주 담대는 공자의 노나라 출신 제자로써 자字는 자우子羽이고 이름은 멸명이다. 남쪽으로 장강 유역을 유람하다가 지금의 강소성 오중吳中의 담대호澹台湖에 거주해 성姓이 되었는데, 일설에는 지금의 산동성 가상현嘉祥縣 남쪽의 담대산澹台山에 거주했다고도 한다. 그 후대 자손들이 담대를 성姓으로 삼아 담대씨가 되었다.

② 武城人무성인

정의 《괄지지》에는 또한 연주兗州에 있다고 하였다.

括地志云亦在兗州

③ 非公事不見卿大夫비공사불견경대부

집해 포씨가 말했다. "그가 공정하고 또 방정했다는 말이다."

包氏曰 言其公且方

④ 南游至江남유지강

색은 살펴보니 지금 오국吳國의 동남쪽에 담대호가 있는데 곧 그 유적이 있는 곳이다.

按 今吳國東南有澹臺湖 即其遺迹所在

⑤ 失之子羽실지자우

색은 살펴보니 《공자가어》에서 말한다. "자우는 군자의 용모가 있는데 행동은 그의 용모만 못하다." 그런데 위 문장에 이르기를 "멸명의 겉모습이 매우 추했다."라고 하였으니 자우의 형상이 누추한 것이다. 지금 이곳에서 공자가 이르기를 "겉모양으로 사람을 취했다가 자우에게 실수했다."라고 한 것은 《공자가어》와 서로 상반되는 것이다.

按 家語子羽有君子之容 而行不勝其貌而上文云滅明狀貌甚惡則以子羽形陋也 今此孔子云以貌取人 失之子羽與家語正相反

[정의] 살펴보니 담자우의 묘는 연주 추성현에 있다.

按 澹子羽墓在兗州鄒城縣

복불제宓不齊의 자는 자천子賤이다.[①] 공자보다 30세가 적었다.[②]

공자가 말했다.

"자천은 군자로다! 노나라에 군자(공자)가 없다면 이 사람(자천)이 어디서 이러함(군자다움)을 취했겠는가?[③]"

자천이 선보單父의 재宰[④]가 되어서 돌아와 공자에게 보고했다.

"이 나라에는 저보다 현명한 다섯 사람이 있어서[⑤] 저에게 다스리는 방법을 가르치고 있습니다."

공자가 말했다.

"안타깝구나. 불제가 다스리는 땅이 작으니, 다스리는 땅이 컸더라도 거의 다스려졌을 것이다."

宓不齊字子賤[①] 少孔子三十歲[②] 孔子謂 子賤君子哉 魯無君子 斯焉取斯[③] 子賤爲單父宰[④] 反命於孔子 曰 此國有賢不齊者五人[⑤] 教不齊所以治者 孔子曰 惜哉不齊所治者小 所治者大則庶幾矣

---

① 宓不齊字子賤복불제자자천

공안국은 노나라 사람이라고 했다.

孔安國曰魯人

《안씨가훈》에서 말한다. "연주 영창군성永昌郡城은 옛날 선보현 땅이다. 동쪽 문에 자천子賤의 비碑가 있는데 한漢나라 때 세웠다. 이에 이르기를 제남 사람 복생伏生은 곧 자천의 후예라고 했다. 이 '복宓'은 '복伏'과 옛날부터 지금까지 통용되었는데 글자가 잘못되어 '복宓'이 되었으니 비교해서 밝힌다. '복宓' 자는 '호虍'를 따라 '호呼'로 발음하고 '복宓' 자는 '면宀'을 따라 '면緜'으로 발음한다. 아래에 모두 '필必'이 된 것은 대대로 전하면서 잘못 쓴 것이다."

顏氏家訓云 兗州永昌郡城 舊單父縣地也 東門有子賤碑 漢世所立 乃云濟南伏生即子賤之後 是宓之與伏古來通 字誤爲宓 較可明矣 宓字從虍 音呼 宓從宀 音緜 下俱爲必 世傳寫誤也

② 少孔子三十歲소공자삼십세

《공자가어》에서 말한다. "노나라 사람이고 자는 자천이며 공자보다 49세가 적었다." 그런데 이곳에서 '30세'라고 한 것과 동일하지 않다.

家語云魯人 字子賤 少孔子四十九歲 此云三十 不同

③ 魯無君子 斯焉取斯노무군자 사언취사

포씨가 말했다. "만약 노나라에 군자(공자)가 없었다면 자천이 어찌 행하고 배우는 것을 얻었겠는가?"

包氏曰 如魯無君子 子賤安得此行而學

④ 單父宰선보재

송주宋州의 현이다. 《설원》에서 말한다. "복자천宓子賤이 선보를 다스릴 때는 거문고를 타고 자신은 당堂에서 내려가지도 않았지만 선보가 다스려졌다. 무마기巫馬期는 별이 뜨면 나가고 별이 지면 들어왔는데 선보가 또한 다스려졌다. 무마기가 그 까닭을 물었다. 복자천이 이르기를 '나는 남에게 맡겼고 그대는 힘에 맡겼다고 이르는 것이다. 힘으로 맡긴 자는 수고롭지만 남에게 맡긴 자는 편안한 것이다.'라고 했다."

宋州縣也 說苑云 宓子賤理單父 彈琴 身不下堂 單父理 巫馬期以星出 以星入 而單父亦理 巫馬期問其故 宓子賤曰 我之謂任人 子之謂任力 任力者勞 任人 者逸

⑤ 有賢不齊者五人유현불제자오인

색은 살펴보니 《공자가어》에서 "복불제가 아버지로 섬기는 자는 3인이고 형으로 섬기는 자는 5인이고 벗으로 섬기는 자는 11인이다."라고 했으니 동일하지 않다.

按 家語云不齊所父事者三人 所兄事者五人 所友者十一人 不同也

> 원헌原憲의 자는 자사子思이다.① 자사가 부끄러운 일에 대해 물었다.
> 공자가 말했다.
> "나라에 도가 있을 때는 녹祿을 먹지만② 나라에 도가 없는데 녹을 먹는 것은 부끄러운 것이다.③"
> 자사가 말했다.
> "남을 이기려 하고 능력을 자랑하며 남을 원망하고 욕심을

부리는 일④을 행하지 않는다면 인仁이라고 할 수 있습니까?"

공자가 대답했다.

"그렇게 하기는 어려운 일이지만 인仁인지는 내가 모르겠다.⑤"

공자가 세상을 떠나자 원헌은 마침내 도망쳐 풀이 우거진 늪지대에 살았다.⑥ 자공은 위衛나라의 재상이 되어 사마駟馬가 끄는 수레에 기병들을 뒤따르게 하고⑦ 명아주풀과 콩잎을 헤치고 궁색한 마을을 지나가다가 원헌에게 안부 차 들렀다. 원헌이 다 떨어진 옷과 관을 쓰고 자공을 만났다. 자공이 부끄럽게 여기면서 말했다.

"선생님께서 어찌 병이 들었습니까?"

원헌이 말했다.

"내가 듣건대, 재물이 없는 것을 가난하다고 이르고 도道를 배우고도 제대로 행하지 않는 것을 병들었다고 이르오. 나와 같은 것은 가난한 것이지 병든 것이 아니오."

자공은 부끄러워 시무룩하게 떠나가서 자신이 죽을 때까지 원헌에게 말실수한 것을 부끄럽게 여겼다.

原憲字子思① 子思問恥 孔子曰 國有道 穀② 國無道 穀 恥也③ 子思曰 克伐怨欲④不行焉 可以爲仁乎 孔子曰 可以爲難矣 仁則吾弗知也⑤ 孔子卒 原憲遂亡在草澤中⑥ 子貢相衛 而結駟連騎⑦ 排藜藋入窮閭 過謝原憲 憲攝敝衣冠見子貢 子貢恥之 曰 夫子豈病乎 原憲曰 吾聞之 無財者謂之貧 學道而不能行者謂之病 若憲 貧也 非病也 子貢慙 不懌而去 終身恥其言之過也

① 原憲字子思원헌자자사

집해 정현은 노나라 사람이라고 했다.

鄭玄曰魯人

색은 정현은 노나라 사람이라고 했다. 《공자가어》에서 말한다. "송나라 사람이다. 공자보다 36세가 적었다."

鄭玄云魯人 家語云 宋人 少孔子三十六歲

신주 공자의 손자 자사와는 다른 사람이다.

② 國有道 穀국유도 곡

집해 공안국이 말했다. "곡穀은 녹祿이다. 나라에 도가 있으면 녹봉을 먹는 것이 마땅하다."

孔安國曰 穀 祿也 邦有道 當食祿

③ 國無道 穀 恥也국무도 곡 치야

집해 공안국이 말했다. "군주가 도가 없는데 그의 조정에 있으면서 그의 녹봉을 먹는 것은 곧 치욕스러운 것이다."

孔安國曰 君無道而在其朝 食其祿 是恥辱也

④ 克伐怨欲극벌원욕

집해 마융이 말했다. "극克은 남을 이기는 것을 좋아하는 것이다. 벌伐은 스스로 그의 공로를 자랑하는 것이다. 원怨은 꺼리는 것이다. 욕欲은 탐욕이다."

馬融曰 克 好勝人也 伐 自伐其功 怨 忌也 欲 貪欲也

⑤ 不行焉 ~ 仁則吾弗知也불행언~인즉오불지야

[집해] 포씨가 말했다. "네 가지(극벌원욕克伐怨欲)는 행하기 어려운 것이지만 인仁이 되기에 족하지는 않다."

包氏曰 四者行之難 未足以爲仁

⑥ 在草澤中재초택중

[색은] 《공자가어》에서 말한다. "숨어서 위衛나라에서 살았다."

家語云 隱居衞

⑦ 結駟連騎결사연기

[신주] 네 마리의 말이 끄는 수레를 타고 기병의 호위를 받는 것으로 지위가 높은 이를 뜻한다.

공야장은 제나라 사람이며① 자는 자장子長이다. 공자가 말했다. "공야장은 사위로 삼을 만하다. 비록 그가 옥중獄中에 갇힌② 적이 있으나 그것은 그의 죄가 아니었다."

이에 그를 사위로 삼았다.③

公冶長 齊人① 字子長 孔子曰 長可妻也 雖在累紲之中② 非其罪也 以其子妻之③

---

① 公冶長 齊人공야장 제인

[색은] 《공자가어》에서 말한다. "노나라 사람이고 이름은 장萇이고 자

는 자장이다." 범녕이 말했다. "자는 자지子芝이다."

家語云 魯人 名萇 字子長 范甯云 字子芝

② 累紲之中누설지중

집해 공안국이 말했다. "누累는 검은 포승이다. 설紲은 묶는 것이다.
누설은 죄인을 구속하는 것이다."

孔安國曰 累 黑索也 紲 攣也 所以拘罪人

③ 以其子妻之이기자처지

집해 장화가 말했다. "공야장의 묘는 성양城陽 고막성 동남쪽 5리쯤에
있는데 묘가 지극히 높다."

張華曰 公冶長墓在城陽姑幕城東南五里所 墓極高

남궁괄南宮括의 자는 자용子容이다.① 공자에게 물었다.
"예羿는 활을 잘 쏘았고 오奡는 육지에서 거대한 배를 끌 만큼 힘
이 세었으나② 모두 올바른 죽음을 얻지 못했습니다. 그러나 우禹
와 직稷은 몸소 농사를 지었는데도 뒤에 천하를 얻었습니다."
공자가 대답하지 않고③ 있다가 자용이 나간 뒤에 공자가 말했다.
"군자로다. 저 사람이여!④ 덕을 높이는구나. 저 사람이여!"
"국가에 도가 있으면 버려지지 않을 것이고⑤ 국가에 도가 없어
도 형벌에서 벗어날 것이다."
'백규지점白珪之玷⑥'을 늘 세 번씩 되풀이하여 외우자 공자는

그의 형의 사위로 삼아주었다.

南宮括字子容^① 問孔子曰 羿善射 奡盪舟^② 俱不得其死 然禹稷躬稼而
有天下 孔子弗答^③ 容出 孔子曰 君子哉若人^④ 上德哉若人 國有道 不
廢^⑤ 國無道 免於刑戮 三復 白珪之玷^⑥ 以其兄之子妻之

① 南宮括字子容남궁괄자자용

집해 공안국이 말했다. "자용은 노나라 사람이다."

孔安國曰 容 魯人

색은 《공자가어》에는 '남궁도南宮縚'로 되어 있다. 살펴보니 그 사람은
맹희자孟僖子의 아들 중손예仲孫閱인데 대개 남궁南宮에 살아서 성씨가
된 것이다.

家語作南宮縚 按 其人是孟僖子之子仲孫閱也 蓋居南宮因姓焉

② 羿善射 奡盪舟예선사 오탕주

집해 공안국이 말했다. "예羿는 유궁有窮의 군주로 하후夏后의 지위를
빼앗았으며 그의 무리 한착寒浞은 그를 죽이고 그의 아내와 통하여 오奡
를 낳았다. 오는 힘이 세어 육지에서도 배를 끌고 다녔는데 하후 소강少
康에게 살해되었다."

孔安國曰 羿 有窮之君 簒夏后位 其徒寒浞殺之 因其室而生奡 奡多力 能陸地
行舟 爲夏后少康所殺

정의 羿의 발음은 '예詣'이다. 盪의 발음은 '당[大浪反]'이다.

羿音詣 盪 大浪反

③ 禹稷躬稼而有天下 孔子弗答우직궁가이유천하 공자불답

집해 마융이 말했다. "우禹는 봇도랑을 파는데 있는 힘을 다했고 직稷
은 모든 곡식을 파종했다. 그러므로 '궁가躬稼'(스스로 농사 지음)라고 했다.
우는 그 자신에 이르러, 직은 후세에 이르러 모두 왕이 되었다. 남궁괄의
뜻은 우와 직을 공자에 비교하고자 한 것이다. 공자께서는 겸손한 까닭
에 대답하지 않았다."

馬融曰 禹盡力於溝洫 稷播百穀 故曰躬稼也 禹及其身 稷及後世 皆王 括意欲
以禹稷比孔子 孔子謙 故不答

④ 君子哉若人군자재약인

집해 공안국이 말했다. "불의를 천시하고 덕이 있는 사람을 귀하게 여
겼다. 그러므로 군자라고 한 것이다."

孔安國曰 賤不義而貴有德 故曰君子

⑤ 不廢불폐

집해 공안국이 말했다. "불폐는 등용된다는 말이다."

孔安國曰 不廢 言見用

⑥ 白珪之玷백규지점

집해 공안국이 말했다. "시에서 이르기를 '백규의 흠은 갈 수 있지만
잘못한 말은 어찌할 수 없네.'라고 했다. 남용은 시를 읽는 것이 이에 이
르고 세 번 반복했으니, 곧 그 마음은 말을 할 때 공경하고 삼간 것이다."

孔安國曰 詩云 白珪之玷 尙可磨也 斯言之玷 不可爲也 南容讀詩至此 三反之
是其心敬愼於言

공석애의 자는 계차季次이다.[1] 공자가 말했다.

"천하에 도가 행해지지 않았어도 대부분 대부의 가신이 되어 도읍에서 벼슬했지만 오직 계차는 일찍이 대부에게 벼슬하지 않았다.[2]"

公晳哀字季次[1] 孔子曰 天下無行 多爲家臣 仕於都 唯季次未嘗仕[2]

① 公晳哀字季次공석애자계차

집해 《공자가어》에는 제나라 사람이라고 했다.

孔子家語云齊人

색은 《공자가어》에는 '공석극公晳克'으로 되어 있다.

家語作公晳克

② 季次未嘗仕계차미상사

색은 《공자가어》에서 말한다. "일찍이 절개를 굽혀 남의 신하가 되지 않았다. 그러므로 공자께서 특별히 칭찬한 것이다." 또한 〈유협열전〉에도 나온다.

家語云 未嘗屈節爲人臣 故子特賞歎之 亦見游俠傳也

증점[1]의 자는 석晳이다.[2] 증점이 공자를 모시고 있는데 공자가 말했다.

"너의 뜻을 말해 보거라."

증점이 말했다.

"봄에 봄옷이 준비되고 나면 관冠을 쓴 자 5~6인과 동자童子 6~7

인과 함께 기수沂水에서 목욕하고 무우舞雩에 올라 바람을 쐬면

서 시를 읊조리다 돌아오겠습니다.③"

공자가 한숨 쉬며 탄식하면서 말했다.

"나는 증점과 함께 할 것이다.④"

曾蒇① 字晳② 侍孔子 孔子曰 言爾志 蒇曰 春服既成 冠者五六人 童子

六七人 浴乎沂 風乎舞雩 詠而歸③ 孔子喟爾歎曰 吾與蒇也④

① 曾蒇증점

[집해] 蒇의 발음은 '점點'이다.

音點

[색은] 蒇의 발음은 '점點' 또는 '겸[其炎反]'이다.

音點 又音其炎反

② 字晳자석

[집해] 공안국이 말했다. "석晳은 증삼의 아버지이다."

孔安國曰 晳 曾參父

[색은] 《공자가어》에서 말한다. "증점의 자는 자석子晳이고 증삼의 아버

지이다."

家語云 曾點字子晳 曾參之父

③ 春服既成~詠而歸춘복기성~영이귀

[집해] 서광이 말했다. "귀歸는 다른 판본에는 '궤饋'로 되어 있다." 살펴

보니 포씨가 말했다. "모춘暮春은 늦봄 3월이다. 봄에 봄옷을 준비한다는 것은 단겹單裌을 입는 때이며, '나는 관冠을 쓴 자 5~6인을 얻고 동자 6~7인과 함께 기수沂水 가에서 목욕하고 무우舞雩 아래에서 바람을 쐬면서 선왕의 도를 노래 부르다 선생님의 문하로 돌아오겠다.'라고 한 것이다."

徐廣曰 一作饋 駰案 包氏曰暮春者 季春三月也 春服既成 衣單裌之時 我欲得冠者五六人 童子六七人 浴於沂水之上 風凉於舞雩之下 歌詠先王之道 歸於夫子之門

④ 吾與蒧也오어점야

집해 주씨가 말했다. "증점이 홀로 때를 아는 것을 아름답게 여긴 것이다."

周氏曰 善蒧之獨知時也

안무유의 자는 로路이다.① 안로는 안회의 아버지인데② 아버지와 아들이 일찍이 각각 시대를 달리하여 공자를 섬겼다. 안회가 죽자 안로는 가난해 공자의 수레를 팔아서 장사 치르기를 청했다.③ 공자가 말했다.

"재주가 있든 재주가 없든 또한 각각 그의 자식을 말하는 것이다. 리鯉(공자의 아들)가 죽었을 때 관棺은 있었지만 곽槨이 없었던 것은 내가 한가롭게 곽 만드는 것을 행하지 못해서이다. 내가 대부의 뒤를 따르기 때문에 한가롭게 행할 수 없었다.④"

顔無繇字路[1] 路者 顔回父[2] 父子嘗各異時事孔子 顔回死 顔路貧 請孔

子車以葬[3] 孔子曰 材不材 亦各言其子也 鯉也死 有棺而無椁 吾不徒

行以爲之椁 以吾從大夫之後 不可以徒行[4]

① 顔無繇字路안무유자로

[집해] 繇의 발음은 '요遙'이다.

音遙

[정의] 繇의 발음은 '유由'이다.

繇音由

② 路者 顔回父노자 안회부

[색은] 《공자가어》에서 말한다. "안유의 자는 로인데 안회의 아버지이다. 공자께서 처음 궐리闕里에서 교육할 때 학문을 전수받았다. 공자보다 6세가 적었다." 그러므로 이 열전에서 '아버지와 아들이 시대를 달리하여 공자를 섬겼다.'라고 했다. 그러므로 《역》에서 일컬은 '안씨지자顔氏之子'는 이 부자가 함께 공문孔門에서 배운 것을 말한 것이다.

家語云顔由字路 回之父也 孔子始教於闕里而受學焉 少孔子六歲 故此傳云 父子異時事孔子 故易稱 顔氏之子者 是父子俱學孔門也

③ 請孔子車以葬청공자거이장

[집해] 공안국이 말했다. "수레를 팔아서 곽을 장만하라고 한 것이다."

孔安國曰 賣以作椁

[신주] 관棺은 시신을 넣는 속널을 뜻하고 곽槨은 널을 담는 궤를 뜻한

다. 《예기》 〈단궁檀弓〉에 "은나라 사람들은 관과 곽을 모두 쓴다.[殷人棺槨]"라고 했는데 그 주석에 '곽은 큰 것인데, 나무로 만든다. 곽이 관보다 크다는 말이다'라고 되어 있다.

④ 不可以徒行불가이도행

집해 공안국이 말했다. "리는 공자의 아들 백어伯魚이다. 공자는 당시에 대부가 되었으니 대부의 뒤를 따르기 때문에 한가롭게 행하지 못했다고 한 것은 겸손하게 한 말이다."

孔安國曰 鯉 孔子子伯魚 孔子時爲大夫 言從大夫之後 不可徒行 謙辭也

> 상구商瞿[1]는 노나라 사람이고 자는 자목子木이다.[2] 공자보다 29세가 적었다. 공자는 《역》을 상구에게 전했고 상구는 초나라 사람 한비馯臂[3] 자홍子弘[4]에게 전했다. 자홍은 강동 사람 교자용矯子庸[5] 자비子疵[6]에게 전했다. 자는 연나라 사람 주자가周子家 수豎[7]에게 전했다.
>
> 商瞿[1] 魯人 字子木[2] 少孔子二十九歲 孔子傳易於瞿 瞿傳楚人馯臂[3] 子弘[4] 弘傳江東人矯子庸[5]疵[6] 疵傳燕人周子家豎[7]

① 瞿구

정의 瞿의 발음은 '구[具俱反]'이다.

具俱反

② 商瞿~字子木상구~자자목

[색은] 《공자가어》에서 말한다. "상구가 38세가 되었는데도 아들이 없자 어머니가 다시 장가를 보내고자 했다. 공자께서 '상구가 40세가 넘으면 다섯 장부 아들이 있을 것이다.'라고 했다. 과연 그러했다. 상구가 양전梁鱣에게 재취하지 말라고 말하며 '내 추측에 아들이 혹 늦게 태어날 수도 있으니 아내의 과실은 아니다.'라고 했다."

家語云 瞿年三十八無子 母欲更娶室 孔子曰 瞿過四十當有五丈夫子 果然 瞿謂梁鱣勿娶 吾恐子或晚生 非妻之過也

③ 馯臂한비

[집해] 서광이 말했다. "馯의 발음은 '한寒'이다."

徐廣曰 音寒

④ 馯臂子弘한비자홍

[색은] 馯의 발음을 서광은 '한韓'으로, 추탄생은 '한汗'이라고 했다. 살펴보니 《한서》〈유림전〉과 《순경자》 및 《한서》에는 모두 한비의 자를 자궁子弓이라고 했는데, 지금 이곳에만 '홍弘'으로 되어 있으니 아마 잘못일 것이다. 응소가 이르길 '자궁은 곧 자하子夏의 문인'이라고 했다.

馯 徐廣音韓 鄒誕生音汗 按 儒林傳荀卿子及漢書皆云馯臂字子弓 今此獨作弘 蓋誤耳 應劭云子弓是子夏門人

[정의] 馯의 발음은 '한汗'이다. 안사고가 말했다. "한馯은 성姓이다." 《한서》와 《순경자》에는 모두 자를 자궁이라고 했는데 이곳에는 '홍弘' 자로 되어 있으니 아마 잘못일 것이다. 응소가 말했다. "자궁은 자하의 문인이다."

馯音汗 顔師古云 馯 姓也 漢書及荀卿子皆云字子弓 此作弘 蓋誤也 應劭云 子
弓 子夏門人

⑤ 矯子庸교자용

[집해] 矯의 발음은 '교橋'이다.

音橋

⑥ 矯子庸疵교자용자

[집해] 疵의 발음은 '지[自移反]'이다.

自移反

[색은] 〈유림전〉과 《세본》에서 모두 교矯가 '교蟜'로 되어 있다. 疵의 발
음은 '지[自移反]'이다. '자疵' 자는 더러 '비疵'로 되어 있다. 교蟜는 성이고
비疵는 이름이며 자는 자견子肩이다. 그러나 교성蟜姓은 노장공魯莊公의
일족인데 《예기》에서 "교고蟜固가 계무자季武子를 만났다."라고 했다. 아
마 노나라 사람일 것이다. 역사와 〈유림전〉에는 모두 노나라 사람이라고
했는데 유독 이곳에서 강동 사람이라고 했으니 대개 또한 잘못일 뿐이
다. 〈유림전〉에는 한비는 강동 사람이고 교자橋疵는 초나라 사람이라고
했다.

儒林傳及系本皆作蟜疵音自移反 疵字或作疵蟜是姓 疵 名也 字子肩 然蟜姓
魯莊公族也 禮記蟜固見季武子蓋魯人 史儒林傳皆云魯人 獨此云江東人 蓋亦
誤耳 儒林傳云馯臂 江東人 橋疵 楚人也

[정의] 《한서》에는 '교비橋庇'로 되어 있고 노나라 사람이라고 했다. 안사
고가 이르길 "교비의 자는 자용子庸이다."라고 했다.

漢書作橋庇 云魯人 顔師古云橋庇字子庸

신주 주석들에서 인용한 것은 모두 《한서》〈유림전〉이다. 또 《역》을 전한 순서는 '상구商瞿→교비橋庇→한비駻臂'로 이곳과는 다르다. 색은 주석은 착오한 것으로 보이는데 자를 자견子肩이라 한 것은 자용子庸이 되어야 하고, 교자를 초나라 사람이라 한 것은 노나라 사람이 되어야 한다.

⑦ 周子家豎주자가수

색은 주수周豎의 자는 자가子家이고 어떤 판본에는 '임林'으로 되어 있다.

周豎字子家 有本作林

정의 豎의 발음은 '셔[時與反]'이다. 주수의 자는 자가이고 《한서》에는 '주추周醜'로 되어 있다.

豎音時與反 周豎字子家 漢書作周醜也

수豎는 순우 사람 광자승光子乘 우羽에게 전했다.① 우는 제나라 사람 전자장田子莊 하何②에게 전했다. 하는 동무③ 사람 왕자중王子中 동同④에게 전했다. 동은 치천 사람 양하楊何에게 전했다.⑤ 양하는 무제 원삭 연간에 《역》을 다스려 한漢나라 중대부가 되었다.

豎傳淳于人光子乘羽① 羽傳齊人田子莊何② 何傳東武③人王子中同④ 同傳菑川人楊何⑤ 何元朔中以治易爲漢中大夫

---

① 豎傳淳于人光子乘羽수전순우인광자승우

[색은] 순우는 현 이름이고 북해군에 있다. 광우의 자는 자승이다.

淳于 縣名 在北海 光羽字子乘

[정의] 광승의 자는 우羽이다. 《괄지지》에서 말한다. "순우는 국명國名이고 밀주密州 안구현 동쪽 30리에 있고 옛날 주국州國이다. 주나라 무왕이 순우를 봉한 나라이다."

光乘字羽 括地志云 淳于 國〔名〕 在密州安丘縣東三十里 古之州國 周武王封
淳于國

② 田子莊何전자장하

[색은] 전하의 자는 자장이다.

田何字子莊

[정의] 〈유림전〉에서 말한다. "전하의 자는 자장이다."

儒林傳云 田何字子莊

③ 東武동무

[집해] 서광이 말했다. "낭야군에 속한다."

徐廣曰 屬琅邪

④ 王子中同왕자중동

[색은] 왕동의 자는 자중이다.

王同字子中

[정의] 《괄지지》에서 말한다. "동무현은 지금 밀주密州 제성현이 이곳이다." 《한서》에는 왕동의 자가 자중子仲으로 되어 있다.

括地志云 東武縣今密州諸城縣是也 漢〔書〕作王同字子仲

⑤ 同傳菑川人楊何동전치천인양하

[색은] 상구부터 《역》을 전해 양하에 이르러 총 8대를 서로 전했다. 〈유림전〉에서 양하의 자를 숙원叔元이라고 했다.

自商瞿傳易至楊何 凡八代相傳 儒林傳何字叔元

[정의] 《한서》에서 자를 숙원叔元이라고 했다. 살펴보니 상구에서 양하에 이르기까지 총 8대이다.

漢書云字叔元 按 商瞿至楊何凡八代

고시高柴의 자는 자고子羔이다.[①] 공자보다 30세가 적었다. 자고는 키가 5자를 넘지 못했는데 공자에게 학업을 받았으며 공자는 자고를 우직하다고 여겼다. 자로가 자고를 시켜 비費의 후재郈宰로 삼게 했다.[②] 공자가 말했다.

"남의 자식을 해롭게 하는구나.[③]"

자로가 말했다.

"그곳에는 백성이 있고 사직이 있습니다. 어찌 반드시 글을 읽은 다음에야 배웠다고 하겠습니까?[④]"

공자가 말했다.

"이런 까닭으로 저러한 말재주가 있는 것을 싫어한다.[⑤]"

高柴字子羔[①] 少孔子三十歲 子羔長不盈五尺 受業孔子 孔子以爲愚 子路使子羔爲費郈宰[②] 孔子曰 賊夫人之子[③] 子路曰 有民人焉 有社稷焉 何必讀書然後爲學[④] 孔子曰 是故惡夫佞者[⑤]

① 高柴字子羔고시자자고

집해 정현은 위衛나라 사람이라고 했다.

鄭玄曰衞人

색은 정현은 위나라 사람이라고 했다. 《공자가어》에서 말한다. "제나라 사람이고 고씨의 별족別族이다. 키는 6자가 되지 않았고 모습이 매우 추했다." 여기 열전에는 '5자'로 되어 있는데 잘못된 것이다.

鄭玄云衞人 家語齊人 高氏之別族 長不盈六尺 狀貌甚惡 此傳作五尺 誤也

정의 《공자가어》에는 제나라 사람이라고 했다.

家語云齊人

② 爲費郈宰위비후재

정의 《괄지지》에서 말한다. "운주鄆州 숙현 23리에 후정郈亭이 있다."

括地志云 鄆州宿縣二十三里郈亭

③ 賊夫人之子적부인지자

집해 포씨가 말했다. "자고가 학문을 완전히 익히지 못했는데 정치를 시키자 남을 해치는 것이라고 한 것이다."

包氏曰 子羔學未孰習而使爲政 所以賊害人

④ 讀書然後爲學독서연후위학

집해 공안국이 말했다. "남을 다스리는 것은 귀신을 섬기듯 해야 하니, 이에 대하여 익히고 또한 배워야 한다는 말이다."

孔安國曰 言治人事神 於是而習 亦學也

⑤ 惡夫佞者오부녕자

집해 공안국이 말했다. "그가 말로 응대를 잘함으로써 마침내 자신이 그름에도 그만둘 줄 모르는 것을 싫어하는 것이다."

孔安國曰 疾其以給應 遂己非而不知窮也

칠조개의 자는 자개子開이다.① 공자는 칠조개에게 벼슬길에 나가라고 권고했는데 칠조개가 대답했다.
"저는 이런 쪽으로는 아직 자신이 없습니다.②"
공자가 기뻐했다.③
漆彫開字子開① 孔子使開仕 對曰 吾斯之未能信② 孔子說③

---

① 漆彫開字子開칠조개자자개

집해 정현은 노나라 사람이라고 했다.

鄭玄曰魯人也

색은 정현은 노나라 사람이라고 했다. 《공자가어》에서 말한다. "채蔡나라 사람으로 자는 자약子若이며 공자보다 11세가 적었다." 또 말한다. "《상서尙書》(서경)를 배웠으며 벼슬하는 것을 즐거워하지 않았다. 공자가 말하기를 '벼슬할 만하다.'라고 하자 대답하기를 '저는 이런 쪽으로는 아직 자신이 없습니다.'라고 했다." 왕숙이 말했다. "이 책(《상서》)의 뜻을 적용하는 것을 터득하지 못했기 때문에 '아직 자신이 없다.'라고 한 것이다."

鄭玄云魯人 家語云 蔡人 字子若 少孔子十一歲 又曰 習尙書 不樂仕 孔子曰 可以仕矣 對曰 吾斯之未能信 王肅云 未得用斯書之意 故曰未能信也

정의 《공자가어》에서 말한다. "채나라 사람이고 자는 자약子若이며 공자보다 11세가 적었다. 《상서尙書》를 배웠으며 벼슬하는 것을 즐거워하지 않았다."

家語云 蔡人 字子若 少孔子十一歲 習尙書 不樂仕

신주 칠조개漆雕开(서기전 540~서기전 489)는 자가 자약, 또는 자개子開이다. 춘추 때 채국蔡國 사람이다. 공자 제자 중 덕행으로 유명했는데 칠조씨의 유학의 창시자로 《칠조자漆雕子》 13편이 있다.

② 未能信미능신

집해 공안국이 말했다. "벼슬에 나아가는 도이다. 아직 자신이 없다는 것은 능히 탐구하고 익히지 못한 것이다."

孔安國曰 仕進之道 未能信者 未能究習

③ 孔子說공자열

집해 정현이 말했다. "그가 도에 뜻을 둔 것이 깊은 것을 아름답게 여겼다."

鄭玄曰 善其志道深

공백료公伯繚의 자는 자주子周이다.① 자주가 계손씨에게 자로를 참소하니 자복경백子腹景伯이 공자에게 고했다.
"부자가 진실로 (공백료의 말에) 의심을 품었으니② 공백료 정도야 내 힘으로도 (시체를) 저잣거리에 진열할 할 수 있습니다.③"

공자가 말했다.

"도道가 장차 행해지는 것도 운명이고 도가 장차 폐해지는 것도
운명이다. 공백료가 운명을 어찌 하겠는가!"

公伯繚字子周[1] 周愬子路於季孫 子服景伯以告孔子 曰 夫子固有惑
志[2] 繚也 吾力猶能肆諸市朝[3] 孔子曰 道之將行 命也 道之將廢 命也
公伯繚其如命何

① 公伯繚字子周공백료자자주

집해 마융은 노나라 사람이라고 했다.

馬融曰魯人

색은 마융은 노나라 사람이라고 했다. 《공자가어》에서 공백료는 없고
신료자주申繚子周가 있다. 초주가 말했다. "의심컨대 공백료는 참소하는
사람이었는데, 공자께서 꾸짖지 않고 '그가 운명을 어찌 하겠는가!'라고
했으니, 제자의 무리가 아니다." 지금 또한 72현 가운데 나열되어있는 것
은 아마 태사공이 잘못한 것이다. 또 '요繚'는 또한 '요遼'로 되어 있다.

馬融云魯人 家語無公伯繚而有申繚子周 而譙周云疑公伯繚是讒愬之人 孔子
不責 而云其如命何 非弟子之流也 今亦列比在七十二賢之數 蓋太史公誤 且繚
亦作遼也

정의 《공자가어》에 신료자주가 있다. 《고사고》에서 말한다. "의심컨
대 공백료는 참소하는 사람이었는데, 공자께서 꾸짖지 않으면서 운명이
라고 말했으니, 제자의 무리가 아니다."

家語有申繚子周 古史考云 疑公伯僚是讒愬之人 孔子不責 而云命 非弟子之
流也

② 夫子固有惑志부자고유혹지

[집해] 공안국이 말했다. "계손씨가 참소하는 것을 믿고 자로에게 화를 낸다는 것이다."

孔安國曰 季孫信讒 恚子路也

③ 能肆諸市朝능사제시조

[집해] 정현이 말했다. "나의 세력은 오히려 계손에게 자로의 죄가 없음을 역설하고 사람을 시켜서 공백료를 죽여서 그 시체를 진열할 수 있다는 것이다. 죄가 있으면 형벌을 가해서 그의 시체를 저자에 진열하는 것을 사肆라고 한다."

鄭玄曰 吾勢猶能辨子路之無罪於季孫 使人誅僚而肆之也 有罪既刑 陳其尸曰肆

[신주] 공백료 이야기는 《논어》〈헌문憲問〉에 나오는 말이다.

사마경司馬耕의 자는 자우子牛이다.① 자우는 말이 많고 조급하였다. 자우가 공자에게 인仁을 묻자 공자가 대답했다.

"인仁한 사람은 하고 싶은 말이 있어도 참아야 한다.②"

자우가 또 물었다.

"하고 싶은 말을 참으면 곧 인仁이라고 할 수 있습니까?"

공자가 말했다.

"실천하는 것이 어려우니 말이 참아지지 않겠느냐?③"

자우가 군자에 대해 묻자 공자가 대답했다.

"군자는 근심하지 않고 두려워하지 않는다.④"

자우가 말했다.

"근심하지 않고 두려워하지 않는다면 군자라고 이를 수 있습니까?"

공자가 말했다.

"속으로 반성하여 허물이 없다면 무엇을 근심하고 무엇을 두려워하겠느냐.⑤"

司馬耕字子牛① 牛多言而躁 問仁於孔子 孔子曰 仁者其言也訒② 曰 其言也訒 斯可謂之仁乎 子曰 爲之難 言之得無訒乎③ 問君子 子曰 君子不憂不懼④ 曰 不憂不懼 斯可謂之君子乎 子曰 內省不疚 夫何憂何懼⑤

① 司馬耕字子牛사마경자자우

[집해] 공안국은 송나라 사람이라고 했다.

孔安國曰宋人

[색은] 《공자가어》에서 말한다. "송나라 사람이고 자는 자우이다." 공안국은 또 이르기를 "송나라 사람이고 아우 안자安子는 사마리司馬犂이다."라고 했다. 자우는 곧 환퇴桓魋의 아우이고 환퇴는 송나라 사마가 되었다. 그러므로 자우는 마침내 사마司馬를 씨로 삼았다.

家語云宋人 字子牛 孔安國亦云宋人 弟安子曰司馬犂也 牛是桓魋之弟 以魋爲宋司馬 故牛遂以司馬爲氏也

[신주] 공자가 유랑하다 송나라에 들렀을 때, 공자를 해치려고 한 사람이 바로 사마환퇴이다.

② 訒인

집해 공안국이 말했다. "인訒은 어려움이다."

孔安國曰 訒 難也

③ 言之得無訒乎언지득무인호

집해 공안국이 말했다. "인仁은 행하기 어려운 것이며 인은 또한 어렵지 않으면 얻지 못한다는 말이다."

孔安國曰 行仁難 言仁亦不得不訒也

④ 不憂不懼불우불구

집해 공안국이 말했다. "자우 형 환퇴가 장차 난을 일으키려고 하자 자우는 송나라로부터 와서 배우면서 항상 근심하고 두려워했다. 그러므로 공자께서 풀어준 것이다."

孔安國曰 牛兄桓魋將爲亂 牛自宋來學 常憂懼 故孔子解之也

⑤ 何憂何懼하우하구

집해 포씨가 말했다. "구疚는 병病이다. 스스로 살펴서 죄악이 없으면 근심하고 두려워할 것이 없는 것이다."

包氏曰 疚 病 自省無罪惡 無可憂懼

번수樊須의 자는 자지子遲이다.[①] 공자보다 36세가 적었다. 번지가 곡식 심는 법에 대해 배우기를 청하자 공자가 말했다.

"나는 늙은 농부만 못하다."

다시 채소 가꾸는 일에 대해 배우기를 청하자② 공자가 말했다.

"나는 채소 가꾸는 늙은이만 같지 못하다."

번지가 물러가자 공자가 말했다.

"소인이로구나. 번수여! 윗사람이 예를 좋아하면 백성들은 감히 공경하지 않을 수 없고, 윗사람이 의를 좋아하면 백성들은 감히 복종하지 않을 수 없으며, 윗사람이 믿음을 좋아하면 백성들이 감히 정③을 다하지 않을 수 없다. 대저 이와 같이 하면 사방에 있는 백성들이 포대기에 그의 자식을 업고④ 모여들 것인데 어찌 곡식 심는 농사법을 쓰겠는가!"

번지가 인仁을 묻자 공자가 대답했다.

"사람을 아끼는 것이다."

번지가 다시 지智에 대해 물었다.

공자가 대답했다.

"사람을 알아보는 것이다."

樊須字子遲① 少孔子三十六歲 樊遲請學稼 孔子曰 吾不如老農 請學圃② 曰 吾不如老圃 樊遲出 孔子曰 小人哉樊須也 上好禮 則民莫敢不敬 上好義 則民莫敢不服 上好信 則民莫敢不用情③ 夫如是 則四方之民襁負其子④而至矣 焉用稼 樊遲問仁 子曰 愛人 問智 曰 知人

① 子遲자지

집해 정현은 제齊나라 사람이라고 했다.

鄭玄曰齊人

색은 《공자가어》에는 노나라 사람이라고 했다.

家語云魯人也

정의 《공자가어》에는 노나라 사람이라고 했다.

家語云魯人

② 學稼~請學圃학가~청학포

집해 마융이 말했다. "오곡을 심는 것을 가稼라고 하고 채소를 심는 것을 포圃라고 한다."

馬融曰 樹五穀曰稼 樹菜蔬曰圃

③ 情정

집해 공안국이 말했다. "정情은 실實이다. 백성은 위에서 교화시키면 각각 진실로써 응한다는 말이다."

孔安國曰 情 實也 言民化上各以實應

④ 襁負其子강부기자

집해 포씨가 말했다. "예의와 믿음은 덕을 이루기에 충분한데 어찌 농사를 배워서 백성을 가르치는데 쓰겠느냐는 것이다. 자식을 등에 업는 물건을 '포대기'라고 한다."

包氏曰 禮義與信足以成德 何用學稼以教民乎 負子之器曰襁

유약有若[1]은 공자보다 43세가 적었다.[2] 유약이 말했다.
"예를 사용함에 있어 조화를 귀하게 여긴다. 선왕의 도는 이것을 아름답게 여겼다. 작고 큰일 모두 이에 말미암더라도 행하지 못할 것이 있다. 그것은 조화만을 알아서 조화에 치우치면서 예로써 절제하지 않는다면 또한 행해지지 못할 것이다.③"

"약속이 의義에 가까우면 약속한 말을 실천할 수 있고,④ 공손함이 예에 가까우면 치욕을 멀리할 수 있으며⑤ 의탁하려는 사람과 그 친함을 잃지 아니하면 또한 주인이 될 수 있는 것이니라.⑥"

공자가 세상을 떠나고 나서 제자들은 스승을 사모했다. 유약은 모습이 공자와 많이 닮아서 제자들이 서로 함께 유약을 세워 스승으로 삼고 공자가 살아 있을 때처럼 유약을 스승으로 모셨다.

有若① 少孔子四十三歲② 有若曰 禮之用 和爲貴 先王之道斯爲美 小大由之 有所不行 知和而和 不以禮節之 亦不可行也③ 信近於義 言可復也④ 恭近於禮 遠恥辱也⑤ 因不失其親 亦可宗也⑥ 孔子旣沒 弟子思慕 有若狀似孔子 弟子相與共立爲師 師之如夫子時也

① 有若유약

[집해] 정현은 노나라 사람이라고 했다.

鄭玄曰魯人

② 少孔子四十三歲소공자사십삼세

[색은] 《공자가어》에서 말한다. "노나라 사람이고 자는 자유子有이며 공자보다 33세가 적었다." 지금 이곳 열전에서 '42세'라고 했는데 열전이 잘못되었는지 또 본 바가 같지 않은지 알지 못하겠다.

家語云魯人 字子有 少孔子三十三歲 今此傳云四十二歲 不知傳誤 又所見不同也

정의 《공자가어》에서 "노나라 사람이고 자는 유<ruby>有</ruby>이고 공자보다 33세가 적었다."라고 했으니 동일하지 않다.

家語云魯人 字有 少孔子三十三歲 不同

③ 知和而和~亦不可行也지화이화~역불가행야

집해 마융이 말했다. "사람들이 예를 알면 조화를 귀하게 여기는데 모든 일에 조화만을 따르고 예로 절제하지 않는다면 또한 행하는 것이 불가하다."

馬融曰 人知禮貴和 而每事從和 不以禮爲節 亦不可以行也

④ 信近於義 言可復也신근어의 언가복야

집해 하안이 말했다. "복<ruby>復</ruby>은 복<ruby>覆</ruby>과 같은 것이다. 의<ruby>義</ruby>에 맞으면 신<ruby>信</ruby>은 반드시 지킬 필요는 없는데 신에는 의가 아닌 것이 있다. 그 말을 반복하면 의에 가까워지는 것이라고 했다."

何晏曰 復猶覆也 義不必信 信非義也 以其言可覆 故曰近義

⑤ 恭近於禮 遠恥辱也공근어례 원치욕야

집해 하안이 말했다. "공손하되 예에 맞지 않으면 예가 아니다. 그러나 치욕을 멀리할 수 있기 때문에 예에 가깝다고 한 것이다."

何晏曰 恭不合禮 非禮也 以其能遠恥辱 故曰近禮

⑥ 因不失其親 亦可宗也인불실기친 역가종야

집해 공안국이 말했다. "인<ruby>因</ruby>은 친<ruby>親</ruby>이다. 친한 사람에게 나의 친애를 잃지 않게 되면 이 또한 존경할 만 하다는 말이다."

孔安國曰 因 親也 言所親不失其親 亦可宗敬

어느 날 제자가 나아가 물었다.

"옛날 선생님께서 출타하실 때 제자들을 시켜 우산을 준비하라고 하셨는데 길을 가다가 과연 비를 만났습니다. 제자가 묻기를 '선생님께서는 어떻게 아셨습니까?'라고 하자 선생님께서 말씀하기를 '시에 이르지 않았느냐? 달이 필성畢星에 걸려 있으면 큰비가 내린다고[1] 어제저녁에 달이 필성에 머물지 않았느냐?'라고 하셨습니다. 그런데 다른 날에 달이 필성에 머물러도 마침내 비는 내리지 않았습니다.

상구商瞿는 나이가 많은데 아들이 없자 그의 어머니는 다시 장가를 들이려 했습니다.[2] 공자께서 제나라에 심부름을 보내려는데 상구의 어머니가 연기해 줄 것을 청했습니다. 공자께서 말씀하기를 '걱정하지 마십시오. 상구는 40세가 지난 후에는 다섯 장부 아들을 두게 될 것입니다.[3]'라고 했는데 이미 과연 그러했습니다. 감히 묻습니다. 부자께서는 어떻게 이러한 것을 아셨습니까?"

유약이 묵연히 응대함이 없었다. 제자가 일어나서 말했다.

"유자有子여 자리를 비키시오. 이 자리는 그대가 앉아 있을 자리가 아닙니다."

他日 弟子進問曰 昔夫子當行 使弟子持雨具 已而果雨 弟子問曰 夫子何以知之 夫子曰 詩不云乎 月離于畢 俾滂沱矣[1] 昨暮月不宿畢乎 他日 月宿畢 竟不雨 商瞿年長無子 其母爲取室[2] 孔子使之齊 瞿母請之

> 孔子曰 無憂 瞿年四十後當有五丈夫子^③ 已而果然 問夫子何以知此 有
> 若默然無以應 弟子起曰 有子避之 此非子之座也

① 月離於畢 俾滂沱矣월리어필 비방타의

집해 《모전》에서 말한다. "필畢은 주喝(별 이름)이다. 달이 음성陰星에
걸리면 비가 내린다."

毛傳曰 畢 喝也 月離陰星則雨

신주 이는 《시경》 '점점지석漸漸之石'의 시구이다.

② 其母爲取室기모위취실

정의 《공자가어》에서 말한다. "상구가 38세가 되었는데도 자식이 없
자 그의 어머니가 다시 장가를 보내고자 했다. 공자께서 이르기를 '상구
는 40세가 지나면 마땅히 다섯 장부 아들을 두게 될 것이오.'라고 했는데
과연 그러했다."

《중비》에서 말한다. "노나라 사람 상구가 사신으로 제나라로 향하는
데 상구는 40세였으니 이때 이후에 사신으로 먼 길을 가는 것을 두려워
하고 근심한 것은 아마 자식이 없을까 걱정해서이다. 부자夫子께서 정월
에 상구의 어머니와 함께 점을 쳐서 고하기를 '뒤에 다섯 장부 아들이 있
을 것이오.'라고 했다. 자공이 이르기를 '어떻게 아셨습니까?'라고 하자
공자께서 '괘에서 대축大畜과 간艮의 이세二世를 만났는데, 구이九二에서
갑인甲寅의 목木은 세世가 되고 육오六五에서 경자景子의 수水가 대응한
다. 세世는 외상外象을 낳고 상象이 태어나 효爻가 오면 번갈아 내상內象
을 낳는다. 간은 아들과 헤어지는 것이니 다섯 아들을 두는 것과는 호응

하지만 한 자식은 단명 한다.'라고 했다. 안회가 '어떻게 아십니까?'라고 하자 '내상은 본자本子이다. 하나의 간은 변화해 이추二醜로 변하고 세 양효陽爻는 다섯이다. 이에 다섯 아들인데 1명의 아들은 단명한다.'라고 했다. '어떻게 단명할 것을 아십니까?'라고 하자 '다르기 때문이다.'라고 했다."

家語云 瞿年三十八無子 母欲更娶室 孔子曰 瞿年過四十當有五丈夫子 果然 中備云 魯人商瞿使向齊國 瞿年四十 今後使行遠路 畏慮 恐絶無子 夫子正月 與瞿母筮 告曰 後有五丈夫子 子貢曰 何以知 子曰 卦遇大畜 艮之二世 九二甲 寅木爲世 六五景子水爲應 世生外象生象來爻生互內象 艮別子 應有五子 一子 短命 顔回云 何以知之 內象是本子 一艮變爲二醜三陽爻五 於是五子 一子短 命 何以知短命 他以故也

③ 五丈夫子오장부자

집해 다섯 아들이다.

五男也

색은 다섯 아들을 이른다.

謂五男也

공서적公西赤의 자는 자화子華이다.[①] 공자보다 42세가 적었다. 자화가 공자의 심부름으로 제나라에 갔다. 염유冉有(염구)가 자화의 어머니를 위해 곡식을 보내줄 것을 청하자 공자가 말했다.

"6말 4되[②]를 보내주어라."

더 보내주기를 염유가 요청했다.

"16말③을 보내주어라."

그런데 염유는 80섬(800말)을 보냈다.④ 공자가 말했다.

"공서적이 제나라에 갈 때 살찐 말을 타고 가벼운 가죽옷을 입었다고 했다. 내가 듣기로 군자는 다급한 사람을 도와주고 부자를 계속 돕지 않는다고 했다.⑤"

公西赤字子華① 少孔子四十二歲 子華使於齊 冉有爲其母請粟 孔子曰 與之釜② 請益 曰 與之庾③ 冉子與之粟五秉④ 孔子曰 赤之適齊也 乘肥馬 衣輕裘 吾聞君子周急不繼富⑤

① 子華자화

집해 정현은 노나라 사람이라고 했다.

鄭玄曰魯人

② 釜부

집해 마융이 말했다. "여섯 말 네 되를 부釜라 한다."

馬融曰 六斗四升曰釜

③ 庾유

집해 포씨가 말했다. "16말을 유庾라 한다."

包氏曰 十六斗曰庾

④ 五秉오병

집해 마융이 말했다. "16섬을 병秉이라 하고 5병을 합하면 80섬이다."

馬融曰 十六斛曰秉 五秉合八十斛

⑤ 周急不繼富주급불계부

집해 정현이 말했다. "염유가 지급한 것이 너무나 많아서 잘못이라는 것이다."

鄭玄曰 非冉有與之太多

무마시巫馬施의 자는 자기子旗이다.① 공자보다 30세가 적었다. 진陳나라 사패司敗② 관직에 있는 사람이 공자에게 물었다.

"노나라 소공은 예를 알고 계십니까?"

공자가 대답했다.

"예를 알고 계십니다."

공자가 물러가자 사패는 무마기에게 읍을 하고 말했다.

"제가 듣건대 군자는 당黨을 만들지 않는다고 했는데 군자도 당을 만듭니까? 노나라 소공은 오나라 여인에게 장가들어 부인으로 삼았으며 명命하여 맹자孟子라고 했습니다. 맹자는 희성姬姓이므로 같은 성씨와 혼인한 것을 숨기고자 하여 꺼려 일컬은 까닭에 맹자라고 했습니다.③ 노나라 군주가 예를 안다고 여긴다면 누가 예를 모르겠습니까?"

무마시가 공자에게 알리자 공자가 말했다.

"나는 다행이다. 진실로 허물이 있으면 남이 반드시 그것을 아는구나. 신하는 군주나 어버이의 수치스러운 일을 말하지 않고 숨겨주는 것이 예이다.④"

巫馬施字子旗① 少孔子三十歲 陳司敗②問孔子曰 魯昭公知禮乎 孔子曰 知禮 退而揖巫馬旗曰 吾聞君子不黨 君子亦黨乎 魯君娶吳女爲夫人 命之爲孟子 孟子姓姬 諱稱同姓 故謂之孟子③ 魯君而知禮 孰不知禮 施以告孔子 孔子曰 丘也幸 苟有過 人必知之 臣不可言君親之惡 爲諱者 禮也④

① 子旗자기

집해 정현은 노나라 사람이라고 했다.

鄭玄曰魯人

색은 정현은 노나라 사람이라고 했다. 《공자가어》에서 말한다. "진陳나라 사람이고 자는 자기이다."

鄭玄云魯人 家語云 陳人 字子期

정의 旗의 발음은 '기其'이다.

音其

② 陳司敗진사패

집해 공안국이 말했다. "사패는 관직 이름이다. 진나라 대부이다."

孔安國曰 司敗 官名 陳大夫也

③ 亦黨乎~故謂之孟子역당호~고위지맹자

집해 공안국이 말했다. "서로 돕고 나쁜 것을 숨겨주는 것을 당黨이라고 한다. 예禮에는 동성과는 혼인하지 않는 것인데 군주가 장가든 것이다. 마땅히 '오희吳姬'라고 칭해야 하는데 숨기려고 '맹자'라고 했다."

孔安國曰 相助匿非曰黨 禮同姓不婚 而君娶之 當稱吳姬 諱曰孟子

④ 爲諱者禮也위휘자예야

[집해] 공안국이 말했다. "사패의 말로 고한 것이다. 국가의 수치스러운 일을 숨기는 것이 예이다. 성인은 도가 크기 때문에 사패의 비난을 받아들여 자신의 허물로 여기신 것이다."

孔安國曰 以司敗之言告也 諱國惡 禮也 聖人之道弘 故受之爲過也

양전梁鱣①의 자는 숙어叔魚이다.② 공자보다 29세가 적었다.
안행顔幸의 자는 자유子柳이다.③ 공자보다 46세가 적었다.④
염유冉孺의 자는 자로子魯이다.⑤ 공자보다 50세가 적었다.
조휼曹卹의 자는 자순子循이다. 공자보다 50세가 적었다.⑥
백건伯虔의 자는 자석子析이다.⑦ 공자보다 50세가 적었다.
공손룡公孫龍의 자는 자석子石이다.⑧ 공자보다 53세가 적었다.
자석부터 이상의 35명은 나이, 이름, 수업을 받은 것이 드러나서 전해진 책에 보인다. 제자 42명은 나이도 모르고 전해진 책에도 보이지 않는 자는 아래에 기록한다.⑨

梁鱣①字叔魚② 少孔子二十九歲 顔幸字子柳③ 少孔子四十六歲④ 冉孺字子魯⑤ 少孔子五十歲 曹卹字子循 少孔子五十歲⑥ 伯虔字子析⑦ 少孔子五十歲 公孫龍字子石⑧ 少孔子五十三歲 自子石已右

三十五人 顯有年名及受業見于書傳 其四十有二人 無年及不見書傳
者紀于左⑨

① 梁鱣양전

집해 鱣이 다른 판본에는 '리鯉'로 되어 있다.

一作鯉

② 字叔魚자숙어

집해 《공자가어》에는 제나라 사람이라고 했다.

孔子家語曰齊人

색은 《공자가어》에는 제나라 사람이고 자는 숙어라고 했다.

家語云齊人 字叔魚也

③ 子柳자유

집해 정현은 노나라 사람이라고 했다.

鄭玄曰魯人

색은 《공자가어》에서 말한다. "안행顔幸이고 자는 유柳이다." 살펴보니
《예기》에 안유顔柳가 있는데 아마 이 사람일 것이다.

家語云 顔幸 字柳 按 禮記有顔柳 或此人

④ 少孔子四十六歲소공자사십육세

색은 《공자가어》에서 '36세가 적다.'라고 했으며 나머지는 정현의 의견
과 같다.

家語云少三十六歲 與鄭玄同

⑤ 子魯자로

집해 다른 판본에는 '증曾'으로 되어 있다.

一作曾

색은 《공자가어》에서 자는 자로이고 노나라 사람이라 한다. '염유冉儒'
로 되어 있다.

家語字子魯 魯人 作冉儒

⑥ 曹卹字子循 少孔子五十歲조휼자자순 소공자오십세

색은 조휼은 공자보다 50세가 적었다.《공자가어》와 똑같다.

曹卹少孔子五十歲 家語同

⑦ 伯虔字子析백건자자석

색은 백건의 자는 자절子折이다.《공자가어》에서 '백처伯處의 자는 자
석子晳'이라고 했는데, 모두 베껴 옮기면서 글자를 잘못 쓴 것을 그대로
따른 것인지는 모르겠다.

伯虔字子折 家語作伯處字子晳 皆轉寫字誤 未知適從

정의 《공자가어》에서 '자철子晢'이라고 했다.

家語云子晢

⑧ 公孫龍字子石공손룡자자석

집해 정현은 초나라 사람이라고 했다.

鄭玄曰楚人

《공자가어》에는 간혹 '총寵'으로 되어 있고 또 '롱韄'이라도 했는데 《칠십제자도》에는 '롱韄' 자가 아니다. 살펴보니 자가 자석子石이면 '롱韄' 자가 혹시 잘못된 것은 아닐 것이다. 정현은 초나라 사람이라 했고 《공자가어》에는 위衛나라 사람이다. 그러니 《장자》에서 '견백지담堅白之談'을 말한 그 사람일 것이다.

家語或作寵 又云韄 七十子圖非韄也 按 字子石 則韄或非謬 鄭玄云楚人 家語衞人 然莊子所云 堅白之談 則其人也

정의 《공자가어》에는 위나라 사람이라고 했고 《맹자》에는 조趙나라 사람이라고 했다. 《장자》에서 '견백지담堅白之談'을 말했다고 한다.

家語云衛人 孟子云趙人 莊子云堅白之談也

⑨ 紀于左기우좌

색은 살펴보니 《공자가어》에는 이의 본보기로 오직 37인이 있다. 그 공량유公良孺, 진상秦商, 안해顔亥, 숙중회叔仲會 4인이며 《공자가어》에는 사적이 있는데 《사기》에서는 빠졌다. 그러나 공백료公伯遼, 진염秦冉, 교선鄡單 3인은 《공자가어》에서 기재하지 않았고 별도로 금뢰琴牢, 진항陳亢, 현단縣亶이 나오는데, 3인의 수와 같으며 모두 번갈아 나온다. 《문옹공묘도》에서 기록한 것과 같으며, 또 임방林放, 거백옥蘧伯玉, 신정申棖, 신당申堂은 모두 후세 사람이 증익한 것으로 보이지만 지금은 거의 고찰할 수 없다.

按 家語此例唯有三十七人 其公良孺秦商顔亥叔仲會四人 家語有事迹 史記闕然自公伯遼秦冉鄡單三人 家語不載 而別有琴牢陳亢縣亶當此三人數 皆互有也 如文翁圖所記 又有林放蘧伯玉申棖申堂 俱是後人所以見增益 於今殆不可考

이름만 전하는 제자

염계冉季의 자는 자산子産①이다.

공조구자公祖句兹의 자는 자지子之②이다.

진조秦祖의 자는 자남子南③이다.

칠조치漆雕哆④의 자는 자렴子斂⑤이다.

안고顏高의 자는 자교子驕⑥이다.

칠조도보漆彫徒父⑦

冉季字子産① 公祖句兹字子之② 秦祖字子南③ 漆雕哆④字子斂⑤ 顏高

字子驕⑥ 漆雕徒父⑦

① 冉季字子産염계자자산

집해 정현은 노나라 사람이라고 했다.

鄭玄曰魯人

색은 《공자가어》에서 염계의 자는 산産이다.

家語冉季字産

정의 《공자가어》에서 염계의 자는 자산이라고 한다.

家語云冉季字子産

② 公祖句兹字子之공조구자자지

　색은　句의 발음은 '구鉤'이다.

句音鉤

　정의　句의 발음은 '구鉤'이다.

句音鉤

③ 秦祖字子南진조자자남

　집해　정현은 진秦나라 사람이라고 했다.

鄭玄曰秦人

　색은　《공자가어》에서 자는 자남이다.

家語字子南

④ 漆雕哆칠조치

　집해　哆의 발음은 '자[赤者反]'이다.

音赤者反

　색은　哆의 발음은 '자[赤者反]'이다.《공자가어》에서 자는 자렴이라고 했다.

赤者反 家語字子斂

⑤ 字子斂자자렴

　집해　정현은 노나라 사람이라고 했다.

鄭玄曰魯人

⑥ 顏高字子驕안고자자교

　색은　《공자가어》에서 이름은 산産이다. 공자가 위衛나라에 있을 때 남자南子가 부자夫子를 초청하여 다음 수레에 타고 시장을 지나가는데 당시 산이 수레를 몰았다.

家語名産 孔子在衛 南子招夫子爲次過市 時産爲御也

정의 공자가 위나라에 있을 때 남자가 부자를 불러 다음 수레에 태우고 시장을 지나갈 때, 안고가 수레를 몰았다.

孔子在衛 南子招夫子爲次乘過市 顔高爲御

신주 남자는 앞서 자로子路 이야기에서 나왔듯이 위령공의 부인이며, 공자를 초대하면서 같은 수레에 태우지 않고 다음 수레에 태웠다.

⑦ 漆雕徒父칠조도보

색은 《공자가어》에서 자는 고固이다.

家語字固也

양사적壤駟赤의 자는 자도子徒①이다.

상택商澤②

석작촉石作蜀의 자는 자명子明③이다.

임불제任不齊의 자는 선選④이다.

공량유公良孺의 자는 자정子正⑤이다.

후처后處의 자는 자리子里⑥이다.

진염秦冉의 자는 개開⑦이다.

壤駟赤字子徒① 商澤② 石作蜀字子明③ 任不齊字選④ 公良孺字子正⑤
后處字子里⑥ 秦冉字開⑦

① 壤駟赤字子徒양사적자자도

집해 정현은 진秦나라 사람이라고 했다.

鄭玄曰秦人

색은 《공자가어》에는 자가 자도이다.

家語字子徒者

② 商澤상택

집해 《공자가어》에서 자는 자계子季라고 했다.

家語曰字子季

색은 《공자가어》에는 자가 계季이다.

家語字季

③ 石作蜀字子明석작촉자자명

색은 《공자가어》와 똑같다.

家語同

④ 任不齊字選임불제자선

집해 정현은 초나라 사람이라고 했다.

鄭玄曰楚人

색은 《공자가어》에는 자가 자선子選이다.

家語字子選也

⑤ 公良孺字子正공량유자자정

집해 정현이 말했다. "진陳나라 사람이고 현명하며 용기가 있었다."

鄭玄曰 陳人 賢而有勇

[색은] 《공자가어》에는 '양유良儒'로 되어 있다. 진陳나라 사람이고 자는
자정이며 현명하고 용기가 있었다. 공자가 주유할 때 항상 집안의 수레
다섯 대로 공자의 주유를 따랐다. 《공자가어》에는 35인 속에 있다. 또한
〈공자세가〉에도 보이며 32인에 있는 것은 보이지 않으니 아마 〈중니제자
열전〉의 숫자 또한 잘못된 것이리라. 추탄생본에는 '공양유公襄儒'로 되
어 있다.

家語作良儒 陳人 字子正 賢而有勇 孔子周遊 常以家車五乘從孔子遊 家語在
三十五人之中 亦見系家 在三十二人不見 蓋傳之數亦誤也 鄒誕本作公襄儒

[정의] 공자가 주유할 때 항상 집안의 수레 다섯 대로 공자를 따랐다.
〈공자세가〉에는 또한 35인 속에 있다고 말했는데 지금은 42인의 숫자에
있으니 태사공이 잘못 기록한 듯하다.

孔子周游 常以家車五乘從孔子 孔子世家亦云語在三十五人中 今在四十二人
數 恐太史公誤也

[신주] [정의] 주석은 〈공자세가〉 기록을 인용하였는데 《공자가어》를 잘
못 쓴 듯하다.

⑥ 后處字子里후처자자리

[집해] 정현은 제나라 사람이라고 했다.

鄭玄曰齊人

[색은] 《공자가어》와 똑같다.

家語同也

⑦ 秦冉字開진염자개

《공자가어》에는 이 사람이 없다. 왕숙은 "《공자가어》에는 이들의 무리는 오직 37인인데 그 공량유公良孺, 진상秦商, 안해顏亥, 숙중회叔仲會 4인이며 《공자가어》에는 사적이 있는데 《사기》에는 빠졌다. 그러나 공백료公伯遼, 진염秦冉, 교선鄡單 등 3인은 《공자가어》에는 기재하지 않았고 별도로 금뢰琴牢, 진항陳亢, 현단縣亶 3인이 있다."라고 했다.

家語無此人 王肅家語此等惟三十七人 其公良孺秦商顏亥仲叔會四人 家語有事迹 而史記闕 公伯寮秦冉鄡單 家語不載 而別有琴牢陳亢縣亶三人

공하수公夏首의 자는 승乘[①]이다.

해용잠奚容箴의 자는 자석子皙[②]이다.

공견정公肩定의 자는 자중子中[③]이다.

안조顏祖의 자는 양襄[④]이다.

교선鄡單[⑤]의 자는 자가子家[⑥]이다.

구정강句井疆[⑦]

한보흑罕父黑의 자는 자색子索[⑧]이다.

公夏首字乘[①] 奚容箴字子皙[②] 公肩定字子中[③] 顏祖字襄[④] 鄡單[⑤]字子家[⑥] 句井疆[⑦] 罕父黑字子索[⑧]

---

① 公夏首字乘공하수자승

정현은 노나라 사람이라고 했다.

鄭玄曰魯人

《공자가어》와 똑같다.

家語同也

② 奚容箴字子晳해용잠자자석

　색은　《공자가어》와 똑같다.

家語同也

　정의　위衛나라 사람이다.

衞人

③ 公肩定字子中공견정자자중

　집해　정현은 노나라 사람이라고 했다. 어떤 이는 진晉나라 사람이라고

했다.

鄭玄曰魯人 或曰晉人

　색은　《공자가어》와 똑같다.

家語同也

④ 顔祖字襄안조자양

　색은　《공자가어》에는 이 사람이 없다.

家語無此人也

　정의　노나라 사람이다.

魯人

⑤ 鄡單교선

　집해　鄡의 발음은 '교[苦堯反]'이고 單의 발음은 '선善'이다.

苦堯反 音善

⑥ 鄡單字子家교선자자가

[집해] 서광이 말했다. "일설에는 '오선鄥單'이라고 했다. 거록군에는 교
현鄡縣이 있고 태원군에는 오현鄥縣이 있다."

徐廣曰 一云鄥單 鉅鹿有鄡縣 太原有鄥縣

[색은] 鄡의 발음은 '교[苦堯反]'이고 單의 발음은 '선善'이며, 곧 선單은
이름이다. 서광이 말했다. "다른 판본에는 '오선鄥單'으로 되어 있다. 거
록군에는 교현이 있고 태원군에는 오현이 있다."《공자가어》에는 이 사
람이 없다.

鄡音苦堯反 單音善 則單名 徐廣云一作鄥單 鉅鹿有鄡縣 太原有鄥縣 家語無
此人也

⑦ 句井疆구정강

[집해] 정현은 위衛나라 사람이라고 했다.

鄭玄曰衞人

[정의] 구句는 '구鉤'로 되어 있다.

句作鉤

⑧ 罕父黑字子索한보흑자자색

[집해]《공자가어》에서 말한다. "한보흑의 자는 색索이다."

家語曰 罕父黑字索

[색은]《공자가어》에는 한보흑의 자는 색索으로 되어 있다.

家語作罕父黑字索

진상秦商의 자는 자비子丕①이다.

신당申黨의 자는 주周②이다.

안지복顔之僕의 자는 숙叔③이다.

영기榮旂의 자는 자기子祈④이다.

현성縣成의 자는 자기子祺⑤이다.

좌인영左人郢의 자는 행行⑥이다.

연급燕伋의 자는 사思⑦이다.

秦商字子丕① 申黨字周② 顔之僕字叔③ 榮旂字子祈④ 縣成字子祺⑤ 左
人郢字行⑥ 燕伋字思⑦

---

① 秦商字子丕진상자자비

집해 정현은 초나라 사람이라고 했다.

鄭玄曰楚人

색은 《공자가어》에서 말한다. "노나라 사람이고 자는 비자丕慈이다.
공자보다 4세가 적었다. 그의 아버지는 근堇이고 공자의 아버지인 숙량
흘과 함께 힘으로 세상에 알려졌다."

家語 魯人 字丕慈 少孔子四歲 其父堇 與孔子父紇俱以力聞也

정의 《공자가어》에서 말한다. "노나라 사람이고 자는 비자이다."

家語云 魯人 字丕玆

② 申黨字周신당자주

색은 《공자가어》에는 신료申繚가 있고 자는 주周이다. 《논어》에는 신
정申根이 있다. 정현이 말했다. "신정은 노나라 사람이고 제자이다." 아마

신당申堂이 곧 신정申棖이 아닐까 의심나는 것은 '정棖'과 '당堂'은 발음이
서로 비슷해서 일 것이다. 위에 또 공백료가 있어 또한 자는 주周라고 했
다.《공자가어》에는 공백료가 없는데, 이곳《사기》에는 공백료 한 사람
을 기술했다.

家語有申繚 字周 論語有申棖 鄭玄云申棖 魯人 弟子也 蓋申堂是棖不疑 以棖
堂聲相近 上又有公伯繚 亦字周 家語則無伯繚 是史記述伯繚一人者也

[정의] 노나라 사람이다.

魯人

③ 顔之僕字叔안지복자숙

[집해] 정현은 노나라 사람이라고 했다.

鄭玄曰魯人

[색은]《공자가어》와 모두 똑같다.

家語竝同

④ 榮旂字子祈영기자자기

[색은]《공자가어》에서 영기의 자는 자안子顔이다.

家語榮祈字子顔也

⑤ 縣成字子祺현성자자기

[집해] 정현은 노나라 사람이라고 했다.

鄭玄曰魯人

[색은]《공자가어》에는 '자모子謀'로 되어 있다.

家語作子謀也

縣音玄

⑥ 左人郢字行좌인영자행

집해 정현은 노나라 사람이라고 했다.

鄭玄曰魯人

색은 《공자가어》와 똑같다.

家語同也

⑦ 燕伋字思연급자사

색은 《공자가어》와 똑같다.

家語同也

정국鄭國의 자는 자도子徒①이다.

진비秦非의 자는 자지子之②이다.

시지상施之常의 자는 자항子恒이다.

안쾌顏噲의 자는 자성子聲③이다.

보숙승步叔乘의 자는 자거子車④이다.

원항적原亢籍⑤

악해樂欬의 자는 자성子聲⑥이다.

鄭國字子徒① 秦非字子之② 施之常字子恆 顏噲字子聲③ 步叔乘字子
車④ 原亢籍⑤ 樂欬字子聲⑥

---

① 鄭國字子徒정국자자도

색은 《공자가어》에서 설방薛邦의 자는 도徒라고 했고, 《사기》에서 '국國'이라 했지만 《공자가어》에서 '방邦'이라 일컬었는데, 아마 한고조의 휘(방邦)를 피해서 고친 것이다. '정鄭'과 '설薛'은 글자가 어긋난 것이다.

家語薛邦字徒 史記作國而家語稱邦者 蓋避漢祖諱而改 鄭與薛字誤也

정의 《공자가어》에서 설방薛邦의 자는 도徒라고 했고, 《사기》에서 '국國'이라 한 것은 한고조의 휘를 피한 것이다. '설薛' 자는 '정鄭' 자와 어긋났을 뿐이다.

家語云薛邦字徒 史記作國者 避高祖諱 薛字與鄭字誤耳

② 秦非字子之진비자자지

집해 정현은 노나라 사람이라고 했다.

鄭玄曰魯人

③ 顏噲字子聲안쾌자자성

집해 정현은 노나라 사람이라고 했다.

鄭玄曰魯人

④ 步叔乘字子車보숙승자자거

집해 정현은 제나라 사람이라고 했다.

鄭玄曰齊人

⑤ 原亢籍원항적

집해 《공자가어》에서 말한다. "이름은 항亢이고 자는 적籍이다."

家語曰 名亢 字籍

[색은] 《공자가어》에는 이름은 항亢이고 자는 적籍이라고 했다.

家語名亢字籍

[정의] 항亢은 '용宂'으로 되어 있고 '용[仁勇反]'으로 발음한다.

亢 作宂 仁勇反

⑥ 樂欬字子聲악해자자성

[색은] 《공자가어》와 똑같다.

家語同也

[정의] 노나라 사람이다.

魯人

염결廉絜의 자는 용庸[1]이다.

숙중회叔仲會의 자는 자기子期[2]이다.

안하顏何 자는 염冉[3]이다.

적흑狄黑의 자는 석晳[4]이다.

방손邦巽의 자는 자렴子斂[5]이다.

공충孔忠[6]

공서여여公西輿如의 자는 자상子上[7]이다.

공서겸公西蒧의 자는 자상子上[8]이다.

廉絜字庸[1] 叔仲會字子期[2] 顏何字冉[3] 狄黑字晳[4] 邦巽字子斂[5] 孔

忠[6] 公西輿如字子上[7] 公西蒧字子上[8]

① 廉絜字庸염결자용

집해 정현은 위衛나라 사람이라고 했다.

鄭玄曰衞人

색은 《공자가어》와 똑같다.

家語同也

② 叔仲會字子期숙중회자자기

집해 정현은 진晉나라 사람이라고 했다.

鄭玄曰晉人

색은 정현은 진晉나라 사람이라고 했다. 《공자가어》에서 "노나라 사람이다. 공자보다 54세가 적었다. 공선孔璇과 나이가 서로 비슷하고 두 어린아이가 함께 붓을 가지고 번갈아 선생님을 모시자 맹무백孟武伯이 보고 내쫓았다."라고 한 것이 이것이다.

鄭玄云晉人 家語魯人 少孔子五十四歲 與孔璇年相比 二孺子俱執筆迭侍於夫子 孟武伯見而放之 是也

③ 顔何字冉안하자염

집해 정현은 노나라 사람이라고 했다.

鄭玄曰魯人

색은 《공자가어》에는 자가 칭稱이다.

家語字稱

④ 狄黑字晳적흑자석

색은 《공자가어》와 똑같다.

家語同

⑤ 邦巽字子斂방손자자렴
[집해] 정현은 노나라 사람이라고 했다.

鄭玄曰魯人

[색은] 《공자가어》에서 '손巽'이 '선選'으로 되어 있고, 자는 자렴이다. 《문옹공묘도》에는 '국선國選'으로 되어 있으니, 아마 또한 한나라 고조의 휘(방邦)를 피해 고친 것이다. 유씨는 '규손邦巽'으로 되어 있다고 했는데, 邦의 발음은 '규圭'이고 본 바가 각각 다른 것이다.

家語巽作選 字子斂 文翁圖作國選 蓋亦避漢諱改之 劉氏作邦巽 音圭 所見各異

⑥ 孔忠공충
[집해] 《공자가어》에서 말한다. "충忠의 자는 자멸子蔑이고 공자 형의 아들이다."

家語曰 忠字子蔑 孔子兄之子

[색은] 《공자가어》에서 말한다. "충의 자는 자멸이고 공자 형의 아들이다."

家語云忠字子蔑 孔子兄之子也

⑦ 公西輿如字子上공서여여자자상
[색은] 《공자가어》와 똑같다.

家語同

⑧ 公西蒧字子上공서겸자자상
[집해] 정현은 노나라 사람이라고 했다.

鄭玄曰魯人

색은 공서겸의 자는 자상이라는데, 《공자가어》에는 자상이 '자상子尙'
으로 되어 있다.

公西箴字子上 家語子上作子尙也

태사공은 말한다.

학자들이 70여 명의 무리를 많이 일컫는데 칭찬하는 자들이 혹
은 그 실체보다 과장한 것이 있기도 하고 비방하는 자들이 혹은
그 진실을 폄하한 것이 있는데 모두 그 용모를 보지 못했기 때문
이다. 곧 제자라고 말한 서적이 공씨의 고문古文에서 나왔으니[1]
옳은 것 같다. 나는 제자들의 성명과 문자를 모두 《논어》에 있는
제자들의 질문을 아울러서 차례로 편篇을 만들었으며, 의심스러
운 것들은 뺐다.

太史公曰 學者多稱七十子之徒 譽者或過其實 毀者或損其眞 鈞之未
覩厥容貌 則論言弟子籍 出孔氏古文[1]近是 余以弟子名姓文字悉取論
語弟子問并次爲篇 疑者闕焉

① 出孔氏古文출공씨고문

신주 공자의 집 벽 속에서 나온 고문古文으로 기록된 글을 말한다.

색은술찬 사마정이 펼쳐서 밝히다.

궐리에서 가르침이 일어났는데 도는 추향에 남아 있다. 남다른 재능으로

경지境地에 나아가고 빼어난 사인들이 학당에 올랐다. 인仁에 기대고 예藝에서 노닐면서 뜻을 합쳤는데 뜻이 같았다. 장차 스승이 되고 국가의 재상이 되었으며 귀중한 인재로 낭랑한 명성이 있었다.[1] 안타까운지고! 패왕이 되지 못함이여. 공신空臣과 소왕素王이로다![2]

教興闕甲 道在耶鄕 異能就列 秀士升堂 依仁遊藝 合志同方 將師宮尹 俎豆琳瑯[1] 惜哉不霸 空臣素王[2]

① 俎豆琳瑯조두임랑

신주 조두는 제기이니, 즉 종묘의 제기를 말한다. 국가의 귀한 인재를 비유한 것이다. 임랑은 옥이 부딪혀 내는 낭랑한 소리이다.

② 空臣素王공신소왕

신주 소왕은 제왕이 될 만한 능력과 인품을 갖추고도 제왕이 되지 못한 성인이나 현인을 가리킨다. 공신은 그에 대비하여 그런 제왕을 보좌할 인재이지만, 소왕을 모시느라 실제 명신이 되지 못한 제자들을 가리킨다.

사기 제68권 史記卷六十八

상군열전 商君列傳

사기 제68권 상군열전 제8

史記卷六十八　商君列傳第八

신주 본 열전은 진秦나라 통일의 기초가 된 변법變法을 처음 시행한 상 앙商鞅을 다루고 있다. 상앙은 희성姬姓에 씨는 공손公孫이며 출신지가 위衛나라이기 때문에 위앙이라 부르기도 하지만, 봉해진 상商 땅의 이름 을 따서 통상 상앙이라고 한다. 위魏나라로 가서 위나라 재상 공숙좌公 叔座를 섬기다가, 공숙좌가 죽자 위나라의 홀대로 다시 진나라에 나아가 나라를 부강하게 하기 위해서는 낡은 법률과 제도를 개혁해야 한다고 진 나라 효공孝公을 설득하여 마침내 변법變法을 실시하게 되어 부국강병을 이룩하였는데, 이는 진나라 효공의 의중과 부합된 결과이다.

상앙은 상국과 장군을 겸하는 대량조大良造에 오르자 효공 10년부터 위나라 고양固陽을 공격하여 그 이듬해에 항복을 받는다. 3년 지나서 진 나라는 함양에 대궐을 신축하고, 옹雍 땅으로부터 함양으로 도읍지를 옮 겼으며, 또 작은 향읍을 모아서 현縣으로 만들고 현령縣令과 현승縣丞을 설치하여 총 31현을 만들었다. 이러한 결과, 마침내 강성해져 효공 19년, 천자가 진나라에게 백白(패자)의 칭호를 내렸으며, 효공 20년, 제사 지낸 고기를 보내왔다.

뒤에 위나라가 마릉 전투에서 제나라에 대패한 것을 기회로, 상앙은 군사를 이끌고 위나라를 공격하여 위나라 공자 앙卬과 대치하였는데, 속임수를 써서 공자 앙을 사로잡고 위나라를 물리쳤다. 그 공으로 진나라는 그를 어於와 상商 땅의 15개 읍에 봉하여 호를 상군商君이라 했다.

　뒤에 조량趙良이 상앙에게 너그럽게 통치할 것을 조언했지만 상앙은 이를 무시했다. 5개월 뒤에 효공이 죽고 태자가 즉위하니 이이가 혜문군惠文君이다. 평소 귀족과 공실사람들은 상앙을 미워했고 이를 계기로 상앙이 반란한다고 고변하였다. 혜문군이 상앙을 체포하라고 하자 도망치던 중 객사에서 묵으려 했지만, 자신이 시행한 변법으로 객사에서 묵지 못했다. 상앙은 위魏나라로 도망하려 했지만, 상앙을 원망한 위나라는 받아들이지 않았다. 다시 진나라로 들어간 상앙은 마침내 죽임을 당하고, 사후에 거열형으로 거듭 처형되었으며 멸족당한다.

　이러한 상황을 자승자박自繩自縛이라고 할까? 위태로워지자 자신이 만든 법을 어기려 하였고, 또 자신이 만든 법 때문에 위태로운 상황을 피할 수 없었으니 말이다. 이 때문에 '작법자폐作法自斃'라는 말이 생겼다.

진나라 법치를 이룩한 상앙

상군商君이라는 자①는 위衛나라 서자 출신 공자이며, 이름은 앙
鞅이고 성은 공손씨公孫氏이다. 그의 선조는 본래 희성姬姓이다.
공손앙은 젊어서부터 형명학刑名學을 좋아했으며 위魏나라로 가
서 위나라 재상 공숙좌公叔座②를 섬겨 중서자中庶子③가 되었다.
공숙좌는 그의 현명함을 알았지만 아직 추천하지는 않았다. 때마
침 공숙좌가 병이 들었는데, 위나라 혜왕惠王④이 친히 병문안을
왔다. 위나라 혜왕이 말했다.

"공숙좌께서 병이 들었으니 숨기지 못할 일입니다. 장차 사직을
어떻게 해야 합니까?"

공숙좌가 말했다.

"저의 중서자⑤ 공손앙은 나이가 비록 어리지만 기특한 재주가
있습니다. 원컨대 왕께서는 나랏일을 그에게 맡기십시오."

위왕은 묵묵히 듣고만 있었다. 왕이 장차 떠나려고 하자 공숙좌
는 사람들을 물리치고 말했다.

"왕께서 공손앙을 등용하라는 신의 말을 들어주지 않으시려면 반
드시 그를 죽여서 국경을 나갈 일이 없도록 하십시오."

위왕은 허락하고 떠났다.

商君者^① 衛之諸庶孼公子也 名鞅 姓公孫氏 其祖本姬姓也 鞅少好刑

名之學 事魏相公叔座^②爲中庶子^③ 公叔座知其賢 未及進 會座病 魏惠

王^④親往問病 曰 公叔病有如不可諱 將奈社稷何 公叔曰 座之中庶子^⑤

公孫鞅 年雖少 有奇才 願王擧國而聽之 王嘿然 王且去 座屏人言曰 王

即不聽用鞅 必殺之 無令出境 王許諾而去

① 商君者상군자

정의 진秦나라에서 상商에 봉했다. 그러므로 상군이라고 부른다.

秦封於商 故號商君

② 公叔座공숙좌

색은 공숙은 씨이고 좌座는 이름이다.

公叔 氏 座 名也 座音在戈反

③ 中庶子중서자

색은 관명官名이다. 위魏나라에서 이미 설치한 것으로 진秦나라에서

시작한 것은 아니다. 《주례》〈하관〉에서는 '제자諸子', 《예기》〈문왕세

자〉에서는 '서자庶子'라고 하였으며 공족을 관장했다.

官名也 魏已置之 非自秦也 周禮夏官謂之諸子禮記文王世子謂之庶子掌公族也

④ 魏惠王위혜왕

색은 곧 위나라 무후의 아들이고 이름은 앵罃이며 뒤에 대량大梁으로

옮겨서 양梁이라고 일컬었다.

即魏侯之子 名罃 後徙大梁而稱梁也

⑤ 座之中庶子좌지중서자

색은 《전국책》에는 위서자衛庶子라고 하였다.

戰國策云衞庶子也

신주 《전국책》에는 어서자御庶子라고 하였다. 잘못된 판본을 보았거나

색은 주석에서 위서자라고 한 것은 오류인 것 같다.

공숙좌가 공손앙을 불러서 사죄하며 말했다.

"방금 왕께서 나에게 재상으로 삼을 자를 묻기에 나는 이러이러한 이야기를 했는데, 왕의 안색을 살펴보니 나의 말을 허락하지 않았다. 나는 바야흐로 선군先君의 후신後臣이기 때문에 왕께서 공손앙을 등용하지 않으려면 마땅히 죽이라고 했다. 왕께서는 나의 뜻을 허락했다. 너는 가급적 빨리 떠나라. 장차 사로잡힐 것이다."

공손앙이 말했다.

"저 왕께서는 신을 임용하라는 당신의 말씀을 받아들이지 않았는데, 또 어찌 신을 죽이라는 당신의 말씀을 받아들이겠습니까?"

마침내 떠나지 않았다. 혜왕이 나오면서 좌우의 신하들에게 말했다.

"공숙좌가 병이 심하니 슬프다! 과인에게 나랏일을 공손앙에 맡기라고 하니, 어찌 잘못된 일이 아니겠는가!①"

공숙좌가 죽고 나서 공손앙은 진秦나라 효공孝公이 국가에 영을

내려 인재를 구하여 장차 목공穆公의 공업을 닦고 동쪽으로 침략당한 토지를 회복하려 한다는 소식을 들었다. 이에 마침내 서쪽 진나라로 들어가서 효공의 총신 경감景監②을 통해 효공을 알현하게 해줄 것을 청했다.

효공을 알현하게 된 위앙衞鞅은 사업에 대한 이야기를 오래도록 했는데 효공은 때때로 졸면서 제대로 듣지 않았다. 말이 끝나자 효공은 경감에게 화를 내며 말했다.

"그대의 객客은 망령된 사람일 뿐이니 어찌 족히 등용할 수 있겠는가?"

경감이 이로써 위앙을 꾸짖자 위앙이 말했다.

"나는 공작(효공)께 제왕의 도를 설명했는데 그 뜻을 깨닫지 못했습니다."

5일이 지난 후 (경감은) 다시 위앙을 접견할 것을 요구했다. 위앙은 다시 효공을 만나서 더욱 간절하게 설명했지만 효공의 뜻을 맞추지 못했다. 말이 끝나자 효공은 다시 경감을 꾸짖었고 경감은 또한 위앙을 꾸짖었다. 위앙이 말했다.

"나는 공작(효공)께 왕도王道로써 설득했는데 받아들이지 않았습니다. 하지만 다시 저를 만나겠다고 청할 것입니다."

위앙이 다시 효공을 만났는데 효공은 그를 뛰어나다고만 여기고 등용하지 않았다. 대면을 끝내고 위앙은 떠났다.

公叔座召鞅謝曰 今者王問可以爲相者 我言若 王色不許我 我方先君後臣 因謂王即弗用鞅 當殺之 王許我 汝可疾去矣 且見禽 鞅曰 彼王不能用君之言任臣 又安能用君之言殺臣乎 卒不去 惠王旣去 而謂左右

曰 公叔病甚 悲乎 欲令寡人以國聽公孫鞅也 豈不悖哉^① 公叔既死 公
孫鞅聞秦孝公下令國中求賢者 將修繆公之業 東復侵地 迺遂西入秦
因孝公寵臣景監^② 以求見孝公 孝公既見衞鞅 語事良久 孝公時時睡 弗
聽 罷而孝公怒景監曰 子之客妄人耳 安足用邪 景監以讓衞鞅 衞鞅曰
吾說公以帝道 其志不開悟矣 後五日 復求見鞅 鞅復見孝公 益愈 然而
未中旨 罷而孝公復讓景監 景監亦讓鞅 鞅曰 吾說公以王道而未入也
請復見鞅 鞅復見孝公 孝公善之而未用也 罷而去

① 豈不悖哉기불패재

색은 질병이 심해서 어그러지고 어지러운 것이다.

疾重而悖亂也

정의 悖의 발음은 '배背'이다.

悖音背

② 景監경감

색은 경景은 성이고 초나라 일족이다. 監의 발음은 거성과 평성이 모두
통한다.

景姓 楚之族也 監音去聲平聲竝通

효공이 경감에게 말했다.

"너의 객은 좋은 사람이며 함께 이야기할 만하다."

위앙이 말했다.

"내가 공작(효공)께 패도覇道로써 설득하니 그 뜻을 채용하고 싶어 했습니다. 진실로 다시 나를 만나면 나는 깨닫게 할 것입니다."

위앙이 다시 효공을 만났다. 효공과 이야기를 나누는데 저절로 무릎이 앉은 자리에서 (위앙의) 앞으로 다가가고 있는 것도 알지 못했다. 며칠 동안 대화를 나누어도 싫증 내지 않았다. 경감이 말했다.

"그대는 무엇으로 우리 군주의 마음을 사로잡았는가? 우리 군주는 매우 기뻐하고 있소."

위앙이 말했다.

"내가 제왕의 도道를 삼대三代(하, 은, 주)에 견주어 설득①하였는데,② 군주께서 이르기를 '오래되고 멀어서 나는 기다리지 못한다. 또 현명한 군주란 각각 그 자신에 이르러 이름을 천하에 날려야지, 어찌 조심조심하면서 수십, 수백 년을 기다려서 제왕을 성취하겠는가?'라고 하셨습니다. 그러므로 나는 강력한 나라를 만드는 술법으로 군주를 설득했는데, 군주께서 크게 기뻐하였을③ 뿐입니다. 그러나 또한 어려웠던 것은 은殷나라와 주周나라에 덕을 비교하는 것이었습니다."

孝公謂景監曰 汝客善 可與語矣 鞅曰 吾說公以霸道 其意欲用之矣 誠復見我 我知之矣 衛鞅復見孝公 公與語 不自知䏥之前於席也 語數日不厭 景監曰 子何以中吾君 吾君之驩甚也 鞅曰 吾說① 君以帝王之道 比三代② 而君曰 久遠 吾不能待 且賢君者 各及其身顯名天下 安能邑

邑待數十百年以成帝王乎 故吾以彊國之術說君 君大說③之耳 然亦難
以比德於殷周矣

① 說세

색은 說의 발음은 '세稅'이다. 아래도 동일하다.

音稅 下同

② 比三代비삼대

색은 세 번 견주는 것이다. 비比는 '가까이 하다'이다. 세 번이나 가까
이 하여 효공을 만나보고 제왕의 도를 말한 것을 이른다. 比의 발음은
'피[必耳反]'이다.

比三 比者 頻也 謂頻三見孝公 言帝王之道也 比音必耳反

정의 比의 발음은 '패[必寐反]'이다. 유세하는 자가 오제五帝와 삼왕三王
의 일로써 효공에 이르도록 견주고, 삼대(하, 은, 주) 제왕의 도가 바야흐로
흥기한 것을 견주어 설명했다. 효공이 이르기를 "너무 오래되고 멀어서
나는 하지 못한다."라고 했다.

比 必寐反 說者以五帝三王之事比至孝公 以三代帝王之道方興 孝公曰太久遠
吾不能

③ 說열

색은 說의 발음은 '열悅'이다.

音悅

효공이 위앙을 등용하고 나자, 위앙은 법을 바꾸고자 했지만 천하가 자기를 비난할까 두려워했다. 위앙이 말했다.

"의심하면서 행동하면 명예가 없고 의심하면서 일하면 성공이 없습니다. 대저 고상한 사람의 행동은 진실로 세상에서 비난받고[①] 혼자만 안다고 생각하는 자는 반드시 백성에게 놀림을 당합니다.[②] 어리석은 자는 사업을 성취시키는 데 어둡고 지혜로운 자는 싹트기 전에 살핍니다. 백성은 시작을 함께 계획할 수 없지만 성취를 함께 즐길 수는 있습니다. 지극한 덕을 논하는 자는 세속과 조화되지 못하고 큰 공로를 성취한 자는 여러 사람과 계획하지 않는 것입니다. 이 때문에 성인聖人들은 진실로 강력한 국가를 만들 수 있다면 그 옛 것을 본받지 않았으며[③] 진실로 백성을 이롭게 할 수 있다면 그 예법을 따르지 않았습니다."

효공이 말했다.

"좋소."

孝公既用衛鞅 鞅欲變法 恐天下議己 衛鞅曰 疑行無名 疑事無功 且夫有高人之行者 固見非[①]於世 有獨知之慮者 必見敖於民[②] 愚者闇於成事 知者見於未萌 民不可與慮始而可與樂成 論至德者不和於俗 成大功者不謀於衆 是以聖人苟可以彊國 不法其故[③] 苟可以利民 不循其禮

孝公曰 善

① 非비

색은 《상군서》에는 '비非'가 '부負'로 되어 있다.

商君書非作負

② 必見敖於民필견오어민

《상군서》에는 '반드시 사람들에게 깔보입니다.'로 되어 있다.

商君書作必見驁於人也

정의 敖의 발음은 '오[五到反]'이다.

敖 五到反

③ 聖人苟可以彊國 不法其故성인구가이강국 불법기고

색은 폐단을 고쳐 정치하는 방법을 말한다. 진실로 강국이 될 수 있다면 모름지기 고사에서 본받는 것을 불필요로 하기 때문이다.

言救獘爲政之術 所爲苟可以彊國 則不必要須法於故事也

감룡甘龍이 말했다.①

"그렇지 않습니다. 성인은 백성의 풍습을 고치지 않고도 교화하고 지혜로운 자는 변법을 행하지 않고도 잘 다스립니다. 백성의 풍습에 따라서 교화시키면 수고하지 않아도 성공하니 (원래) 법에 연유하여 다스리는 것이야말로 관리들은 익숙해서 백성은 편안하게 됩니다."

위앙이 말했다.

"감룡이 말하는 바는 세속의 말입니다. 보통 사람들은 옛 풍속에 편안해하고 학자들은 자신이 알고 있는 것에만 빠집니다. 이 두 부류는 관직에 있으면서 법을 지키는 것은 가능하지만 법 밖의 일에 대해 함께 논할 수는 없습니다. 삼대는 예절이 동일하지 않았지만 왕도를 행했고, 오패五霸는 법이 동일하지 않았지만 패자霸者가 되었습니다. 지혜로운 자는 법을 제정하지만 어리석은 자는 법의 제약을 받습니다. 현명한 자는 예를 바꾸지만 어리석은 자는 예에 얽매입니다.②"

甘龍曰① 不然 聖人不易民而教 知者不變法而治 因民而教 不勞而成功 緣法而治者 吏習而民安之 衞鞅曰 龍之所言 世俗之言也 常人安於故俗 學者溺於所聞 以此兩者居官守法可也 非所與論於法之外也 三代不同 禮而王 五伯不同法而霸 智者作法 愚者制焉 賢者更禮 不肖者拘焉②

① 甘龍曰감룡왈

색은 효공의 신하로서 감은 성이고 용은 이름이다. 감씨는 춘추시대 감소공 왕자대王子帶 이후에 나왔다.

孝公之臣 甘姓 龍名也 甘氏出春秋時甘昭公王子帶後

② 賢者更禮 不肖者拘焉현자경례 불초자구언

색은 현명하고 지혜로운 사람은 법을 만들고 예를 바꾸지만 어리석고 불초한 자는 변통에 밝지 못해서 번번이 얽매이고 통제당해 행동하지 못하게 되니, 이것 또한 믿고 그렇게 하라는 말이다.

言賢智之人作法更禮 而愚不肖者不明變通 而輒拘制不使之行 斯亦信然矣

두지杜摯가 말했다.

"이익이 100배가 되지 않으면 법을 바꾸지 않으며 공로가 10배가 되지 않으면 기물을 바꾸지 않습니다. 옛 법에는 과오가 없으며 예를 따름에 사악함이 없습니다."

위앙이 말했다.

"세상을 다스리는데 방법은 하나가 아니며 국가를 편하게 하는 것은 옛 법만이 아닙니다. 그러므로 탕왕과 무왕은 옛 것을 따르지 않고도① 왕도를 행했고 하나라와 은나라는 예를 바꾸지 않아서 망했습니다.② 옛 것을 반대한다고 그릇된 것이 아니며, (무작정) 예를 따르더라도 부족함이 많습니다."

효공이 말했다.

"좋소."

위앙을 좌서장左庶長으로 삼았으며 마침내 변법령을 정했다.

杜摯曰 利不百 不變法 功不十 不易器 法古無過 循禮無邪 衞鞅曰 治世不一道 便國不法古 故湯武不循古①而王 夏殷不易禮而亡② 反古者不可非 而循禮者不足多 孝公曰 善 以衞鞅爲左庶長 卒定變法之令

① 循古순고

[색은] 《상군서》에는 '수고脩古'로 되어 있다.

商君書作脩古

② 夏殷不易禮而亡하은불역례이망

[색은] 은나라 주紂와 하나라 걸桀을 가리킨 것이다.

指殷紂夏桀也

백성을 십보什保와 오보伍保로 편성하여[①] 서로 규찰하고 연좌連
坐하게 한다.[②] 간악한 자를 고발하지 않는 자는 허리를 베어 죽
이고, 간악한 자를 고발한 자는 적의 수급을 벤 자와 똑같은 상
을 내린다.[③] 간악한 자를 숨겨주는 자는 적에게 항복한 자와 똑
같은 벌을 내린다.[④]

백성 중에 두 남자 이상이 있는데도 분가하지 않는 자는 세금을
배로 부과한다.[⑤] 군대에서 공로가 있는 자는 각각 율령律令[⑥]에
따라 상등의 작위를 주지만, 사사로운 일로 다투는 자는 경중에
따라 크고 작은 형을 가한다. 본업에 힘을 다하여 농사짓고 길쌈
하여 곡식과 비단을 많이 바치는 자는 그 자신의 부역을 면제한
다. (상업 등) 말단의 이익을 일삼으며 게을러서 가난한 자는 들춰
내서 처자식을 노비로 삼는다.[⑦]

종실宗室이라도 논할 만한 군공軍功이 없으면, 종실의 명부에 속
하지 못하게 한다.[⑧] 신분의 높고 낮음에 따라 작위와 녹봉의 등
급을 명확하게 하여 각각 차등을 두어 전답과 저택을 소유하게
하며 신첩과 의복은 집안에 따라 차이를 둔다.[⑨] 공이 있는 자는
영화롭게 하고 공이 없는 자는 비록 부유하더라도 호화롭지 못하
게 한다.

법령이 이미 갖추어졌지만 아직 반포하지 않았는데, 백성들
이 믿지 않을까 걱정해서, 이윽고 3장丈이 되는 나무를 수도의

저잣거리 남문南門에 세우고, 백성들을 모아 놓고 나무를 옮겨서 북문에 두는 자가 있으면 10금을 준다고 했다. 백성들은 괴상하게 생각하여 아무도 감히 옮기지 않았다.

다시 포고하여 "나무를 옮기는 자에게 50금 준다."라고 했다. 어떤 사람이 나무를 옮겨놓았는데, 즉시 50금을 주어 속임수가 아니라는 것을 밝혔다. 마침내 법령을 아래에 공포했다.

令民爲什伍[1] 而相牧司連坐[2] 不告姦者腰斬 告姦者與斬敵首同賞[3] 匿姦者與降敵同罰[4] 民有二男以上不分異者 倍其賦[5] 有軍功者 各以率[6] 受上爵 爲私鬪者 各以輕重被刑大小 僇力本業 耕織致粟帛多者復其身 事末利及怠而貧者 舉以爲收孥[7] 宗室非有軍功論 不得爲屬籍[8] 明尊卑爵秩等級 各以差次名田宅 臣妾衣服以家次[9] 有功者顯榮 無功者雖富無所芬華 令旣具 未布 恐民之不信 已乃立三丈之木於國都市南門 募民有能徙置北門者予十金 民怪之 莫敢徙 復曰 能徙者予五十金 有一人徙之 輒予五十金 以明不欺 卒下令

① 什伍십오

[색은] 유씨가 말했다. "5가는 보保가 되고 10보는 서로 연대한다."

劉氏云 五家爲保 十保相連

[정의] 혹은 10보로 하고 혹은 5보로 한다.

或爲十保 或爲五保

② 牧司連坐목사연좌

[색은] 목사牧司가 서로 규찰하고 적발하는 것을 이른다. 일가一家에 죄

가 있으면 구가九家가 연대해 들어서 적발하고 만약 규찰해 들추어내지 않으면 십가十家에 연좌시키는 것이다. 변법의 시행령이 행해지지 않을까 걱정한 까닭에 설치하여 거듭 금한 것이다.

牧司謂相糾發也 一家有罪而九家連擧發 若不糾擧 則十家連坐 恐變令不行 故設重禁

③ 告姦者與斬敵首同賞고간자여참적수동상

[색은] 살펴보니 간악한 한 사람을 고발하면 작위 1급級을 얻게 했으므로 "적의 수급을 벤 자와 똑같은 상을 내린다."라고 했다.

案 謂告姦一人則得爵一級 故云與斬敵首同賞也

④ 匿姦者與降敵同罰닉간자여항적동벌

[색은] 율律을 살펴보니 적에게 항복한 자는 그의 몸을 죽이고 그의 집을 몰수하는데 지금 간악한 자를 숨겨주는 자는 똑같은 벌에 해당한다는 말이다.

案律 降敵者誅其身 沒其家 今匿姦者 言當與之同罰也

⑤ 倍其賦배기부

[정의] 백성에게 두 아들이 있는데 따로 생활하지 않게 하는 자는 한 사람에게 세금을 배로 내게 한다.

民有二男不別爲活者 一人出兩課

⑥ 率율

[집해] 率의 발음은 '율律'이다.

音律

신주 率 자를 '율律'로 발음하면 '율령'이란 뜻이다.

⑦ 事末利~擧以爲收孥사말리~거이위수노

색은 말末은 공업과 상업을 이른다. 대개 농업과 잠업을 근본으로 하기 때문에 위에서 이르기를 '본업경직本業耕織'이라고 했다. 태怠는 게으른 것이다. 《주례》에서 '피민疲民'이라 했다. 게으르고 나태해서 일을 하지 않거나 일에 숙달했는데도 가난한 자는 규찰해 들춰내서 그 아내와 자식을 잡아다가 몰수해서 관청의 노비로 삼으니 대개 그 법은 특별히 옛날보다 무거웠다는 말이다.

末謂工商也 蓋農桑爲本 故上云本業耕織也 怠者 懈也 周禮謂之疲民 以言懈怠不事事之人而貧者 則糾擧而收錄其妻子 沒爲官奴婢 蓋其法特重於古也

⑧ 宗室非有軍功論 不得爲屬籍종실비유군공론 부득위속적

색은 종실이라도 만약 전쟁에서 공로가 없다면 종실의 명부에 들이지 못하게 하는 것을 이른다. 그 명부에서 삭제하니 비록 (종실이라도) 공로가 없으면 작위와 녹봉을 받지 못하게 한다는 말이다.

謂宗室若無軍功 則不得入屬籍 謂除其籍 則雖無功不及爵秩也

⑨ 臣妾衣服以家次신첩의복이가차

색은 각각 그 집안의 작위와 녹봉의 서열에 따르고, 또한 분수에 넘치게 사치하고 등급을 넘어서지 못하게 하는 것을 이른다.

謂各隨其家爵秩之班次 亦不使僭侈踰等也

법령이 백성에게 시행된 지 1년이 되었을 때, 진나라 백성으로 수도로 가서 처음에는 법령①이 불편하다고 말하는 자가 수천 명이었다. 그런데 태자가 법을 위반했다. 위앙이 말했다.

"법이 행해지지 않는 것은 위에서부터 범했기 때문이다."

장차 태자를 법대로 하려고 했다. 그러나 태자는 군주의 뒤를 이을 사람이라 형을 시행할 수 없으므로 태자의 대부인 공자 건虔에게 형을 적용하고 태자의 태사인 공손가公孫賈에게는 먹물 뜨는 형을 가했다. 다음 날부터 진나라 사람들은 다 법령을 따랐다.②

법령이 시행된 지 10년 만에, 진나라 백성들은 크게 흡족하여, 길에 떨어진 물건을 줍는 사람이 없었고 산에는 도적이 없었으며 집집마다 넉넉해지고 사람들은 풍족해졌다. 백성은 국가의 전쟁에 참여하여 용감했으며 사사로운 다툼이 있으면 겁을 먹었고, 향鄕과 읍邑은 크게 다스려졌다. 진나라 백성으로 처음에 법령이 불편하다고 말하던 자 중 (함양으로) 돌아와서는 법령이 편리하다고 말하는 자가 있자 위앙이 말했다.

"이들은 다 교화를 어지럽게 한 백성들이다."

그들을 다 변방의 성으로 옮기게 했다. 그 이후에 백성은 감히 법령에 대해 말하지 못했다.

令行於民朞年 秦民之國都言初令① 之不便者以千數 於是太子犯法 衞鞅曰 法之不行 自上犯之 將法太子 太子 君嗣也 不可施刑 刑其傅公子虔 黥其師公孫賈 明日 秦人皆趨令② 行之十年 秦民大說 道不拾遺 山無盜賊 家給人足 民勇於公戰 怯於私鬪 鄕邑大治 秦民初言令不便者有來言令便者 衞鞅曰 此皆亂化之民也 盡遷之於邊城 其後民莫敢議令

① 初令초령

[색은] 상앙이 새롭게 변경한 법령을 '초령'으로 삼은 것을 이른다.

謂鞅新變之法令爲初令

② 趨令추령

[색은] 趨의 발음은 '츄[七踰反]'이다. 추趨는 향하고 따라붙는 것이다.

趨音七踰反 趨者 向也 附也

이에 위앙은 대량조大良造가 되었다.① 군사를 이끌고 위魏나라 안읍安邑을 포위하여 항복을 받았다.②

3년이 지난 후, 함양에 대궐의③ 궁정을 신축하고, 진나라는 옹雍 땅에서 (함양으로) 도읍지를 옮겼다. 그리고 백성에게 영을 내려 아버지와 아들과 형과 아우가 한 집을 쓰고 안에서 휴식하는 것을 금지시켰다. 작은 향읍을 모아서 현縣으로 만들고 현령縣令과 현승縣丞을 두었는데 총 31현이다.

전답은 천맥阡陌을 열어 경계로 삼고④ 세금을 공평하게 부과하고 되와 말⑤과 저울과 자의 단위를 평준화했다.

시행한 지 4년 만에 공자 건이 다시 법령을 어겨서 코를 베는 형벌을 적용했다.

5년 만에 진나라 사람들은 부유해지고 강해졌다. 천자가 제사 지낸 고기⑥를 효공에게 내렸고 제후들은 모두 하례했다.⑦

於是以鞅爲大良造① 將兵圍魏安邑 降之② 居三年 作爲築冀闕③宮庭於

咸陽 秦自雍徙都之 而令民父子兄弟同室內息者爲禁 而集小(都)鄉邑
聚爲縣 置令丞 凡三十一縣 爲田開阡陌封彊④ 而賦稅平 平斗桶⑤權衡
丈尺 行之四年 公子虔復犯約 劓之 居五年 秦人富彊 天子致胙⑥於孝
公 諸侯畢賀⑦

① 爲大良造위대량조

색은 곧 대상조大上造로서 진나라 제16등 작위 중의 명칭이다. 지금은
'양조良造'라고 한다. 어떤 이는 뒤에 그 명칭이 변경되었을 뿐이라고 했다.
即大上造也 秦之第十六爵名也 今云良造者 或後變其名耳

② 圍魏安邑 降之위위안읍 항지

신주 이때 안읍은 위魏나라 수도이다. 나중에 혜왕이 대량으로 옮겼
다. 이는 시기적으로 다른 것으로 보아 착오일 것이며, 〈위세가〉에는 고
양固陽으로 나온다. 〈육국연표〉에도 효공 10년부터 11년까지 고양 싸움
으로 기록하고 있다. 또 혜왕이 대량으로 옮긴 것도 《사기》 기록과 다르
다. 《죽서기년》에는 혜왕 6년이라고 하였다. 진효공이 즉위하기 전이다.
이때 만약 도읍지가 아니었다 하더라도 진나라가 이렇게 깊숙이 쳐들어
왔을 가능성은 적다.

③ 冀闕기궐

색은 기궐冀闕은 곧 위궐魏闕(높은 담으로 둘러싼 대궐)이다. 기冀는 기記이
다. 교령을 내어 늘어놓고 이 문궐에서 기록을 담당했다.
冀闕即魏闕也 冀 記也 出列教令 當記於此門闕

④ 阡陌封疆천맥봉강

정의 남북을 천阡이라 하고 동서를 맥陌이라 한다. 살펴보니 역마 길과 밭두둑 길의 경계를 이른다. 疆의 발음은 '강疆'이다. 봉封은 흙을 모은 것이다. 강疆은 경계이다. 경계 상에 흙을 쌓아 기표한 것을 이른다.

南北曰阡 東西曰陌 按 謂驛塍也 疆音疆 封 聚土也 疆 界也 謂界上封記也

⑤ 桶용

집해 정현이 말했다. "桶의 발음은 '용勇'이다. 용桶은 지금의 곡斛(섬)이다."

鄭玄曰 音勇 今之斛也

색은 桶의 발음은 '통統'이다. 양을 헤아리는 그릇의 이름이다.

音統 量器名

⑥ 胙조

정의 胙의 발음은 '조[左故反]'이다.

音左故反

⑦ 天子致胙於孝公 諸侯畢賀천자치조어효공 제후필하

신주 〈육국연표〉에 따르면, 효공 20년이다. 효공 19년에는 천자가 진나라에 백白(패자)의 칭호를 내린다.

제 무덤을 판 법치

그 이듬해, 제齊나라는 위魏나라 군사를 마릉馬陵에서 무찔러 그 나라의 태자 신申을 포로로 잡고 장군 방연龐涓을 죽였다.[①]

그 이듬해, 위앙이 효공에게 말했다.

"진秦나라와 위나라는 비유컨대 사람이 배 속에 질병이 있는 것과 같습니다. 위나라가 진나라를 합병하지 않으면 진나라가 위나라를 합병해야 합니다. 왜 그러겠습니까? 위나라는 험하고 좁은 땅의 서쪽에 있고[②] 안읍安邑에 도읍하고 있으면서 진나라와 하수를 경계 삼아 홀로 산동의 이익을 독점하고 있습니다. 이익이 될 때는 서쪽으로 진나라를 침범하고 불리해지면 동쪽에서 토지를 거두어들입니다.

지금 진나라는 군주의 현명함과 성스러움에 국가가 힘을 얻어서 번성하고 있습니다. 그러나 위나라는 지난해 제나라에 대패하여 제후들이 돌아섰습니다. 이러한 때를 기회로 위나라를 정벌해야 합니다. 위나라가 진나라의 공격을 버티지 못하면 반드시 동쪽으로 이동할 것입니다. 동쪽으로 이동하게 되면 진나라는 하수河水와 산山의 견고함에 웅거하여 동쪽으로 제후들을 제압할 수 있습니다.

이것이 제왕의 대업입니다."

효공이 그럴듯하다고 여겼으며 위앙을 장군으로 삼아서 위나라를 정벌했다.

其明年 齊敗魏兵於馬陵 虜其太子申 殺將軍龐涓^① 其明年 衞鞅說孝公曰 秦之與魏 譬若人之有腹心疾 非魏并秦 秦即并魏 何者 魏居領阨之西^② 都安邑 與秦界河而獨擅山東之利 利則西侵秦 病則東收地 今以君之賢聖 國賴以盛 而魏往年大破於齊 諸侯畔之 可因此時伐魏 魏不支秦 必東徙 東徙 秦據河山之固 東鄉以制諸侯 此帝王之業也 孝公以爲然 使衞鞅將而伐魏

① 其明年~殺將軍龐涓기명년~살장군방연

신주 《사기》 기록과 달리,《죽서기년》에 의하면, 위혜왕 28년(진효공 20년)에 마릉 전투가 발발하고 이 후에 진효공이 천자에게 제사 고기를 받자 제후들이 진나라에 하례한 사건이 일어났다.

② 領阨之西영애지서

색은 아마 곧 안읍의 동쪽이며, 산령山領이 험준하고 좁은 땅이다. 곧 지금 포주蒲州의 중조中條 동쪽이며 분汾과 진晉의 험한 고개가 연결되어 있다.

蓋即安邑之東 山領險阨之地 即今蒲州之中條已東 連汾晉之嶮嶝也

이에 위나라는 공자 앙卬을 장군으로 삼아 반격했다. 군사들이 서로 대치하고 있을 때, 위앙은 위나라 장수 공자 앙에게 서신을 보내 말했다.

"나는 처음에 공자와 친하게 지냈지만, 지금은 모두 두 나라의 장수가 되어 차마 서로 공격하지 못하고 있습니다. 공자와 대면하여 서로 만난다면, 맹약하고 즐겁게 마시면서 군사들을 물려서 진나라와 위나라를 편안하게 할 것입니다."

위나라 공자 앙은 그럴 듯하다고 생각했다. 만나서 맹약하고 술을 마셨는데 위앙이 갑옷 입은 무사들을 매복시켰다가 습격하여 위나라 공자 앙을 사로잡았다. 이를 기회로 삼아 공자 앙의 군대를 공격하여 다 쳐부수고 진나라로 돌아왔다.

위혜왕은 군사가 제나라와 진나라에 자주 격파당해서 국내는 텅 비었으며 날로 국토가 줄어들자 두려움을 느끼고 사자를 시켜 하서河西 땅을 떼어 진나라에 바치며 화친하였다.[①] 그리고 위나라는 안읍安邑을 떠나서 대량大梁으로 수도를 옮겼다.[②] 양혜왕(위혜왕)이 말했다.

"과인이 공숙좌의 말을 받아들이지 않은 것이 한스럽다."

위앙이 위나라를 격파하고 돌아오자 진나라는 어於와 상商 땅[③]의 15개 읍邑에 봉하고 호를 상군商君이라 했다.

魏使公子卬將而擊之 軍旣相距 衛鞅遺魏將公子卬書曰 吾始與公子驩 今俱爲兩國將 不忍相攻 可與公子面相見 盟 樂飮而罷兵 以安秦魏 魏公子卬以爲然 會盟已 飮 而衛鞅伏甲士而襲虜魏公子卬 因攻其軍 盡破之以歸秦 魏惠王兵數破於齊秦 國內空 日以削 恐 乃使使割河西之

> 地獻於秦以和^① 而魏遂去安邑 徙都大梁^② 梁惠王曰 寡人恨不用公叔
> 座之言也 衞鞅既破魏還 秦封之於商^③十五邑 號爲商君

① 割河西之地獻於秦以和할하서지지헌어진이화

신주 위나라가 하서 땅을 진나라에 바친 것은 효공의 뒤를 이은 혜문왕
때이다. 〈육국연표〉에는 혜문왕 6년에 음진陰晉을 바쳤고, 8년에 하서 땅
을 진나라에 바쳤다.

② 徙都大梁사도대량

색은 《죽서기년》에서 "양혜왕 29년에 진나라 위앙이 양나라 서쪽 변
두리를 정벌했다."라고 했으니 대량으로 옮긴 것은 혜왕 29년이다.

紀年曰 梁惠王二十九年 秦衞鞅伐梁西鄙 則徙大梁在惠王之二十九年也

정의 포주 안읍으로부터 변주의 준의浚儀로 옮긴 것이다.

從蒲州安邑徙汴州浚儀也

신주 위나라가 대량으로 도읍을 옮긴 시기는 《사기》에서는 혜왕 31년
에, 《죽서기년》에서는 혜왕 6년에 옮겼다고 기록하고 있다. 《죽서기년》
의 기록이 학자들이 여러 고증을 통하여 사실에 근접한다고 주장하고
있다. 〈위세가〉에서 마릉 전투 때 태자가 출전한 경로를 보더라도 그러한
정황이 보인다. 따라서 색은 의 주석은 재고되야 한다.

③ 於商어상

집해 서광이 말했다. "홍농군 상현이다."

徐廣曰 弘農商縣也

색은 어와 상 땅은 2개의 현 이름이다. 홍농군에 있다. 《죽서기년》에서 진나라에서 상앙을 봉한 것은 위혜왕 30년에 있었으니, 이곳의 문장과 부합한다.

於商 二縣名 在弘農 紀年云秦封鞅在惠王三十年 與此文合

정의 어와 상 땅은 등주鄧州 내향현 동쪽 7리에 있는데 옛날의 어읍이다. 상락현商洛縣은 상주商州 동쪽 89리에 있는데 본래 상읍이며 주나라 상국商國이다. 살펴보니 15개 읍은 이 두 읍에 가까웠다.

於商在鄧州內鄕縣東七里 古於邑也 商洛縣在商州東八十九里 本商邑 周之商國 案 十五邑近此(三)〔二〕邑

신주 어와 상 땅은 관중關中 남쪽 관문인 무관武關(섬서성 상락시 단봉현) 일대이다.

상군이 진나라 재상이 된 지 10년이 되었는데,[①] 종실의 귀척貴戚 중에 (상군을) 원망하는 자가 많았다. 조량趙良이 상군을 만났는데 상군이 말했다.

"제가 그대를 만나게 된 것은 맹란고孟蘭皋[②] 덕분인데, 지금 제가 교제를 청해도 되겠습니까?"

조량이 말했다.

"저는 감히 원하지 않습니다. 공구孔丘께서 하신 말씀에 '어진 이를 추대하여 받드는 자는 나아가게 되고 불초不肖한 자를 모아서 왕도를 행하는 자는 물러나게 된다.'라고 했습니다. 저는 불초한 사람이므로 감히 명을 받들지 못하겠습니다. 제가 듣기에 '자신의 자리가 아닌데도 차지하는 것은 지위를 탐한다고 하고 그 명성이 없는데도 명성이 있는 것은 명성을 탐한다.'라고 했습니다. 제가 상군께서 의義에 대해 말한 것을 듣고서 제가 지위를 탐하고 명성을 탐내게 될까 두렵습니다. 그러므로 감히 명을 받지 못하겠습니다."

상군이 말했다.

"그대는 내가 진나라를 다스리는 일이 기쁘지 아니합니까?③"

조량이 말했다.

"돌이켜서 경청하는 것을 귀가 밝다고 하고, 내면을 살피는 것을 눈이 밝다고 하며, 자신을 극복하는 것을 강하다고 합니다.④ 순임금이 하신 말씀에 '스스로 낮추는 것은 높이는 것이다.'라고 했습니다. 상군께서 우순의 도를 말하지 않으시려거든 저에게 묻지 마십시오."

商君相秦十年① 宗室貴戚多怨望者 趙良見商君 商君曰 鞅之得見也 從孟蘭皐② 今鞅請得交 可乎 趙良曰 僕弗敢願也 孔丘有言曰 推賢而戴者進 聚不肖而王者退 僕不肖 故不敢受命 僕聞之曰 非其位而居之曰貪位 非其名而有之曰貪名 僕聽君之義 則恐僕貪位貪名也 故不敢聞命 商君曰 子不說吾治秦與③ 趙良曰 反聽之謂聰 內視之謂明 自勝之謂彊④ 虞舜有言曰 自卑也尚矣 君不若道虞舜之道 無爲問僕矣

① 商君相秦十年상군상진십년

[색은] 《전국책》에는 효공이 상군의 법을 시행한 지 18년 만에 죽었다고 했는데 이곳의 문장과 동일하지 않다. 살펴보니 이곳에서 곧 이르기를

'진나라의 재상이 된 지 10년'이라 했을 뿐이고 《전국책》에는 '상군의 법을 시행한 지 18년'이라고 하였으니 그가 재상이 되기 이전의 햇수를 이어서 말한 것일 뿐이다.

戰國策云孝公行商君法十八年而死 與此文不同者 案此直云相秦十年耳 而戰國策乃云行商君法十八年 蓋連其未作相之年耳

② 孟蘭皐맹란고

색은 맹란고는 사람의 성명이다. 상앙은 지난날 맹란고로 인해서 조량과 서로 만나게 되었다는 말이다.

孟蘭皐 人姓名也 言鞅前因蘭皐得與趙良相見也

③ 子不說吾治秦與자불열오치진여

색은 說의 발음은 '열悅'이고 與의 발음은 '여予'이다.

說音悅 與音予

④ 自勝之謂彊자승지위강

색은 겸손하고 공경함을 지키는 사람은 자신을 이기니, 이와 같이 하여야 강강이 된다는 것을 이른다. 만약 명성을 다투어 승리하게 되면, 이것은 강한 도가 아니라는 것이다.

謂守謙敬之人是爲自勝 若是者乃爲强 若爭名得勝 此非强之道

상군이 말했다.

"처음에 진나라는 융적戎翟의 가르침을 받아서 아버지와 아들의 분별이 없이 같은 방에서 살았습니다. 지금은 제가 융적의 가르침을 다시 바로잡았으며 그들에게 남자와 여자의 분별이 있게 했고 큰 대궐을 지었으며 노나라와 위衛나라처럼 경영했습니다. 그대는 내가 진나라를 다스린 것을 살펴보았는데, 오고대부五羖大夫(백리해)와 비교할 때 누가 더 현명합니까?"

조량이 대답했다.

"1,000마리 양의 가죽은 1마리 여우의 겨드랑이 털보다 못하고, 1,000명의 말을 듣는 것은 한 사인의 곧은 말보다 못합니다. 무왕은 곧은 말을 들어서 번창했고 은나라 주紂는 아무 말도 듣지 않아 망했습니다.[1] 상군께서 무왕이 그르지 않다고 여긴다면 제가 종일토록 바른말을 청하여도 죽이지 않을 것입니까?"

상군이 말했다.

"속담에 이런 말이 있습니다. 겉치레만 하는 말은 화려하고 이치에 맞는 말은 진실하고 쓰디쓴 말은 약이 되고 달콤한 말은 병이 된다고 했습니다. 무릇 그대가 과연 종일토록 바른말을 기꺼이 한다면 저의 약입니다. 저는 장차 그대를 섬길 것인데, 그대는 또 어찌 사양하는 것입니까?"

商君曰 始秦戎翟之教 父子無別 同室而居 今我更制其教 而爲其男女之別 大築冀闕 營如魯衛矣 子觀我治秦也 孰與五羖大夫賢 趙良曰 千羊之皮 不如一狐之掖 千人之諾諾 不如一士之諤諤 武王諤諤以昌 殷紂墨墨以亡[1] 君若不非武王乎 則僕請終日正言而無誅 可乎 商君曰 語

有之矣 貌言華也 至言實也 苦言藥也 甘言疾也 夫子果肯終日正言 鞅
之藥也 鞅將事子 子又何辭焉

① 殷紂墨墨以亡은주묵묵이망

정의 은나라 주紂를 상군에 비교한 것이다.

以殷紂比商君

조량이 말했다.

"오고대부는 초나라 시골 사람입니다.① 진목공秦繆公이 현명하다는 말을 듣고 만나보기를 바랐습니다. 길은 가는데 돈이 없어서 자신을 진나라 객客에게 팔아서 베옷을 입고 소에게 밥을 먹였 먹였습니다. 1년 만에 목공은 (오고대부를) 알아차렸습니다. 소에게 밥을 먹이는 비천한 신분인 오고대부를 등용하여 백성의 위에 올려놓았지만 진나라에서는 감히 원망하는 자가 없었습니다.

(오고대부가) 진나라에서 재상을 지낸 지 6~7년이 되고 동쪽으로 가서 정鄭나라를 정벌했으며 세 번이나 진晉나라 군주를 세워주었고② 한 번은 초나라를 화란禍亂에서 구해주었습니다.③ 봉지 안을 교화시키자 파인巴人이 조공을 바치고 제후들에게 덕을 베푸니 팔방의 융족이 와서 복종했습니다. 유여由余가 소문을 듣고 관문을 두드리고④ 만나보기를 청했습니다.

오고대부가 진나라 재상이 되어서는 수고스러워도 수레에

앉지 않았고 더워도 양산을 펴지 않았으며, 나라 안을 다닐 때 따르는 수레를 없게 하고 방패와 창을 든 무사를 부리지 않았으며, 공명功名의 명부는 창고에 두었는데도 덕행은 후세에 베풀어졌습니다. 오고대부가 죽자 진나라 남녀는 눈물[5]을 흘렸으며, 어린아이는 노래를 부르지 않았고 절구를 찧는 자는 절구질 소리를 내지 않았습니다.[6] 이는 오고대부의 덕입니다.

趙良曰 夫五羖大夫 荊之鄙人也[1] 聞秦繆公之賢而願望見 行而無資 自粥於秦客 被褐食牛 期年 繆公知之 擧之牛口之下 而加之百姓之上 秦國莫敢望焉 相秦六七年 而東伐鄭 三置晉國之君[2] 一救荊國之禍[3] 發教封內 而巴人致貢 施德諸侯 而八戎來服 由余聞之 款[4]關請見 五羖大夫之相秦也 勞不坐乘 暑不張蓋 行於國中 不從車乘 不操干戈 功名藏於府庫 德行施於後世 五羖大夫死 秦國男女流涕[5] 童子不歌謠 舂者不相杵[6] 此五羖大夫之德也

① 五羖大夫 荊之鄙人也오고대부 형지비인야

정의 백리해는 남양군 완宛 땅 사람이다. 초나라에 소속되었기 때문에 형荊이라고 일컬었다.

百里奚 南陽宛人 屬楚 故云荊

신주 〈진세가〉에는 우虞나라 사람이라고 했다. 백리해는 백리씨百里氏이고 이름이 해奚인데, 춘추 때 지금의 산서성 평륙平陸 북쪽인 우국虞國 사람이다. 진목공秦穆公의 현신이 되어 진이 강국이 되는데 크게 기여했다.

② 三置晉國之君삼치진국지군

색은 진晉나라 혜공惠公, 회공懷公, 문공文公을 세운 것을 이른다.

謂立晉惠公懷公文公也

③ 一救荊國之禍일구형국지화

색은 〈십이제후연표〉를 살펴보니 목공 28년에 진晉나라에서 회합하고

초나라를 구원하고 주나라에 조회한 것이 이것이다.

案(六國)〔十二諸侯〕年表 穆公二十八年會晉 救楚 朝周是也

④ 款관

집해 위소는 "관款은 두드리는 것이다."

韋昭曰 款 叩也

⑤ 涕체

정의 涕의 발음은 '체體'이다.

音體

⑥ 舂者不相杵용자불상저

집해 정현이 말했다. "상相은 절구질 소리를 내는 것을 말하며, 소리내

는 것을 가지고 스스로 권장하는 것이다."

鄭玄曰 相謂送杵聲 以聲音自勸也

지금 상군께서는 진왕을 알현할 때 주로 총애 받는 사람 경감을 통해서 군주를 만난 것이니 명예로운 방법이 아닙니다. 진나라 재상이 되어서는 백성을 위하는 사업을 하지 않고 대궐을 크게 지었으니 공로가 되는 것도 아닙니다. 태자의 사부에게 먹물 뜨는 형을 내리고 준엄한 형벌로 백성을 잔인하게 해쳤으니 이것은 원한을 쌓고 재앙을 기른 것입니다. 그대의 가르침(법)을 백성들은 군주의 명보다 더 깊게 따르고[1] 백성들이 위(상앙)를 본받는 것은 군주의 영보다도 빠릅니다.[2]

지금 상군께서는 잘못된 방법으로 권위를 세우고 군주의 명령을 밖에서 바꾸니 가르치는 적절한 방법이 아닙니다.[3] 상군께서는 또 남면南面하여 과인寡人이라고 칭하고 날마다 진나라 귀공자들을 바로잡고 있습니다.

시에 이르기를 '쥐를 보아도 몸체가 있거늘 사람이 예가 없네. 사람으로 예가 없으면 어찌 일찍 죽지 않으리.'라고 했는데, 이 시로써 살펴보면 수명대로 살 수 있는 방법이 아닙니다. 공자 건은 두문불출한 지 이미 8년입니다. 상군께서 또 축환祝懽을 죽이고 공손가를 먹물뜨는 형에 처했습니다. 시에 이르기를 '사람을 얻은 자는 흥성하고 사람은 잃은 자는 무너지네.'라고 했습니다. 이 몇 가지 일들은 사람을 얻는 방법이 아닙니다.

今君之見秦王也 因嬖人景監以爲主 非所以爲名也 相秦不以百姓爲事 而大築冀闕 非所以爲功也 刑黥太子之師傅 殘傷民以駿刑 是積怨畜 禍也 教之化民也深於命[1] 民之效上也捷於令[2] 今君又左建外易 非所 以爲教也[3] 君又南面而稱寡人 日繩秦之貴公子 詩曰 相鼠有體 人而無

禮 人而無禮 何不遄死 以詩觀之 非所以爲壽也 公子虔杜門不出已八
年矣 君又殺祝懽而黥公孫賈 詩曰 得人者興 失人者崩 此數事者 非所
以得人也

① 敎之化民也深於命교지화민야심어명

색은 유씨가 말했다. "교敎는 상앙의 법령을 이른다. 명命은 진나라 군
주의 명을 이른다. 사람들이 상앙을 두려워하는 것이 진나라 군주보다
심하다는 말이다."

劉氏云 敎謂商鞅之令也 命謂秦君之命也 言人畏鞅甚於秦君

② 效上也捷於令효상야첩어령

색은 상上은 상앙의 처분을 이른다. 영슈은 진나라 군주의 영을 이른다.

上謂鞅之處分 今謂秦君之令

③ 左建外易 非所以爲敎也좌건외역 비소이위교야

색은 좌건左建은 잘못된 도로써 권위를 세우는 것을 이른다. 외역外易
은 밖에 있으면서 군주의 명을 바꾸는 것을 이른다.

左建謂以左道建立威權也 外易謂在外革易君命也

상군께서 출타할 때는 뒤따르는 수레가 십여 대인데 따르는 수레에 갑옷으로 무장한 사람을 태우고, 힘이 센 자를 갈비뼈가 서로 연결된 것처럼 참승시키며, 긴 창을 잡고 가지창[1]과 갈고리 창을 휘두르는 자[2]들은 수레 곁에 따라오게 했습니다. 여기에서 하나의 물건이라도 갖추어지지 않으면 상군께서는 참으로 출타하지 않습니다.

《상서》에 이르기를 '덕을 믿는 자는 창성하고 힘을 믿는 자는 망한다.[3]'라고 했습니다. 상군의 위태로움이 아침이슬과 같은데 여전히 수명을 늘려 오래 살고 싶으십니까? 그렇다면 어찌 15개 도읍[4]을 돌려주고 시골에서 밭에 물이나 주며 살지않습니까? 진왕秦王에게 숨어 사는 사인을 기용하고 노인을 봉양하고, 외로운 이를 돌보며 부모와 형제를 공경하고, 공로가 있는 자를 차례대로 발탁하며 덕이 있는 이를 높이도록 권한다면 조금 편안하게 될 것입니다.

상군께서 여전히 상과 어 땅의 부를 탐하고 진나라에서 시행한 교육(법)을 영예로 여긴다면 백성의 원한은 쌓일 것입니다. 진왕秦王이 하루아침에 빈객을 버려서 조정에 서지 못하게 하면[5] 진나라에서 상군을 잡으려는 사람이 어찌 적다고 하겠습니까?[6] (상군께서) 망하는 것은 발꿈치를 들고도 기다릴 수 있을 것입니다.”

상군은 따르지 않았다.

君之出也 後車十數 從車載甲 多力而駢脅者爲驂乘 持矛而操闟[1] 戟者[2]旁車而趨 此一物不具 君固不出 書曰 恃德者昌 恃力者亡[3] 君之危若朝露 尚將欲延年益壽乎 則何不歸十五都[4] 灌園於鄙 勸秦王顯巖穴

之士 養老存孤 敬父兄 序有功 尊有德 可以少安 君尙將貪商於之富 寵
秦國之敎 畜百姓之怨 秦王一旦捐賓客而不立朝⑤ 秦國之所以收君者
豈其微哉⑥ 亡可翹足而待 商君弗從

① 闟흡

집해 闟의 발음은 '습[所及反]'이다.

所及反

신주 흡은 의례용 가지창이다.

② 持矛而操闟戟者지모이조흡극자

집해 서광이 말했다. "다른 판본에는 '요鐐'로 되어 있다. 굴로屈盧의
굳센 창과 간장干將의 웅극雄戟이다."

徐廣曰 一作鐐 屈盧之勁矛 干將之雄戟

색은 흡闟은 또한 '삽鈒'으로 되어 있다. 闟의 발음은 '습[所及反]'과 같
다. 추탄생은 '탑[吐臘反]'으로 발음한다고 했다. 鐐의 발음은 '요遼'이고
屈의 발음은 '굴[九勿反]'이다. 살펴보니 굴로와 간장은 모두 옛날에 뛰어
난 장인으로 모극矛戟을 제조하는 자의 이름이다.

闟 亦作鈒 同所及反 鄒誕音吐臘反 鐐音遼 屈音九勿反 按 屈盧干將竝古良匠
造矛戟者名

정의 고야왕은 '연鋋'(작은 창)이라 했다. 《방언》에서 말한다. "모矛는
오, 양, 강, 회, 남초, 오호 사이에서는 연鋋이라고 이른다. 그것의 자루를
궁矜이라고 이른다." 《이아》〈석명〉에서 말한다. "극戟은 갈고리 가지창
이다. 곁에 가지가 있다."

顧野王云 鋌也 方言云 矛 吳揚江淮南楚五湖之間謂之鋌 其柄謂之矜 釋名云
戟 格也 旁有格

③ 恃德者昌 恃力者亡시덕자창 시력자망

[색은] 이것은 《상서》〈주서〉에 있는 말이며 공자께서 깎아낸 나머지이다.
此是周書之言 孔子所刪之餘

④ 十五都십오도

[색은] 위앙을 봉한 상과 어 땅의 2개 현으로 봉국을 삼았는데 그 안에
는 모두 15개의 도읍이 있기 때문에 조량이 권해서 돌려주게 했다.
衞鞅所封商於二縣以爲國 其中凡有十五都 故趙良勸令歸之

[정의] 공손앙公孫鞅은 상, 어 땅의 15개 읍에 봉해졌으므로 '15도'라고
이른다.
公孫鞅封商於十五邑 故云十五都

⑤ 秦王一旦捐賓客而不立朝진왕일단연빈객이불립조

[신주] 진왕은 '진공秦公'이라 해야 한다. 빈객은 곧 상앙을 가리키며, 빈
객을 버린다는 것은 효공이 죽는 것을 가리킨다.

⑥ 豈其微哉기기미재

[색은] 상앙이 진나라에 인은仁恩을 베푼 것이 없기 때문에 진나라에서
장차 상앙을 붙잡으려고 하는 그 징조가 매우 분명하였으므로 그래서
'어찌 적다고 하겠습니까?'라고 한 것이다.
謂鞅於秦無仁恩 故秦國之所以將收錄鞅者其效甚明 故云豈其微哉

5개월 뒤에 진나라 효공이 죽고 태자가 즉위했다. 공자 건의 무리가 상군이 반역하려 한다고 고변하자 관리를 보내서 상군을 체포하게 했다. 상군은 도망하여 관하關下에 이르러서 그곳의 객사에서 묵으려고 했다. 객사 사람은 그가 상군이라는 것을 모르고 말했다.

"상군의 법에 객사에 묵는 사람이 증명서가 없으면 법에 걸립니다."

상군은 한숨을 쉬며 탄식하여 말했다.

"아아, 법을 만든 폐해가 한결같이 여기까지 이르렀구나!"

진나라를 떠나 위魏나라로 갔다. 위나라 사람들은 그가 공자 앙을 속여서 위나라 군사들을 격파한 것에 원한을 가져서 받아들이지 않았다. 상군이 다른 나라로 가고자 하자 위나라 사람들이 말했다.

"상군은 진나라의 도적이다. 진나라가 강성할 때 위나라에 들어와서 도적질을 했다. 돌려보내지 않는 것은 옳지 않다."

마침내 진나라로 들여보냈다. 상군이 다시 진나라로 들어가고 나서 상읍으로 달아났다.[①] 그의 무리들과 더불어 상읍의 병사들을 징발하여 북쪽 정鄭 땅[②]으로 출격했다. 진나라는 군사를 일으켜 상군을 공격해 정鄭(한나라)의 민지黽池 땅[③]에서 죽였다. 진나라 혜왕惠王은 상군을 거열형에 처하고 조리돌리면서 말했다.

"상앙처럼 반역하지 말라."

마침내 상군의 집안까지 멸했다.

後五月而秦孝公卒 太子立 公子虔之徒告商君欲反 發吏捕商君 商君亡至關下 欲舍客舍 客人不知其是商君也 曰 商君之法 舍人無驗者坐之 商君喟然歎曰 嗟乎 爲法之敝一至此哉 去之魏 魏人怨其欺公子卬

而破魏師 弗受 商君欲之他國 魏人曰 商君 秦之賊 秦彊而賊入魏 弗歸
不可 遂內秦 商君旣復入秦 走商邑^① 與其徒屬發邑兵北出擊鄭^② 秦發
兵攻商君 殺之於鄭黽池^③ 秦惠王車裂商君以徇 曰 莫如商鞅反者 遂滅
商君之家

① 走商邑주상읍

[색은] 走의 발음은 '주奏'이다. 주走는 향하는 것이다.

走音奏 走 向也

② 北出擊鄭북출격정

[집해] 서광이 말했다. "경조윤京兆尹 정현鄭縣이다."

徐廣曰 京兆鄭縣也

[색은] 〈지리지〉에는 경조윤에 정현이 있다. 〈진본기〉에는 "처음 두杜와
정鄭에 현을 두었다."라고 했다. 그 땅을 살펴보니 곧 정나라 환공桓公 우
友가 봉해진 곳이었다.

地理志京兆有鄭縣 秦本紀云初縣杜鄭 按其地是鄭桓公友之所封

[신주] 이곳이 원래 정나라가 봉해진 땅인데, 나중에 낙양 동쪽으로 옮
겼다.

③ 鄭黽池정민지

[집해] 서광이 말했다. "민黽은 어떤 판본에는 '팽彭'으로 되어 있다."

徐廣曰 黽 或作彭

[색은] 정鄭나라 민지黽池인데 당시 민지는 정鄭나라에 속했기 때문이다.

그런데 서광이 "민은 어떤 판본에는 팽彭으로 되어 있다."라고 해서 살펴보니 《염철론》에 "상군은 팽지彭池에서 곤궁해졌다."라고 했기 때문이다. 黽의 발음은 '민[亡忍反]'이다.

鄭黽池者 時黽池屬鄭故也 而徐廣云黽或作彭者 按鹽鐵論云商君困於彭池故也 黽音亡忍反

[정의] 민지는 정鄭에서의 거리가 300리이니, 대개 진나라 군사가 정鄭에 이르러 상읍商邑의 군사를 쳐부수자 상군이 동쪽으로 달아나 민黽에 이르러서 이에 사로잡혀 죽은 것이리라.

黽池去鄭三百里 蓋秦兵至鄭破商邑兵 而商君東走至黽 乃擒殺之

[신주] 黽의 대표 발음인 '맹'으로 읽으면 맹꽁이를 뜻한다. 黽의 발음은 주로 '면'으로 읽고 '민'으로도 읽는데 고을 이름을 뜻한다. 이때 정나라는 이미 정나라를 합병한 한韓나라를 말한다.

태사공은 말한다.

상군은 참으로 타고난 자질이 각박한 사람이다.[①] 그가 진나라 효공에게 제왕의 술법으로 벼슬을 구하고자 한 자취는 헛된 말에 의지한 것이지 그 본질은 아니었다.[②] 또 총애받는 신하를 통해서였는데 등용되어서는 공자 건을 처벌하고 위나라 장수 앙을 속였으며 조량의 충고를 본받지 않았으니 또한 상군이 남에게 베푸는 은혜가 적다는 것을 드러내 밝히기에 충분하다. 나는 일찍이 《상군서》〈개색〉과 〈경전〉의 글을 읽었는데, 그 사람이 행한 일과 서로 비슷했다.[③] 마침내 진나라에서 악명을 받은 것은 이유가 있을 것이로다![4]

太史公曰 商君 其天資刻薄人也[1] 跡其欲干孝公以帝王術 挾持浮說 非

其質矣[2] 且所因由嬖臣 及得用 刑公子虔 欺魏將卬 不師趙良之言 亦

足發明商君之少恩矣 余嘗讀商君開塞耕戰書 與其人行事相類[3] 卒受

惡名於秦 有以也夫[4]

① 天資刻薄人也천자각박인야

[색은] 타고난 자질이 그 사람에게 각박한 행동을 하게 했다는 것을 이른다. 각刻은 형벌을 사용함이 심각한 것이고 박薄은 인의를 버린 것으로, 정성스럽지 못한 것을 이른다.

謂天資其人爲刻薄之行 刻謂用刑深刻 薄謂棄仁義 不悃誠也

② 挾持浮說 非其質矣협지부설 비기질의

[색은] 說은 통상의 글자대로 발음한다. 부설浮說은 곧 헛된 말이다. 상앙이 등용되고 나서 형벌과 정사가 심각한 것을 이른다. 또 위나라 장수를 속였다. 이는 그의 타고난 자질이 스스로 엿보고 속이는 것에 있음으로 처음 효공에게 논한 제왕의 술법은 헛된 말일 뿐이고 본성이 아니라는 것이다.

說音如字 浮說即虛說也 謂鞅得用 刑政深刻 又欺魏將 是其天資自有狙詐 則初爲孝公論帝王之術 是浮說耳 非本性也

③ 行事相類행사상류

[색은] 《상군서》를 살펴보니 개開란 형이 준엄하면 정치와 교화가 열리

는 것[開]이라고 했고 색塞이란 은혜와 상을 펴면 정치와 교화가 닫히는 것[塞]이라고 했다. 그의 뜻은 엄한 형벌과 적은 은혜에 근본이 있다. 또 전답의 천맥阡陌을 여는 것과 적의 수급을 베면 작위를 하사한다고 말한 것은 〈경전耕戰〉의 글이다.

按商君書 開謂刑嚴峻則政化開 塞謂布恩賞則政化塞 其意本於嚴刑少恩 又爲田開阡陌 及言斬敵首賜爵 是耕戰書也

④ 卒受惡名於秦 有以也夫졸수악명어진 유이야부

집해 《신서》에서 논하여 말한다. “진효공은 견고한 효산과 함곡관에 의지하여 옹주雍州의 땅을 넓힌 까닭에 동쪽으로 하서河西를 아우르고 북쪽으로는 상군上郡을 거두었다. 국가는 부유하고 군사는 강하여 제후에서 으뜸이 되어 주나라 왕실에서 제사지낸 고기를 보내니 사방에서 와서 하례했다. 이에 전국 시대의 패군霸君이 되어 진나라는 마침내 강성해지고 6대 동안 제후들을 병탄했는데 또한 모두 상군商君의 계책이었다.

대저 상군이 자신의 목숨을 바치고 두 마음이 없었으며 공적인 것을 극진히 다하고 사사로운 것을 돌아보지 않았다. 이에 백성으로 하여금 안으로는 농사를 짓고 길쌈을 하는 사업을 우선적으로 해서 국가를 부유하게 했다. 밖으로는 싸우고 정벌할 때 상을 주는 것을 중요하게 여겨 군사들을 권장했다. 법령은 반드시 시행되게 하면서 안으로는 귀하고 총애 받는 자에게 아부하지 않았고 밖으로는 소원하다고 치우치게 대우하지 않았다. 이 때문에 명령이 행해지면 곧 금지되었고 법이 나오면 간사한 것은 사그라졌다.

그러므로 비록 《상서》에서 ‘치우침이 없고 편드는 것이 없다.’라고 했고, 《시경》에서 ‘주나라 가는 길 숫돌처럼 평평하고 곧기는 화살과 같네.'라고 했으며, 《사마병법》에서는 군사를 격려했고 주나라 후직后稷은 농업을 권장했는데 이러한 것으로 바꾼 것은 없었다. 이로써 제후들을 병합할 수 있었다. 그러므로 손경孫卿은 '4대에 걸쳐 승리했다면 요행이 아니고 당연한 이치.'라고 했다.

그러나 믿음이 없어서 제후들은 두려워만 했지 친하지는 않았다. 대저 패군霸君은 제환공과 진문공 같은 자인데, 제환공은 가柯 땅의 맹세를 배신하지 않았고 진문공은 원原 땅의 기약을 저버리지 않으니 제후들은 그 강한 것을 두려워하면서도 가까이하고 믿었다. 망한 나라를 다시 보존해주고 끊어진 후사를 잇게 해주니 사방이 귀의했는데, 이것은 관중管仲과 구범舅犯의 계책이었다.

지금 상군은 공자 앙卬의 옛 은혜를 배신하고 위魏나라와 교제할 때 밝은 믿음을 버리고 속임수로 삼군三軍의 군대를 취했다. 그러므로 제후들이 그 강한 것을 두려워하면서도 가까이하여 믿지 않았다.

가령 효공이 제환공과 진문공을 만났다고 하더라도 제후를 통솔하는 장수를 얻고 제후의 군君(세자)와 합하여 천하의 군사를 몰아서 진나라를 정벌했을 것이니 진나라는 곧 망했을 것이다. 천하에는 환공과 문공 같은 군주가 없었기 때문에 진나라가 제후를 겸병할 수 있었다. 위앙이 처음 스스로 패왕霸王의 덕을 알았다고 여기더라도 그 일의 근원을 깨우치지는 못했다.

옛날 주공周公과 소공召公이 선정을 베풀었으니 그들이 죽음에 이르자 후세 사람들이 사모해서 '무성한 감당나무(를 자르지 말라. 소백께서 쉬셨던 곳이니라)'라는 시가 있는 것이 이것이다. 일찍이 나무 아래에 머무른 까닭에 후세에 그의 덕을 사모하여 차마 그 나무를 베지 못했는데, 하물며 그 자신을 해치겠는가? 관중은 백씨伯氏의 읍 300호를 빼앗았는데도 원망하는 말이 없었다.

지금 위앙이 안으로는 도거刀鋸의 형을 각박하게 시행하고 밖으로는 부월鈇鉞로 죽이는 것을 심하게 시행해 '보과육척자步過六尺者(토지면적을 속이는 자)'를 처벌하고 재를 길에 버린 자를 형벌에 처했으며, 하루는 위수渭水에 가서 죄수 700여 명을 논죄해서 처형하여 위수의 물이 붉게 되었고 통곡하는 소리가 하늘과 땅에 진동했다. 원한이 쌓인 것이 언덕과 산에 비교되니 도망쳐 숨을 곳이 없고 돌아가도 받아들일 곳이 없어서 자신은 죽어서 거열형을 받고 일족이 멸족해 성씨까지 없어졌는데, 그것은 패왕霸王을 보좌하는 것과는 너무 동떨어진 것이다.

그러나 혜왕이 그를 죽인 것은 또한 잘못이고 보좌할 만하면 등용해야 했다. 위앙으로 하여금 너그럽고 공평한 법을 베풀고 은혜를 더하며 민음을 펴게 했다면, 패자를 거의 보좌할 수 있었을 것이다!"

新序論曰 秦孝公保崤函之固 以廣雍州之地 東并河西 北收上郡 國富兵彊 長雄諸侯 周室歸籍 四方來賀 爲戰國霸君 秦遂以彊 六世而并諸侯 亦皆商君之謀也 夫商君極身無二慮 盡公不顧私 使民內急耕織之業以富國 外重戰伐之賞 以勸戎士 法令必行 內不阿貴寵 外不偏疏遠 是以令行而禁止 法出而姦息 故雖書云 無偏無黨 詩云 周道如砥 其直如矢 司馬法之勵戎士 周后稷之勸農業 無以易此 此所以并諸侯也 故孫卿曰 四世有勝 非幸也 數也 然無信 諸侯畏而不親 夫霸君若齊桓晉文者 桓不倍柯之盟 文不負原之期 而諸侯畏其彊而親信之 存亡繼絕 四方歸之 此管仲舅犯之謀也 今商君倍公子卬之舊恩 棄交魏之明信 詐取三軍之衆 故諸侯畏其彊而不親信也 藉使孝公遇齊桓晉文 得諸侯之統將 合諸侯之君 驅天下之兵以伐 秦則亡矣 天下無桓文之君 故秦得以兼諸侯 衛鞅始自以爲知霸王之德 原其事不諭也 昔周召施善政 及其死也 後世思之 蔽芾甘棠 之詩是也 嘗舍於樹下 後世思其德不忍伐其樹 況害其身乎 管仲奪伯氏

邑三百戶 無怨言 今衛鞅內刻刀鋸之刑 外深鈇鉞之誅 步過六尺者有罰 棄灰於
道者被刑 一日臨渭而論囚七百餘人 渭水盡赤 號哭之聲動於天地 畜怨積讎比
於丘山 所逃莫之隱 所歸莫之容 身死車裂 滅族無姓 其去霸王之佐亦遠矣 然
惠王殺之亦非也 可輔而用也 使衛鞅施寬平之法 加之以恩 申之以信 庶幾霸者
之佐哉

色은 《신서》는 곧 유흠이 찬술한 것이며 그 안에서 상군을 논한 까닭
에 배인이 인용한 것이다. 籍(가령 자)의 발음은 '조胙'이고 글자는 '조胙(제
사 고기 조)'가 되어야 합당한데 잘못하여 '자籍'가 되었을 뿐이다. 살펴보
니 〈진본기〉에 "주나라는 문왕과 무왕을 제사 지낸 고기를 효공에게 보
냈다."라고 한 것이 이것이다. 《설원》에서 "진나라 법에 재[灰]를 길에 버
리는 자는 형을 받는다."라고 한 것이 곧 그 일이다.

新序是劉歆所撰 其中論商君 故裴氏引之 籍音胙 字合作胙 誤爲籍耳 按 本紀
周歸文武胙於孝公者 是也 說苑云秦法 棄灰於道者刑 是其事也

色은술찬 사마정이 펼쳐서 밝히다.

위앙이 진나라로 들어가자 경감이 인연을 맺어 주었다. 왕도는 쓰지 않
고 패도의 술법과 친함을 보였다. 정치는 반드시 고쳤지만 예가 어찌 이
를 따랐겠는가? 이미 위나라 장수를 속였고 또한 진나라 사람에게 원한
을 샀다. 어찌하여 법을 만들어 도리어 객사의 손님도 되지 못해쓴가.

衛鞅入秦 景監是因 王道不用 霸術見親 政必改革 禮豈因循 既欺魏將 亦怨秦
人 如何作法 逆旅不賓

사기 제69권 史記卷六十九

소진열전 蘇秦列傳

사기 제69권 소진열전 제9

史記卷六十九　蘇秦列傳第九

신주 본 열전은 전국시대 중기를 주름잡은 변설가 소진蘇秦(서기전
382?~서기전 332?)과 그의 아우 소대蘇代, 소려蘇厲의 이야기를 다루고 있
다. 소진은 기성己姓의 소씨蘇氏로 자는 계자季子이고 동주東周 낙양 사
람이다. 기성은 황제의 장자 소호 김천씨의 후예 방국方國의 성씨로서 동
이족이다.

소진은 종횡가 귀곡鬼谷 선생을 스승으로 삼아 종횡술을 전수받고, 나
가서 진秦나라 혜왕惠王을 여러 차례 설득하지만, 오히려 곤궁해진다. 이
에 집으로 돌아와 주나라 책《음부》를 얻어 엎드려 읽고 1년 만에 췌마
술揣摩術(독심술)을 터득한다.

이를 바탕으로 소진은 산동 6국이 함께 하여 진나라에 대항해야 한다
는 합종책을 주장하고 조나라를 거쳐 연나라에 들러 문후文侯를 설득하
고 다시 조나라에 들러 숙후肅侯를 설득하고, 뒤이어 한나라, 위나라, 제
나라, 초나라에 차례로 들러 그 군주들을 설득함으로써 마침내 합종책을
이끄는 6국 재상이 된다. 하지만 그 과정에서 기술하고 있는 소진의 말은
《전국책》에 기술된 내용을 대부분 베낀 것으로, 그 내용에서 당시의 지리
적 특성과 형세를 살펴보면 전국시대 후기와 말기의 사정을 나타내고 있

고, 사리에 맞지 않은 부분이 여러 곳 눈에 띄어 이를 신뢰가 어렵다.

이 열전을 간단히 정리해 보면, 소진의 설득으로 합종이 성사되자 조나라 숙후는 소진을 무안군武安君으로 삼고 합종책의 약정서를 진나라에 보낸다. 하지만 각국의 이해관계 때문에 삐걱대는데, 제나라와 위나라가 연합하여 조나라를 공격하고, 또 제나라가 연나라 영토를 빼앗는 사건이 이것이다. 연나라는 소진을 제나라에 보내 영토를 돌려주게 했으나, 그 뒤에 제나라에서 귀족들의 미움을 받아 소진은 암살하려고 한다. 이에 소진은 습격을 당해 달아났지만, 그때 입은 상처 때문에 죽어가면서 제나라 왕에게 부탁하기를 "제가 죽으면 신이 '연나라를 위해 제나라를 혼란하게 했다'라고 선포하고 거열형에 처하십시오."라고 하였다. 제나라 왕이 그 말대로 하자 소진을 습격했던 사람들이 스스로 모습을 드러내게 되고, 제나라 왕이 소진을 위하여 그들을 사형시킨다.

이후 육국 합종은 초나라 회왕懷王이 주도해서 진나라 혜문왕 후7년에 6국이 진나라를 치지만, 진나라는 그들 군사를 물리친다. 뒤를 이어 반격한 진나라는 혜왕 후7~8년에 저리자의 지휘로 합종한 삼진三晉의 연합군을 수어脩魚에서 크게 무너져 사실상 합종은 거의 유명무실하게 되고, 소진이 죽은 다음에 그의 아우 소대와 소려가 각지에서 활약하였다.

문제는 이 이야기가 당시의 사회적 상황 중, 많은 부분이 소진이 살아 있을 때가 아니라 후대의 인식이 담겨 있는 점이다

말재주로 유세를 시작한 소진

소진蘇秦이라는 자는 동주東周 낙양雒陽 사람이다.[①] 동쪽 제나라에서 스승을 섬겼으며 귀곡鬼谷 선생에게 배웠다.[②] 나가서 여러 해 동안 유세游說하는 일을 했지만 크게 곤궁해져서 집으로 돌아왔다.[③] 형제와 형수와 누이와 아내나 첩들이 속으로 모두 비웃으며 말했다.

"주나라 사람의 풍속은 산업을 닦고 상공업에 힘써서 10분의 2의 이익을 얻는 것에 힘쓰는 것이다. 지금 그대는 근본을 버리고 입과 혀만 놀려대다가 곤궁해졌으니 또한 마땅하지 않겠는가!"

소진이 듣고 부끄럽게 여겨 스스로 상심하여 곧 방문을 닫고 밖으로 나가지 않고, 책을 꺼내 두루 보면서[④] 말했다.

"무릇 사인의 근본은 머리를 숙여서 글을 읽는 것이지만[⑤] 높은 영예를 얻을 수 없다면 비록 많이 읽었더라도 또한 어디에 쓰겠는가?"

이에 《일주서逸周書》와 《태공음부경太公陰符經》을 얻어서 엎드려 읽었다. 1년 만에 췌마술揣摩術(자신의 마음으로 남의 마음을 헤아리는 기술)을 터득하고 나가면서[⑥] 말했다.

"이것이면 이 시대의 군주를 설득할 수 있다."

이에 주나라 현왕顯王을 설득하려고 하자 현왕의 좌우 사람들은
평소 소진을 익히 알고 있었으므로 모두 하찮게 여기고⑦ 믿지 않
았다.

蘇秦者 東周雒陽人也① 東事師於齊 而習之於鬼谷先生② 出游數歲 大
困而歸③ 兄弟嫂妹妻妾竊皆笑之 曰 周人之俗 治産業 力工商 逐什二
以爲務 今子釋本而事口舌 困 不亦宜乎 蘇秦聞之而慙 自傷 乃閉室不
出 出其書徧觀之④ 曰 夫士業已屈首受書⑤ 而不能以取尊榮 雖多亦奚
以爲 於是得周書陰符 伏而讀之 期年 以出揣摩⑥ 曰 此可以說當世之
君矣 求說周顯王 顯王左右素習知蘇秦 皆少之⑦ 弗信

① 蘇秦者 東周雒陽人也 소진자 동주낙양인야

[색은] 소진의 자는 계자季子이다. 아마 소분생蘇忿生의 후손이고 기성
己姓일 것이다. 초주가 말하기를 "소진은 형제가 5명이고 소진이 가장 나
이가 적었다. 형은 소대蘇代이다. 소대의 아우는 려厲, 벽辟, 곡鵠이고 모
두 유세하는 사인이다."라고 했는데 이 아래 문장(〈소진열전〉)에는 "소진의
아우는 소대이고 소대의 아우는 소려이다."라고 했다.

蘇秦字季子 蓋蘇忿生之後 己姓也 譙周云 秦兄弟五人 秦最少 兄代 代弟厲及
辟鵠 竝爲游說之士 此下云秦弟代 代弟厲也

[정의] 《전국책》에서 말한다. "소진은 낙양의 승헌리乘軒里 사람이다." 《한
서》〈예문지〉에서 "《소자》 31편은 종횡류縱橫流에 있다."라고 하였다. 주
周나라의 경왕敬王이 자조子朝의 난으로 왕성에서 동쪽에 있는 낙양 옛 성
으로 옮기고서 이에 동주東周라 부르고 왕성은 서주西周라고 하였다.

戰國策云 蘇秦 雒陽乘軒里人也 藝文志云蘇子三十一篇 在縱橫流 敬王以子朝

之亂從王城東遷雒陽故城 乃號東周 以王城爲西周

② 習之於鬼谷先生습지어귀곡선생

집해 서광이 말했다. "영천군 양성현에 귀곡이 있는데 아마 이곳이 그
사람이 거처한 곳이니 이를 따라서 부르게 되었을 것이다." 살펴보니《풍
속통의》에서 말한다. "귀곡 선생은 육국 때에 종횡가이다."

徐廣曰 潁川陽城有鬼谷 蓋是其人所居 因爲號 駰案 風俗通義曰鬼谷先生 六
國時從橫家

색은 살펴보니 귀곡은 지명이다. 부풍군의 지양현과 영천군의 양성현
에 아울러 귀곡허鬼谷墟가 있는데 아마 이곳이 그 사람이 거처한 곳이어
서 이에 기인하여 부르게 되었을 것이다. 또 악일樂壹이《귀곡자》에 주석
하여 말했다. "소진이 그의 도를 신비하게 하려는 까닭에 귀곡이라는 이
름을 빌렸을 것이다."

按 鬼谷 地名也 扶風池陽潁川陽城竝有鬼谷墟 蓋是其人所居 因爲號 又樂壹
注鬼谷子書云蘇秦欲神祕其道 故假名鬼谷

③ 大困而歸대곤이귀

색은 살펴보니《전국책》에는 이 말이 진왕秦王을 설득한 뒤에 있다.

按 戰國策此語在說秦王之後

④ 徧觀之편관지

색은 徧觀의 발음은 '편관遍官'이다. 살펴보니 (편관은) 그 책을 두루 다
살펴보는 것을 이른다.

音遍官二音 按 謂盡觀覽其書也

⑤ 士業已屈首受書사업이굴수수서

[색은] 살펴보니 사인이 지조를 세우는 것을 이른다. 업業은 바탕이며 근본이다. 본래 목을 굽혀 머리를 숙이고 나서 스승에게 책을 받는 것이다.

按 謂士之立操 業者 素也 本也 言本已屈首低頭 受書於師也

⑥ 周書陰符~以出揣摩주서음부~이출췌마

[집해] 《전국책》에서 말한다. "이에 책을 펴서 상자 수십 개를 늘어놓고 태공太公의 《음부》의 계책을 찾아내어 엎드려 외우고 간략하게 뽑고 남의 마음을 헤아리게 되었다. 글을 읽다가 졸리면 송곳을 가져다 그의 허벅지를 찔러 피가 흘러 발뒤꿈치에 이르렀다. (소진이) 이르기를 '어찌 군주를 설득하여 그의 금옥金玉이나 비단을 내놓게 하지도 못하면서 경상卿相의 존귀함을 얻겠는가?'라고 하고 1년 만에 췌마술을 성취했다."《귀곡자》〈췌마〉 편이 있다.

戰國策曰 乃發書 陳篋數十 得太公陰符之謀 伏而誦之 簡練以爲揣摩 讀書欲睡 引錐自刺其股 血流至踵 曰 安有說人主不能出其金玉錦繡 取卿相之尊者乎 期年 揣摩成 鬼谷子有揣摩篇也

[색은] 《전국책》에서 "태공의 《음부》의 계책을 찾아내었다."라고 했는데 곧 《음부》는 태공의 병부兵符이다. 揣의 발음은 '취[初委反]'이고 摩의 발음은 '마[姥何反]'이다. 추탄생본에는 '췌미揣靡'로 되어 있는데 '미靡'도 '마摩'로 읽는다. 왕소가 말했다. "〈췌정〉과 〈마의〉는 곧 《귀곡자》의 두 장章의 명칭으로 1편이 되는 것은 아니다." 고유가 말했다. "췌揣는 정하는 것이다. 마摩는 부합하는 것이다. 제후를 정하여 그의 술책에 짝하게 하여 6국의 합종을 성취한 것이다." 강수가 이르기를 "군주의 마음을 헤아리고서 연마하여 가까이한 것이다."라고 했는데, 그 뜻이 합당하다.

戰國策云 得太公陰符之謀 則陰符是太公之兵符也 揣音初委反 摩音姥何反 鄒
誕本作揣靡 靡讀亦爲摩 王劭云 揣情摩意是鬼谷之二章名 非爲一篇也 高誘曰
揣 定也 摩 合也 定諸侯使雠其術 以成六國之從也 江邃曰 揣人主之情 摩而近
之 其意當矣

⑦ 皆少之개소지

색은 왕의 좌우 사람들은 본래 익히 소진의 말이 허황됨을 알고 대부
분은 당시 세상에 적당하지 않다고 여겼고, 소진의 지혜는 얕다고 여긴
까닭에 '하찮게 여겼다.'라고 하였다. 유씨가 말했다. "소少는 얕잡아 본
것을 이른다."

謂王之左右素慣習知秦浮說 多不中當世 而以爲蘇秦智識淺 故云少之 劉氏云
少謂輕之也

이에 서쪽으로 진秦나라에 이르렀다. 진나라 효공은 죽었고, 그의
아들 혜왕惠王을 설득해 말했다.①

"진나라는 사방이 막힌 나라로 산山이 감싸고 위수渭水가 둘러
있으며 동쪽에는 함곡관과 황하가 있습니다.② 서쪽에는 한중漢中
이 있고, 남쪽에는 파巴와 촉蜀이 있으며, 북쪽에는 대代의 말[馬]
이 있으니③ 이는 하늘의 창고입니다.④ 진秦나라는 사인과 백성이
많으니 병법兵法을 가르친다면, 천하를 병탄하고 제왕이라 칭하
며 다스릴 수 있을 것입니다."

진왕이 말했다.

> "새의 깃털이 자라지 않으면 높이 날 수 없고 예의[文理]가 밝지 못
> 하면 병합할 수 없소."
>
> 바야흐로 진나라는 상앙商鞅을 죽이고 나서 말 잘하는 사인들을
> 싫어하여 등용하지 않았다.
>
> 乃西至秦 秦孝公卒 說惠王曰^① 秦四塞之國 被山帶渭 東有關河^② 西有
> 漢中 南有巴蜀 北有代馬^③ 此天府也^④ 以秦士民之衆 兵法之教 可以吞
> 天下 稱帝而治 秦王曰 毛羽未成 不可以高蜚 文理未明 不可以并兼 方
> 誅商鞅 疾辯士 弗用

① 說惠王曰설혜왕왈

신주 혜왕을 설득했다고 하지만, 이때 혜왕은 아직 왕을 칭하지 않았
다. 따라서 '혜문군'이라 해야 한다. 혜문군은 재위 13년에 왕을 칭하여
후세에 혜문왕이라 일컬어지고 혜문군 재위 14년에 왕호를 사용하여 원
년으로 바꾸어 후원년이 되었다.

② 東有關河동유관하

정의 동쪽에 황하가 있고 함곡관, 포진蒲津, 용문, 합하合河 등의 관이
있다. 남쪽에 산과 무관, 요관嶢關이 있다. 서쪽에 대롱산大隴山과 농산
관隴山關, 대진大震, 오란烏蘭 등의 관이 있다. 북쪽에 황하의 남새南塞가
있다. 이것이 사방으로 막힌 국가이며 산山으로 싸이고 위수로 둘러져
경계가 된다. 땅 안쪽의 강은 민강岷江이라고 이르며, 서쪽 위주渭州 농산
隴山의 서남쪽에서 흘러나와 촉蜀으로 들어가 동쪽 형양荊陽에 이르러
바다로 들어간다. 하河는 황하를 이르는데 동주同州 소적석산小積石山 동

북쪽에서 흘러나와 승주勝州에 이르러 곧 남쪽으로 흐르고 화주華州에 이르러 또 동북쪽으로 흘러 위주魏州, 창주滄州 등지를 경유해 바다로 들어간다. 각각 1만 리 이하이다.

東有黃河 有函谷蒲津龍門合河等關 南山及武關嶢關 西有大隴山及隴山關大震烏蘭等關 北有黃河南塞 是四塞之國 被山帶渭(又)〔以〕爲界 地里 江(渭)〔謂〕岷江〔西從〕渭州隴山之西南流入蜀 東至荊陽入海也 河謂黃河 從同州小積石山東北流 至勝州即南流 至華州又東北流 經魏滄等州入海 各是萬里已下

③ 北有代馬북유대마

[색은] 살펴보니 대군代郡 마읍馬邑을 이른다. 〈지리지〉에는 대군에 또 마성현이 있다. 한편 대마代馬는 대군이 호胡의 말의 이익을 겸하여 가진 것을 이른다.

按 謂代郡馬邑也 地理志代郡又有馬城縣 一云代馬 謂代郡兼有胡馬之利

④ 天府也천부야

[색은] 살펴보니 《주례》〈춘관〉에는 천부天府가 있다. 정현이 말했다. "부府는 물건을 저장하는 곳이다. 천天이라고 말한 것은 이곳에 저장한 것을 높여 하늘의 창고와 같다고 한 것이다."

按 周禮春官有天府 鄭玄曰 府 物所藏 言天 尊此所藏若天府然

이에 동쪽 조趙나라로 갔다. 조나라 숙후肅侯는 그의 아우 성成을 재상으로 삼고 봉호를 봉양군奉陽君이라고 했다.[①] 봉양군은 소진을 좋아하지 않았다. 조나라를 떠나 연나라에서 유람하다가 한 해 남짓 뒤에 군주를 알현하게 되었다. 이에 연나라 문후文侯를 설득해[2] 말했다.

"연나라는 동쪽에 조선朝鮮[3]과 요동遼東이 있고 북쪽에 임호林胡와 누번樓煩이 있습니다.[4] 서쪽에 운중雲中과 구원九原이 있고[5] 남쪽에 호타수嘑沱水와 이수易水가 있습니다.[6]

乃東之趙 趙肅侯令其弟成爲相 號奉陽君[1] 奉陽君弗說之 去游燕 歲餘而後得見 說燕文侯[2]曰 燕東有朝鮮[3]遼東 北有林胡樓煩[4] 西有雲中九原[5] 南有嘑沱易水[6]

① 其弟成爲相 號奉陽君기제성위상 호봉양군

신주 《사기지의》에서 말한다. "공자 성成을 평안군平安君으로 봉한 것은 〈조세가〉에 분명히 실려 있다. 성은 아울러 봉양에 봉하지 않았다. 봉양군은 곧 이태李兌이다."

② 說燕文侯세연문후

색은 說의 발음은 '세稅'이다. 아래도 모두 같다. 연문후는 사적에서 이름을 빠뜨렸다.

說音稅 下竝同 燕文侯 史失名

③ 朝鮮조선

색은 朝鮮의 발음은 '조선潮仙'인데 조선은 물줄기 이름이다.

潮仙二音 水名

신주 소진은 "연나라는 동쪽에 조선朝鮮과 요동遼東이 있다"고 말했다. 이 말은 고조선 및 낙랑군의 서쪽 변경과 관련해 중요한 정보를 말해주고 있다. 현재 중국 학계는 이 당시에 연나라의 수도를 계薊라면서 현재의 북경지역으로 보고 있다. 당시 연나라 중심지는 무양武陽(지금의 하북성 보정시 역현)으로 이수易水 부근이었다. 서기전 334년경 연나라 강역은 소진의 연나라 강역 인식과 〈연소공세가〉, 〈조세가〉 등 다른 세가들의 기록을 비교, 검토해 보면 연나라의 동쪽에는 요동과 조선이 있었고, 서쪽에는 조趙나라가 있었고, 남쪽에는 조나라, 제齊나라, 동이족 중산국中山國(?~서기전 296)이 있었고, 북쪽에는 동호가 있었다. 따라서 연나라는 북경까지 올라오지 못했다. 지금의 중국 학계의 견해에 따라 연나라 수도를 북경을 중심으로 보면 그리 멀지 않은 동쪽이 요동이고 그 다음이 조선이라는 뜻이다. 서기전 300년 경 연나라 강역이 일부 확장되는데 《사기》〈흉노열전〉에서 연나라 장수 진개秦開가 동호東胡를 공격해서 1천 리를 물리쳤다고 기록하고 있고, 《삼국지》〈한韓〉 조에는 진개가 조선의 서쪽 강역 2천 리를 빼앗아 만번한滿番汗을 경계로 삼았다고 기록하고 있다. 두 기록은 같은 사건을 기록한 것이다. 그러나 진개의 조선(동호) 영토 획득은 일시적 사건에 불과하고 조선의 서쪽 강역은 지금의 북경 동쪽의 하북성 일대까지 이르렀음을 알 수 있다.

④ 北有林胡樓煩북유임호누번

[색은] 〈지리지〉에서 누번은 안문군에 속한다.

地理志樓煩屬鴈門郡

[정의] 임호, 누번은 호胡의 나라 이름이고 삭朔과 남嵐의 이북이다.

二胡國名 朔嵐已北

신주 전국시대 후기에 임호와 누번은 연나라의 서쪽으로 보는 것이 합당할 것이다.

⑤ 西有雲中九原서유운중구원

색은 살펴보니 〈지리지〉에서 운중과 구원은 두 군郡의 명칭이다. 진秦나라에서 구원이라고 했는데, 한漢나라 무제 때 고쳐서 오원군五原郡이라 했다.

按 地理志雲中九原二郡名 秦曰九原 漢武帝改曰五原郡

정의 두 군은 모두 승주勝州에 있다. 운중군의 성은 유림현 동북쪽 40리에 있다. 구원군의 성은 유림현 서쪽 경계에 있다.

二郡竝在勝州也 雲中郡城在榆林縣東北四十里 九原郡城在榆林縣西界

⑥ 南有嘑沱易水남유호타이수

집해 《주례》에서 말한다. "정북은 병주幷州라 하고 그 천川은 호타이다." 정현이 말했다. "호타는 노성鹵城에서 나온다."

周禮曰 正北曰幷州 其川嘑沱 鄭玄曰 嘑沱出鹵城

색은 살펴보니 호타는 물 이름이고 병주의 물줄기이다. 嘑沱의 발음은 '호타呼沱'이다. 또 〈지리지〉에서 노성은 현 이름이고 대군에 속했다. 호타하는 현으로부터 동쪽으로 삼합參合에 이르고 또 동쪽으로 문안文安에 이르러 바다로 들어간다.

按 滹沱 水名 幷州之川也 音呼沱 又地理志鹵城 縣名 屬代郡 滹沱河自縣東至參合 又東至文安入海也

정의 호타는 대주代州의 번치현繁時縣에서 나와 동남쪽으로 흘러 오대산五臺山 북쪽을 경유해 동남쪽으로 흘러 정주定州를 지나 흘러서 바다로 들어간다. 이수는 이주易州 이현에서 나와 동쪽으로 흘러 유주幽州 귀의현歸義縣을 지나 동쪽에서 호타하呼沱河와 합해진다.

嘑沱出代州繁時縣 東南流經五臺山北 東南流過定州 流入海 易水出易州易縣 東流過幽州歸義縣 東與呼沱河合也

신주 연나라 문후 때 남쪽 국경이 호타와 이수라면 기존 〈연소공세가〉, 〈조세가〉, 〈전경중완세가〉의 관련 기록과 상충된다.

땅은 사방 2,000여 리이고[1] 무장한 군사는 수십만이며 병거가 600대에 기마가 6,000필이고 곡식은 여러 해를 지탱할 수 있습니다.[2] 남쪽에는 갈석碣石[3] 및 안문鴈門의[4] 풍요로움이 있고 북쪽에는 대추와 밤의 이로운 것이 있어서 백성이 농사를 짓지 않더라도 대추와 밤으로 풍족할 것입니다. 이것을 일러 하늘의 창고라고 합니다.

地方二千餘里[1] 帶甲數十萬 車六百乘 騎六千匹 粟支數年[2] 南有碣石[3]鴈門[4]之饒 北有棗栗之利 民雖不佃作而足於棗栗矣 此所謂天府者也

---

① 地方二千餘里지방이천여리

신주 연나라 문후 때 강역은 사방 1,000리에도 미치지 못했다.

② 車六百乘~粟支數年거육백승~속지수년

색은 살펴보니 《전국책》에서 말한다. "수레가 700대이고 곡식은 10년을 버틴다."

按 戰國策車七百乘 粟支十年

③ 碣石갈석

색은 갈석산은 상산군 구문현九門縣에 있다고 한다.〈지리지〉에서 대갈석산은 우북평右北平 여성현 서남쪽에 있다고 했다.

(戰國策)碣石山在常山九門縣 地理志大碣石山在右北平驪城縣西南

신주 상산군常山郡은 현재 하북성 석가장시石家莊市 부근이고 구문현은 석가장시 고성구藁城區의 구문고성九門古城 자리로 보고 있다.〈지리지〉를 살펴보면 상산군 구문현에 있다고 한 갈석산은《전국책》에서 인용한 주석이다. 여성현 대갈석산은《한서》〈지리지 우북평군右北平郡〉의 여성현 조에 "대게석산이 현 서남쪽에 있는데, 왕망은 게석이라고 했다.[大揭石山在縣西南 莽曰揭石]"는 기록은 인용한 것이다. 상산군 구문현에는 갈석산이 없고, 여성현 갈석산은 연나라의 남쪽에 있을 수 없으니 위에 색은 주석은 잘못 인용한 것이다.

④ 鴈門안문

정의 안문산은 대代에 있고 연나라 서문西門이다.

鴈門山在代 燕西門

신주 안문은 현재 산서성 우옥현右玉縣 남쪽이니 연나라 남쪽이 아니라 연나라 서쪽이고 더구나 연나라 영토였던 적이 없다.

대저 안락하고 아무 일이 없으며 군사들은 전멸하지 않거나 장수가 죽임을 당하지 않는 것으로는 연나라보다 나은 곳이 없습니다. 대왕①께서는 그러한 까닭을 알고 계십니까? 대저 연나라가 침략을 받지 않고 전쟁을 당하지 않는 까닭은 조나라가 그 남쪽을 방어해주기 때문입니다.② 진나라와 조나라는 다섯 번을 싸웠는데 진나라가 두 번 승리하고 조나라가 세 번 승리했습니다. 진나라와 조나라는 서로 피폐해졌는데 왕께서는 온전하게 연나라를 그 뒤에서 제어하니, 이것이 연나라가 침입을 받지 않는 까닭입니다. 또 진나라가 연나라를 공격하려면 운중雲中과 구원九原을 넘어서 대代와 상곡上谷③을 지나야 하는데 땅이 수천 리나 이어져 있어 비록 연나라 성을 얻는다고 하더라도 진나라는 진실로 지킬 계책을 세울 수 없습니다. 진나라가 연나라를 해치지 못할 것은 또한 명백합니다. 지금 조나라가 연나라를 공격한다면 명령을 내려서 시행한 지 10일도 되지 않아서 수십만 군사가 동원東垣④에 주둔할 수 있습니다. 호타를 건너고 이수를 건너 4~5일이 되기 전에 국도國都에 이를 것입니다.

그러므로 진나라가 연나라를 공격하는 것은 1,000리 밖에서 싸우는 것이고, 조나라가 연나라를 공격하는 것은 100리 안에서 싸우는 것입니다. 대저 100리 안의 근심을 걱정하지 않고 1,000리 밖을 중하게 여기시니 이보다 잘못된 계책이 없습니다. 이런 까닭으로 원컨대 대왕께서는 조나라와 합종을 약속하셔서 천하를 하나로 묶어 두시면, 연나라의 근심이 반드시 없어질 것입니다."

夫安樂無事 不見覆軍殺將 無過燕者 大王①知其所以然乎 夫燕之所以

不犯寇被甲兵者 以趙之爲蔽其南也^② 秦趙五戰 秦再勝而趙三勝 秦趙
相斃 而王以全燕制其後 此燕之所以不犯寇也 且夫秦之攻燕也 踰雲
中九原 過代上谷^③ 彌地數千里 雖得燕城 秦計固不能守也 秦之不能
害燕亦明矣 今趙之攻燕也 發號出令 不至十日而數十萬之軍軍於東垣
矣^④ 渡嘑沱 涉易水 不至四五日而距國都矣 故曰秦之攻燕也 戰於千里
之外 趙之攻燕也 戰於百里之內 夫不憂百里之患而重千里之外 計無
過於此者 是故願大王與趙從親 天下爲一 則燕國必無患矣

① 大王대왕

신주 연나라가 왕을 칭한 것은 문후 이후이다.

② 以趙之爲蔽其南也이조지위폐기남야

신주 당시 연나라는 조나라 남쪽에 있었다. 조나라 북쪽에는 동이족
국가 중산국中山國(?~서기전 296)이 버티고 있었다. 중산국이 있는 한 연나
라는 그곳을 넘어갈 수 없다. 이는 〈연소공세가〉와 〈조세가〉 등의 기록에
서도 이를 알게 해준다.

③ 上谷상곡

신주 상곡은 먼 훗날 연나라 소왕昭王이 설치한 군郡이다.

④ 東垣동원

색은 〈지리지〉에는 고제高帝가 고쳐서 진정眞定이라 했다고 한다.
地理志高帝改曰眞定也

조나라의 동쪽 읍이고 항주恒州 진정현 남쪽 8리에 있다. 옛날 상산성常山城이 이곳이다.

趙之東邑 在恆州眞定縣南八里 故常山城是也

문후가 말했다.

"그대의 말이 옳소. 그러나 우리나라는 작은데 서쪽으로는 강한 조나라의 압박을 받고 있으며① 남쪽은 제나라에 가까운데② 제나라와 조나라는 강한 나라입니다. 그대가 반드시 합종으로써 연나라를 편안하게 할 수 있다면 과인은 나라를 들어 따르기를 청하오."

이에 소진에게 수레와 말과 금과 비단을 비용으로 주어 조나라로 가게 했다. 조나라에는 봉양군奉陽君이 이미 사망하고 없어서 소진은 곧바로 조나라 숙후肅侯③를 설득해 말했다.

"천하의 경상과 남의 신하 및 일반 사인들은 모두 어진 군주가 의를 행하는 것을 고상하게 여겨서, 모두 앞에서 가르침에 받들기를④ 원하여 충성을 하려고 한 지 오래되었습니다. 비록 봉양군이 시기하여 군주께서 국사를 전담하지 못했기 때문에 빈객과 유세하는 사인들이 감히 앞에서 자신의 의견을 자세히 진달하는 자가 없었습니다. 지금 봉양군이 관사館舍를 버려서 (세상을 떠나서) 군주께서 이제 다시 사민士民과 서로 친하게 되었으니 신이 그런 까닭에 감히 저의 어리석은 생각을 올리고자 합니다.

文侯曰 子言則可 然吾國小 西迫彊趙① 南近齊② 齊趙彊國也 子必欲合

① 西迫彊趙 서박강조

정의 패貝, 기冀, 심深, 조趙의 4개 주는 7국 시대에는 조나라에 속했는데 곧 연의 서쪽 경계였다.

貝冀深趙四州 七國時屬趙 卽燕西界

신주 서쪽에 조나라가 있고, 남쪽에 제나라가 있다는 연문후의 말과 서쪽에 대代와 운중 등이 있고, 남쪽에 호타하와 이수易水가 있다고 말한 소진의 연나라 강역 인식과는 차이가 있다. 당시 중산국이 한창 번성하고 있을 때임을 감안하면 소진의 설명이 좀더 타당하다.

② 南近齊 남근제

정의 하수 북쪽의 박博, 창滄, 덕德의 3개 주는 제나라 땅의 북쪽 경계이며 연나라와 서로 접해 황하가 막고 있다.

河北博滄德三州 齊地北境 與燕相接 隔黃河

신주 정확히 황하라기보다는 황하의 분기류라고 해야 한다. 당시 황하의 주류는 오늘날 하북평원을 대각선으로 가로지르는 청하淸河였다.

③ 趙肅侯 조숙후

색은 살펴보니 《세본》에는 숙후의 이름을 언言이라고 일렀다.

按 世本云肅侯名言

④ 奉봉
정의 奉의 발음은 '봉[符用反]'이다.
奉 符用反

가만히 군주를 위해 계획한다면, 백성을 편안하게 하고 일이 없게 하느니만 못하며, 또 백성에게 일이 있을 때 부릴 일이 없어야 하는 것입니다. 백성을 편안하게 하는 근본은 우방友邦을 선택하는 데 달려 있습니다. 우방을 선택하고 교제하는 것을 하게 되면 백성은 편안해지고, 우방을 선택하고 교제하는 것을 못하게 되면 백성은 죽을 때까지 편안하지 못할 것입니다. 청컨대 외환外患에 대해 말씀드리겠습니다. 제나라와 진秦나라를 양쪽의 적으로 삼는다면 백성은 편안하지 못합니다. 그렇다고 진나라에 의지해서 제나라를 공격한다면 백성은 안전을 얻지 못합니다. 제나라에 의지해서 진나라를 공격한다면 백성은 편안하지 못합니다. 그러므로 무릇 다른 나라의 군주를 꾀어서 다른 나라를 정벌하는 것은 외교 관계가 단절되기 때문에 늘 말이 새나가는 것을 고심해야 합니다. 대왕께서 삼가서서 이런 말을 입밖에 내지 마시기 바랍니다. 청컨대 흑백이 다른 까닭은 음양에서 오는 차이일 뿐이니① 군주께서 진실로 신의 말을 들어주십시오. 그리하면 연나라는 반드시 모피와 개와 말이 나는 땅을 바치고 제나라는 반드시 생선과 소금이 나는 바다를 바칠 것이며 초나라는 반드시 귤과 유자가 나는 과수원을 바치고 한나라와 위나라와 중산국中山國은 모두 탕목읍湯沐邑을 받들어 바치게 되어서 귀척貴戚과 부형들을 모두 후작侯爵에 봉할 수 있습니다.

竊爲君計者 莫若安民無事 且無庸有事於民也 安民之本 在於擇交 擇交而得則民安 擇交而不得則民終身不安 請言外患 齊秦爲兩敵而民不得安 倚秦攻齊而民不得安 倚齊攻秦而民不得安 故夫謀人之主 伐人之國 常苦出辭斷絕人之交也 願君愼勿出於口 請別白黑所以異 陰陽而已矣[1] 君誠能聽臣 燕必致旃裘狗馬之地 齊必致魚鹽之海 楚必致橘柚之園 韓魏中山皆可使致湯沐之奉 而貴戚父兄皆可以受封侯

① 請別白黑所以異 陰陽而已矣청별백흑소이이 음양이이의

색은 살펴보니 《전국책》에서 "청컨대 좌우를 물리치시면 음양이 다른 까닭을 사뢰어 말씀드리겠습니다."라고 되어 있어 그 설명은 이곳과 다르다. 그리하여 흑과 백을 구별한다는 말은 소진이 자기가 지금 조나라의 이익을 논하는데 반드시 분명하게 흑백처럼 음양의 다름을 분별함이 있어야 한다는 말이다.

按 戰國策云請屛左右 白言所以異陰陽 其說異此 然言別白黑者 蘇秦言己今論趙國之利 必使明 有如白黑分別 陰陽殊異也

대저 땅을 떼어 받아 이익을 취할 수 있었던 것은 오패들이 다른 나라 군대를 무너뜨리고 장수를 사로잡아서 얻을 수 있었던 것입니다. 귀척貴戚을 후侯로 봉하는 것은 탕왕湯王과 무왕武王도 걸桀과 주紂를 추방하고 시해한 다음 쟁취한 것입니다. 지금 군주께서 높은 곳에서 팔짱을 끼고 있어도 이 두 가지를 얻을 수 있으니 신이 군주께서 원하시는 것을 이루어주려는 것입니다.

지금 대왕께서 진나라와 함께하신다면 진나라는 반드시 한나라와 위나라를 약하게 할 것입니다. 제나라와 함께하신다면 제나라는 반드시 초나라와 위나라를 약하게 할 것입니다.[①] 위나라가 약해지면 곧 하외河外를 (진나라에) 떼어줄 것이고 한나라가 약해지면 곧 의양宜陽을 (진나라에) 바칠 것인데 의양을 바치면 상군上郡과 단절되고[②] 하외를 떼어주면 길이 통하지 않게 되고[③] 초나라가 약해지면 조나라는 원조가 없어집니다. 여기 세 가지 계책은 곰곰이 헤아리지 않으면 안 될 것입니다.

夫割地包利 五伯之所以覆軍禽將而求也 封侯貴戚 湯武之所以放弒而爭也 今君高拱而兩有之 此臣之所以爲君願也 今大王與秦 則秦必弱韓魏 與齊 則齊必弱楚魏[①] 魏弱則割河外 韓弱則效宜陽 宜陽效則上郡絕[②] 河外割則道不通[③] 楚弱則無援 此三策者 不可不孰計也

① 弱楚魏약초위

[정의] 초나라는 동쪽으로 회수淮水와 사수泗水 부근에서 제나라와 국경을 접하고 있다.

楚東淮泗之上 與齊接境

② 宜陽效則上郡絶의양효즉상군절

정의 의양은 곧 한나라 성으로 낙주洛州의 서쪽에 있는 한나라의 큰 군郡이다. 상군은 동주同州 서북쪽에 있다. 한나라가 약해져 진나라에 의양성을 준다면 상군으로 통하는 길이 끊어진다는 말이다.

宜陽即韓城也 在洛州西 韓大郡也 上郡在同州西北 言韓弱 與秦宜陽城 則上郡路絶矣

신주 의양은 홍농군의 큰 현으로 낙양 땅과 상商 땅의 중간에 있다. 즉 의양을 잃으면 상商으로 통하는 길이 끊어지는 것이다. 상 땅은 곧 진나라 재상 상앙이 봉해졌던 진나라 읍인데 상 땅으로 가는 길은 중간에 갈라져서 남쪽 초나라로 통한다. 정리하면 위나라가 진나라에게 하외를 떼어주면 상군上郡으로 가는 길이 통하지 않게 되고, 한나라가 진나라에 의양을 바치면 상 땅으로 가는 길이 통하지 않게 된다. 따라서 〈소진열전〉의 본문 내용은 오류이다. 본문 내용을 수정하면 "(한나라가) 의양을 바치면 (상 땅으로 가는) 길이 통하지 않게 되고 (위나라가) 하외를 떼어주면 상군과 단절되고"라고 해야한다.

③ 河外割則道不通하외할즉도불통

정의 하외는 동주同州와 화주華州 등지이다. 위나라가 약해져 진나라에 하외의 땅을 주면 도로는 상군과 통하지 못하게 된다는 말이다. 《화산기》에서 말한다. "이 산은 진秦과 진晉의 경계를 나누는데 진晉의 서쪽 변두리를 음진陰晉이라고 하고 진秦의 동쪽 읍을 영진寧秦이라 한다."

河外 同華等地也 言魏弱 與秦河外地 則道路不通上郡矣 華山記云 此山分秦晉之境 晉之西鄙則曰陰晉 秦之東邑則曰寧秦

대저 진나라가 지도軹道로 내려오면① 남양南陽이 위태로워집니
다.② 한나라를 겁박하고 주나라를 포위하면③ 조씨趙氏(조나라)는
스스로 병력을 부려야 합니다.④ 위衛나라(복양濮陽)를 점거하고 권
卷 땅을 빼앗게 되면⑤ 제나라는 반드시 진나라에 조회하러 들어
갈 것입니다. 진나라가 이미 산동山東을 얻고자 한다면 반드시 군
사를 일으켜 조나라로 향할 것입니다. 진나라 갑병이 하수를 건
너고 장수漳水를 넘어서 파오番吾를 점거하면⑥ 군사들은 반드시
한단邯鄲의 아래에서 싸울 것입니다. 이것은 신이 군주를 위해 걱
정하는 바입니다.

지금 시기에 산동에 세운 국가 중에 조나라보다 강한 나라는 없
습니다. 조나라 땅은 사방이 2,000여 리이고⑦ 갑옷 입은 군사가
수십만이며 병거가 1,000대에 기마는 1만 필이고 곡식은 수년을
버틸 수 있습니다.

夫秦下軹道① 則南陽危② 劫韓包周③ 則趙氏自操兵④ 據衛取卷⑤ 則齊
必入朝秦 秦欲已得乎山東 則必擧兵而嚮趙矣 秦甲渡河踰漳 據番吾⑥
則兵必戰於邯鄲之下矣 此臣之所爲君患也 當今之時 山東之建國莫彊
於趙 趙地方二千餘里⑦ 帶甲數十萬 車千乘 騎萬匹 粟支數年

① 下軹道하지도

정의 軹의 발음은 '지止'이다. 지도의 옛 정亭은 옹주 만년현 동북쪽
16리 원苑 안에 있다.

軹音止 故亭在雍州萬年縣東北十六里苑中

신주 아마도 남양 부근의 하내군 지현軹縣의 길을 말한 것으로 여겨진다.

② 南陽危남양위

정의 남양은 회주懷州 하남河南으로 7국 시대에는 한나라에 속했다. 진나라 군사가 지도軹道에서 내려와 동쪽 위교渭橋로부터 북쪽 길을 거쳐 포진蒲津을 지나 한나라를 공격하면 곧 남양이 위태해진다는 말이다.

南陽 懷州河南也 七國時屬韓 言秦兵下軹道 從東渭橋歷北道過蒲津攻韓 即南陽危矣

신주 본문에서 남양은 초나라 땅인 남양군 지역을 말하는게 아니라, 하내군 수무현脩武縣일대를 말한다. 수무현은 본래 남양으로 진나라 때 수무현으로 이름을 고쳤다. 당나라 때 회주는 하수 북쪽에 있지만《구당서》〈지리지〉에 의하면, 상급 행정구역인 하남도에 속해 있으니 정의 주석에서 하남은 하남도를 말한다. 진나라가 남양 땅을 함락하면 한나라와 위나라는 남북으로 양분되고 진나라는 그 길을 따라 남쪽에서 조나라를 위협하기 때문이다.

③ 劫韓包周겁한포주

정의 주나라의 도읍은 낙양인데 진나라가 만약 한나라 남양을 겁박해 빼앗는다면, 이것은 주나라의 도읍을 안으로 감싸는 것이다. 조나라의 한단邯鄲이 위태해지기 때문에 모름지기 군사를 일으켜 스스로 지켜야 한다.

周都洛陽 秦若劫取韓南陽 是包裹周都也 趙邯鄲危 故須起兵自守

④ 自操兵자조병

색은 《전국책》에는 "저절로 녹아내릴 것이오."라고 되어 있다.

戰國策作自銷鑠

⑤ 據衛取卷거위취권

[집해] 卷의 발음은 ‘권[丘權反]’이다.

丘權反

[색은] 〈지리지〉에는 권현은 하남군에 속했다. 살펴보니 《전국책》에서 "기淇 땅을 취한다."고 했다.

地理志卷縣屬河南 按戰國策云取淇

[정의] 위衛나라 땅은 복양濮陽이다. 권성은 정주鄭州 무원현 서북쪽 7리에 있다. 진나라가 위衛나라 땅을 지키고 권현을 얻게 되면 제나라는 반드시 와서 진나라에 조회하게 될 것이라는 말이다.

衛地濮陽也 卷城在鄭州武原縣西北七里 言秦守衛得卷 則齊必來朝秦

⑥ 渡河踰漳 據番吾도하유장 거파오

[집해] 서광이 말했다. "상산군에 포오현蒲吾縣이 있다."

徐廣曰 常山有蒲吾縣

[색은] 살펴보니 서광이 인용한 바는 〈지리지〉에 의거해서 그렇다고 한다.

按 徐氏所引 據地理志云然也

[정의] 番의 발음은 ‘파婆’ 또는 ‘포蒲’ 또는 ‘반盤’이다. 아마 옛 파오공番吾公의 읍일 것이다. 《괄지지》에서 말한다. "포오의 옛 성은 진주鎭州 상산현 동쪽 20리에 있다." 장수漳水는 노주潞州에 있다. 진나라 군사가 하수를 건너 남양을 거쳐 양장羊腸으로 쳐들어와 택주澤州와 노주를 경유하고 장수를 건너 포오성蒲吾城을 지키면서 조나라와 도성 아래에서 싸운다는 말이다.

番音婆 又音蒲 又音盤 疑古番吾公邑也 括地志云 蒲吾故城在鎭州常山縣東

二十里 漳水在潞州 言秦兵渡河 歷南陽 入羊腸 經澤潞 渡漳水 守蒲吾城 則與
趙戰於都城下矣

⑦ 趙地方二千餘里조지방이천여리

신주 뒤에 본문에서 "연나라는 진실로 약한 나라이니 두려워할 것이
없습니다.[燕固弱國 不足畏也]"라고 했다. 조나라에 비해 약하다는 연나라인
데 연나라 땅도 사방 2,000리라고 해서 조나라와 같다고 했으니 이 역시
모순으로 보인다.

서쪽에 상산常山이 있고① 남쪽에 하수와 장수漳水가 있고② 동쪽
에 청하清河가 있고③ 북쪽에 연나라가 있습니다.④ 연나라는 진
실로 약한 나라이니 두려워할 것이 없습니다.⑤ 진나라가 천하에
서 두려워하는 나라는 조나라만 한 것이 없습니다. 그러나 진나
라가 감히 군사를 일으켜 조나라를 정벌하지 못하는 것은 무엇
때문이겠습니까? 한나라와 위나라가 그 뒤를 도모할까 두려운 것
입니다. 그렇다면 한나라와 위나라는 조나라 남쪽의 방패입니다.
진나라가 한나라와 위나라를 공격할 때 (위나라, 한나라에는) 이름난
산이나 큰 하천의 험난함이 없으니 점점 잠식당해 국도國都에 이
르러서야⑥ 그칠 것입니다. 한나라와 위나라는 진나라의 공격을
버텨내지 못할 것이며 반드시 진나라에 신하로 들어갈 것입니다.
진나라는 한나라와 위나라의 견제가 없게 되면 진나라의 화가 반
드시 조나라에 닥칠 것입니다. 이것은 신이 군주를 위해 걱정하는

것입니다.

西有常山^① 南有河漳^② 東有淸河^③ 北有燕國^④ 燕固弱國 不足畏也^⑤ 秦 之所害於天下者莫如趙 然而秦不敢擧兵伐趙者 何也 畏韓魏之議其後 也 然則韓魏 趙之南蔽也 秦之攻韓魏也 無有名山大川之限 稍蠶食之 傅^⑥國都而止 韓魏不能支秦 必入臣於秦 秦無韓魏之規 則禍必中於趙 矣 此臣之所爲君患也

① 西有常山서유상산

정의 진주鎭州 서쪽에 있다.

在鎭州西

② 南有河漳남유하장

정의 '하河'자는 다른 판본에는 '청淸'자로 되어 있는데 곧 장하漳河 이며 노주潞州에 있다. 〈지리지〉에서 탁장수는 장자長子의 녹곡산鹿谷山 에서 나와 동쪽 업鄴에 이르러 청장수로 들어간다.

河字一作淸 即漳河也 在潞州 地理志濁漳出長子鹿谷山 東至鄴 入淸漳

③ 東有淸河동유청하

정의 청하군淸河郡은 지금의 패주貝州이다.

淸河 今貝州也

신주 정의 주석에서 말하는 청하군은 청하라고 불리는 물줄기 이름을 따 서 한漢나라에서 만든 군으로 후대의 인식이다. 청하를 물줄기 이름으로 보더 라도 이때 조나라 동쪽에 황하 대신 청하가 있다고 하였으니 또 모순이 된다.

④ 北有燕國북유연국

[정의] 그리하여 세 가문에서 진晉나라를 나누어, 조나라는 진양晉陽을 얻고 조나라 양자襄子가 또 융戎을 정벌하여 대代를 취했다. 이미 (본문에서) "서쪽에 상산이 있고"라고 했고 조나라 도읍 한단은 북연北燕에 가까웠다고 이르렀다.

然三家分晉 趙得晉陽 襄子又伐戎取代 既云西有常山者 趙都邯鄲近北燕也

[신주] 당시 연나라는 조나라와 중산국 북쪽에 있었다.

⑤ 燕固弱國 不足畏也연고약국 불족외야

[신주] 당시 연나라는 조나라보다 약한 나라였음을 알 수 있다. 현재 중국학계는 연나라 중심지를 북경으로 보고 있지만 이 당시 연나라의 중심지는 북경의 남쪽 지역에 있었다.

⑥ 傅부

[집해] 傅의 발음은 '부附'이다.

音附

신이 듣기에 요임금은 3명의 사내에게도 분배할만큼의 땅도 없었고, 순임금은 한 자의 땅도 없었는데 천하를 소유하였습니다. 우임금은 100명도 안 되는 촌락에서 제후의 왕이 되었습니다. 탕왕과 무왕의 무사는 3,000명에 지나지 않았으며 수레는 300대에 지나지 않았고, 군사는 3만 명에 지나지 않았으나 천자가 되었으니,

진실로 그 방법을 터득한 것입니다.

이런 까닭으로 현명한 군주는 밖으로는 적의 강약을 헤아리고, 안으로는 그의 사졸들이 현명한지 그렇지 못한지를 헤아립니다. 이에 양쪽의 군대가 서로 대치하는 것을 기다리지 않고도 승패와 존망의 기미가 진실로 이미 가슴속에 형성되어 있는데, 어찌 많은 사람들의 말에 가려져 모호하게 국사를 결정하겠습니까?

신이 가만히 천하의 지도를 살펴보니 제후들의 땅은 진나라의 5배나 되고 제후들의 사병을 헤아려 보니 진나라의 10배나 됩니다. 여섯 나라가 하나가 되어서 힘을 합쳐 서쪽으로 진나라를 공격한다면 진나라는 반드시 격파될 것입니다. 지금 서면하여 진나라를 섬긴다면 진나라의 신하가 될 것입니다. 대저 남을 격파하는 것과 남에게 격파당하는 것,[①] 남을 신하로 삼는 것과 남에게 신하가 되는 것[②]을 어찌 함께 논할 수 있겠습니까?

대저 연횡론자[③]는 모두 제후들의 땅을 떼어 진나라에 주고자 하는 것입니다. 진나라가 성공하게 되면 누대와 전망대를 높이 짓고 궁실을 아름답게 꾸미고 음악을 들을 것입니다. 앞에는 누대와 궁궐과 수레가 있고[④] 뒤에는 뛰어나게 아름다운[⑤] 미인들이 있을 것입니다. 그러나 제후들의 나라들은 진나라에 환란을 당해도 함께 걱정하지 않습니다. 그래서 연횡론자들은 낮밤으로 진나라의 권력으로 힘써 제후들에게 으름장을 놓아[⑥] 땅을 떼어줄 것을 요구합니다. 그러므로 대왕[⑦]께서 곰곰이 생각해 보시기 바랍니다.

臣聞堯無三夫之分 舜無咫尺之地 以有天下 禹無百人之聚 以王諸侯 湯武之士不過三千 車不過三百乘 卒不過三萬 立爲天子 誠得其道也

是故明主外料其敵之彊弱 內度其士卒賢不肖 不待兩軍相當而勝敗存
亡之機固已形於胸中矣 豈揜於衆人之言而以冥冥決事哉 臣竊以天下
之地圖案之 諸侯之地五倍於秦 料度諸侯之卒十倍於秦 六國爲一 并
力西鄉而攻秦 秦必破矣 今西面而事之 見臣於秦 夫破人之與破於人
也① 臣人之與臣於人也② 豈可同日而論哉 夫衡人者③ 皆欲割諸侯之地
以予秦 秦成 則高臺榭 美宮室 聽竽瑟之音 前有樓闕軒轅④ 後有長姣⑤
美人 國被秦患而不與其憂 是故夫衡人日夜務以秦權恐愒⑥諸侯以求
割地 故願大王⑦孰計之也

① 破人之與破於人也파인지여파어인야

[정의] 파인破人은 앞의 적을 쳐부수는 것을 이른다. 파어인破於人은 앞
의 적에게 격파당하는 것이다.

破人謂破前敵也 破於人 爲被前敵破

② 臣人之與臣於人也신인지여신어인야

[색은] 살펴보니 신인臣人은 자신이 저 사람의 신하가 되는 것을 이른다.
신어인자臣於人者는 내가 주인이 되어 저 사람으로 하여금 자기에게 신하
가 되게 하는 것을 이른다.

按 臣人謂己爲彼臣也 臣於人者 謂我爲主 使彼臣己也

[정의] 신인은 자신이 남을 얻어 신하로 삼은 것이고, 신어인은 자신이
다른 사람을 섬기는 것을 이른다.

臣人謂己得人爲臣 臣於人謂己事他人

③ 衡人者횡인자

[색은] 살펴보니 횡인衡人은 곧 유세하는 종횡從橫의 사인이다. 동쪽과 서쪽은 횡橫이 되고 남쪽과 북쪽은 종從이 된다. 진나라의 지형은 동서로 옆으로 긴 까닭에 장의張儀가 진나라 재상이 되어 진나라를 위해 연횡을 했다.

按 衡人即游說從橫之士也 東西爲橫 南北爲從 秦地形東西橫長 故張儀相秦 爲秦連橫

[정의] 衡의 발음은 '횡橫'이다. 진나라를 위하는 사람을 이른다.

衡音橫 謂爲秦人

[신주] 진나라의 국토는 남북으로 긴데 그 동쪽에 각각 조, 위, 한, 초가 있었다. 그래서 열국들이 연합을 맺어 진과 대응하는 것을 합종이라고 하고, 각 열국들이 진과 연합하는 것을 연횡이라고 한다. [색은]의 주석에 오류가 있다.

④ 前有樓闕軒轅전유루궐헌원

[색은] 《전국책》에는 "앞에 헌원軒轅이 있다."라고 했다. 또 《사기》의 속본에는 또한 '헌면軒冕'으로 되어 있는데 본래 문장이 아니다.

戰國策云前有軒轅 又史記俗本亦有作軒冕者 非本文也

⑤ 姣교

[색은] 姣의 발음은 '교交'이다. 《설문》에서 말한다. "교姣는 아름다움이다."

音交 說文云 姣 美也

⑥ 恐愒공할

[집해] 愒의 발음은 '할[呼曷反]'이다.

愒音呼葛反

색은 恐의 발음은 '공[起拱反]'이고 愒의 발음은 '할[許葛反]'이다. 서로 두렵게 위협하는 것을 이르는 것이다. 추탄생은 愒의 발음은 '게憩'(휴식)라고 했는데 그 뜻이 소원해진 것이다.

恐 起拱反 愒 許葛反 謂相恐脅也 鄒氏愒音憩 其意疏

신주 공할恐愒은 우리말 '공갈'의 어원이다. 공갈의 의미는 본래 '으름장을 놓는다'는 뜻인데 후에 변해서 '거짓말'을 뜻하게 되었다.

⑦ 大王대왕

신주 군주 혹은 후候라 해야 한다.

신이 듣건대, 현명한 군주는 의심을 끊고 참소를 제거하고 유언비어의 자취를 물리치고 붕당의 문을 막는다고 했습니다. 그러므로 군주를 높이고 땅을 넓히고 군사를 강하게 하는 계책에 대해 신이 군주 앞에서 충언을 진달하고자 합니다. 그러므로 대왕을 위한 계획은 한, 위, 제, 초, 연, 조나라가 합종으로 친하게 되어 일제히 진나라를 등지는 것만 같지 못할 것입니다. 천하의 장군과 재상을 원수洹水[1] 부근에 모이게 하여 인질을 교환하고[2] 백마를 잡아 맹세해야 합니다. 그 맹약을 추려 말하겠습니다.

臣聞明主絶疑去讒 屛流言之迹 塞朋黨之門 故尊主廣地彊兵之計臣得陳忠於前矣 故竊爲大王計 莫如一韓魏齊楚燕趙以從親 以畔秦 令天下之將相會於洹水[1] 之上 通質[2] 刉白馬而盟 要約曰

① 洹水원수

집해 서광이 말했다. "원수는 급군 임려현에서 나온다."

徐廣曰 洹水出汲郡林慮縣

② 通質통질

색은 통상의 글자대로 발음한다. 또 質의 발음은 '지躓'이다. 그 인질을
교환하는 마음이 통한 것을 말한 것이다.

音如字 又音躓 以言通其交質之情

'진나라가 초나라를 공격하면 제나라와 위나라는 각각 정예 군사
를 내어 돕고 한나라는 진나라의 군량을 운반하는 길을 끊으며①
조나라는 하수와 장수를 건너고② 연나라는 상산常山 북쪽을 수
비한다.

진나라가 한나라와 위나라를 공격하면,③ 초나라는 그 뒤를 끊
고④ 제나라는 정예 군사를 내서 도우며 조나라는 하수와 장수를
건너고 연나라는 운중雲中을 수비한다.

진나라가 제나라를 공격하면,⑤ 초나라는 그 뒤를 끊고 한나라는
성고成皐를 수비하며⑥ 위나라는 그 길을 막고⑦ 조나라는 하수와
장수와 박관博關⑧을 건너며 연나라는 정예 군사를 내서 돕는다.

秦攻楚 齊魏各出銳師以佐之 韓絕其糧道① 趙涉河漳② 燕守常山之北
秦攻韓魏③ 則楚絕其後④ 齊出銳師而佐之 趙涉河漳 燕守雲中 秦攻齊⑤
則楚絕其後 韓守城皐⑥ 魏塞其道⑦ 趙涉河漳博關⑧ 燕出銳師以佐之

① 韓絶其糧道한절기량도

[색은] 요관嶢關의 밖에서 병력을 쥐고 또 의양을 지키는 것을 이른다.

謂擁兵於嶢關之外 又守宜陽也

② 趙涉河漳조섭하장

[색은] 조나라는 또한 하수와 장수를 건너 서쪽으로 가서 한나라와 원군을 만들어 진나라 군대를 저지하는 것을 이른다.

謂趙亦涉河漳而西 欲與韓作援 以阻秦軍

③ 秦攻韓魏진공한위

[정의] 포진蒲津의 동쪽으로 공격하는 길을 이른다.

謂道蒲津之東攻之

④ 楚絶其後초절기후

[색은] 군사를 무관武關으로 출동시켜 진나라 군사의 뒤를 끊는 것을 이른다.

謂出兵武關 以絶秦兵之後

⑤ 秦攻齊진공제

[신주] 제나라를 공격하려면 그 사이에 있는 한나라와 위나라를 정복한 다음에야 가능한 이야기다. 또한 연나라도 아직 정벌하지 못한 상태였다. 이 역시 후대의 지리인식으로 편집한 내용임을 알 수 있다.

⑥ 城皐성고

在洛州氾水縣

⑦ 魏塞其道위새기도

색은 살펴보니 그 길은 곧 하내군의 길이다. 《전국책》에는 '기其'가 '오
午'로 되어 있다.

按 其道即河內之道 戰國策其作午

⑧ 博關박관

집해 서광이 말했다. "제위왕 6년, 진晉나라(조나라)에서 제나라를 정벌
해 박릉博陵에 이르렀다. 동군에 박평현博平縣이 있다."

徐廣曰 齊威王六年 晉伐齊到博陵 東郡有博平縣

진나라가 연나라를 공격하면① 조나라는 상산常山을 수비하고,
초나라 군사는 무관武關에 주둔하며 제나라는 발해勃海를 건너
고,② 한나라와 위나라는 모두 정예 군사를 내서 돕는다.

진나라가 조나라를 공격하면 한나라 군사는 의양宜陽에 주둔하
고, 초나라는 무관에 주둔하며 위나라 군사는 하외③에 주둔하
고, 제나라는 청하淸河④를 건너고 연나라는 정예 군사를 내서 돕
는다. 제후들이 약속처럼 하지 않는다면 다섯 나라의 군사들이
함께 정벌한다.'

이렇게 여섯 나라가 합종책으로 친해지면 진나라만 손님이

될 것이니,⑤ 진나라의 갑옷 입은 군사들이 반드시 함곡관에서 나와 산동을 위협하는 일을 감히 하지 못할 것입니다. 이와 같이 한다면 패왕霸王의 사업은 성취될 것입니다."

秦攻燕① 則趙守常山 楚軍武關 齊涉勃海② 韓魏皆出銳師以佐之 秦攻趙 則韓軍宜陽 楚軍武關 魏軍河外③ 齊涉清河④ 燕出銳師以佐之 諸侯有不如約者 以五國之兵共伐之 六國從親以賓秦⑤ 則秦甲必不敢出於函谷以害山東矣 如此 則霸王之業成矣

① 秦攻燕진공연

신주 연나라를 공격하려면 그 사이에 있는 조나라를 점령한 후에나 가능한 이야기이다.

② 齊涉勃海제섭발해

정의 제나라가 창주滄州로부터 하수를 건너서 영주瀛州에 이르는 것이다.

齊從滄州渡河至瀛州

신주 창주는 한漢나라 때 발해군渤海郡이고 영주는 하간군을 가리킨다. 당시 모두 연나라 강역이었다. 따라서 여기 발해는 발해군을 가리킨다. 중국 학계는 한나라 때 발해군이 되는 창주를 하북성 동부라고 보면서 그 강역을 북쪽 경계는 천진시天津市, 낭방시廊坊市, 서북쪽은 보정시保定市와 접하고 있고, 서남쪽은 형수시衡水市와 연접해 있었고, 동남쪽은 산동성 덕주시德州市, 빈주시濱州市와 이웃해 있고, 동쪽은 발해에 임한다고 보고 있다. 그런데 발해군 대부분은 제나라 땅이었던 적이 없다.

발해군을 건넌다는 자체로 모순이다. 연나라가 그 북쪽에 있으니, 발해군까지 제나라 땅이 되어야 국경을 맞댈 수 있다는 논리이다.

③ 河外하외

색은 하외는 섬陝과 곡옥曲沃 등지를 이른다.

河外謂陝及曲沃等處也

정의 동주와 화주를 이른다.

謂同華州

④ 清河청하

정의 제나라는 패주貝州로부터 하수를 지나 서쪽으로 가는 것이다.

齊從貝州過河而西

⑤ 六國從親以賓秦육국종친이빈진

색은 육국의 군대가 함께 합종해서 서로 친밀하게 되면 홀로 진나라를 빈賓으로 삼아 함께 정벌하는 것을 이른다.

謂六國之軍共爲合從相親 獨以秦爲賓而共伐之

조왕(숙후)이 말했다.

"과인은 나이가 어리고 즉위한 지 얼마 안 되어 일찍이 사직의 긴 계책을 들어보지 못했소. 지금 상객上客께서 천하를 보존시킬 뜻이 있으니 제후들을 안정시킬 수 있다면 과인은 공경히 국가로써 따를 것이오."

이에 수레 100대를 꾸미고 황금 1,000일溢,[①] 백벽白璧 100쌍, 수놓은 비단 1,000순純[②]을 준비하여 제후들과 맹약을 추진하게 했다. 이때 주나라 천자는 문왕과 무왕의 제사고기를 진나라 혜왕惠王에게 보냈다.

혜왕은 서수犀首를 시켜서 위나라를 공격해 장군 용가龍賈를 사로잡고 위나라 조음彫陰을 빼앗았으며[③] 장차 군사를 동쪽으로 보내고자 했다. 소진은 진나라의 군사가 조나라에 이르는 것을 두려워하고 이에 장의張儀를 격노케 해서 진秦나라로 들어가게 했다.

趙王曰 寡人年少 立國日淺 未嘗得聞社稷之長計也 今上客有意存天下 安諸侯寡人敬以國從 乃飾車百乘 黃金千溢[①] 白璧百雙 錦繡千純[②] 以約諸侯 是時周天子致文武之胙於秦惠王 惠王使犀首攻魏 禽將龍賈 取魏之雕陰[③] 且欲東兵 蘇秦恐秦兵之至趙也 乃激怒張儀 入之于秦

① 黃金千溢황금천일

색은 《전국책》에는 만일萬溢로 되어 있다. 1일은 1금金이 되니, 즉 20냥을 1일이라고 하며 쌀 2되가 된다. 정현은 1일을 24분의 1로 삼았으니 그 설명은 다르다.

戰國策作萬溢 一溢爲一金 則二十兩曰一溢 爲米二升 鄭玄以一溢爲二十四分之一 其說異也

신주 현재는 1일은 24냥이다.

② 千純천순

순純은 필단匹端의 이름이다. 《주례》에서 말한다. "순백純帛은 5 냥을 넘지 못한다.[純帛不過五兩]"

純 匹端名 周禮曰 純帛不過五兩

純의 발음은 '순淳'이다. 배인은 "순純은 단필의 명칭이다."라고 했는데 《전국책》에서 고유가 주석하기를 "純의 발음은 '둔屯'이다."라고 하였다. 屯은 묶음이다. 또 《예기》 〈향사〉에서 "아무개는 아무개보다 준純이 약간 낫다."라고 했는데, 순純은 셈한다라는 뜻이다. 純의 발음은 '선旋'이다.

音淳 裴氏云純 端疋名 高誘注戰國策音屯 屯 束也 又禮鄕射云某賢於某若干 純 純 數也 音旋

③ 取魏之雕陰취위지조음

위나라 땅이다. 유씨가 말했다. "용문하의 서북쪽에 있다." 살펴보니 〈지리지〉에 조음은 상군에 속한다.

魏地也 劉氏曰在龍門河之西北 按 地理志雕陰屬上郡

부주鄜州 낙교현 북쪽 34리에 있다.

在鄜州洛交縣北三十四里

〈육국연표〉, 〈위세가〉, 〈진본기〉를 통해 진혜왕이 위나라를 공격해 위나라의 조음彫陰 땅을 빼앗는 사건의 시기를 비교, 검토해보면, 〈육국연표〉는 위양왕 2년, 〈진본기〉는 진혜문군 7년, 〈위세가〉는 위양왕 5년 때 사건이다. 이후 위양왕 11년(진혜문군 14)에 진혜문군은 왕을 칭하고 그 해를 원년으로 바꾸었다.(혜문왕 원년) 따라서 위 사건은 진혜문군이 왕을 칭하기 이전에 일어났다.

반면에 〈소진열전〉에서는 진혜문군이 왕을 칭한 이후에 위 사건이 발

생하였다. 이는 사마천이 기년을 착오하여 사건의 순서가 잘못된 것으로
볼 수 있다.

육국의 합종을 이끌어내다

이에 한나라로 가서 한선왕韓宣王을 설득해서 말했다.①

"한나라는 북쪽에 공巩과 성고成皋의 견고함이 있고② 서쪽에 의
양宜陽과 상판商阪의 요새가 있습니다.③ 동쪽에 완宛과 양穰,④ 유
수洧水⑤가 있고 남쪽에 형산陘山이 있어⑥ 국토가 사방으로 900
리에 이르며, 갑옷 입은 군사가 수십만이고 천하의 강한 활과 강
인한 쇠뇌는 모두 한나라에서 나옵니다. 계자谿子,⑦ 소부少府에
있는 시력時力이나 거래距來 같은 것들⑧은 모두 600보 이상을 쏠
수 있습니다. 한나라 군사가 (쇠뇌를) 발로 밟아서 쏘면⑨ 백발을 연
속해서 쉴 틈 없이 쏠 수 있는데, 멀리서 맞는 자라도 화살의 오
늬까지 갑옷으로 막고 있는 가슴을 꿰뚫을 수 있고, 가까이서 맞
는 자는 화살촉이 심장까지 들어갈 수 있습니다.

於是說韓宣王曰① 韓北有巩成皋之固② 西有宜陽商阪之塞③ 東有宛
穰④洧水⑤ 南有陘山⑥ 地方九百餘里 帶甲數十萬 天下之彊弓勁弩皆從
韓出 谿子⑦少府時力距來者⑧ 皆射六百步之外 韓卒超足而射⑨ 百發不
暇止 遠者括蔽洞胸 近者鏑弇心

① 韓宣王曰한선왕왈

[색은] 살펴보니 《세본》에 한선왕은 소후昭侯의 아들이라고 했다.

按 世本韓宣王 昭侯之子也

[신주] 다른 명칭은 선혜왕宣惠王이다. 이해 한나라 소후가 죽고 선혜왕이 즉위했다. 또 선혜왕이 왕을 호칭한 시기는 〈한세가〉에서는 선혜왕 11년, 〈육국연표〉에서는 선혜왕 10년이다. 다른 기록들과 비교하면 왕을 칭한 것은 선혜왕 10년이 옳다.

② 鞏成皐之固공성고지고

[색은] 공과 성고의 두 읍은 본래 동주東周에 속했는데 뒤에 한나라 읍이 되었다. 〈지리지〉에 두 현은 모두 하남군에 속한다.

二邑本屬東周 後爲韓邑 地理志二縣竝屬河南

③ 宜陽商阪之塞의양상판지새

[집해] 서광이 말했다. "상商은 다른 판본에는 '상常'으로 되어 있다."

徐廣曰 商 一作常

[색은] 유씨가 "아마 상락商洛의 사이에 있을 것이며 진나라와 초나라로 가는 험한 요새이다."라고 한 것이 이것이다.

劉氏云蓋在商洛之間 適秦楚之險塞是也

[정의] 의양은 낙주 복창현福昌縣 동쪽 14리에 있다. 상판은 곧 상산商山이고 상락현 남쪽 1리에 있으며 또한 초산楚山이라고 하며 무관이 있는 곳이다.

宜陽在洛州福昌縣東十四里 商阪即商山也 在商洛縣南一里 亦曰楚山 武關在焉

④ 宛穰완양

집해 宛의 발음은 '원[於袁反]'이다.

宛 於袁反

색은 〈지리지〉에 완宛과 양穰은 2개의 현 이름이고 모두 남양군에 속한다.

地理志宛穰二縣名 竝屬南陽

⑤ 洧水유수

집해 洧의 발음은 '위[于鬼反]'이다.

洧 于鬼反

색은 洧의 발음은 '웨[于軌反]'이고 강 이름이며 남쪽에서 나온다.

音于軌反 水名 出南方

정의 신정新鄭의 동남쪽에 있으며 흘러서 영수潁水로 들어간다.

在新鄭東南 流入潁

⑥ 南有陘山남유형산

집해 서광이 말했다. "소릉召陵은 형정陘亭에 있다. 밀현은 형산에 있다."

徐廣曰 召陵有陘亭 密縣有陘山

정의 신정 서남쪽 30리에 있다.

在新鄭西南三十里

⑦ 谿子계자

집해 허신이 말했다. "남방의 계자谿子와 만이의 산뽕나무 쇠뇌는 모두 좋은 재료이다."

許愼云 南方谿子蠻夷柘弩 皆善材

색은 살펴보니 허신은 《회남자》에 주석하여 말하기를 "남방의 계자와 만蠻에서 산뽕나무 쇠뇌와 대나무 쇠뇌가 나온다."고 했다.

按 許愼注淮南子 以爲南方谿子蠻出柘弩及竹弩

⑧ 少府時力距來者소부시력거래자

집해 한韓나라에는 계자노谿子弩가 있고 또 소부少府에서 제조하는 두 종류의 쇠뇌가 있다. 살펴보니 시력時力은 쇠뇌를 만들 때 힘이 평상시보다 갑절이 들기 때문에 '시력'이라고 이른다. 거래距來는 쇠뇌의 기세가 굳세고 날카로워서 쳐들어오는 적을 막기에 충분한 것을 이른다.

韓有谿子弩 又有少府所造二種之弩 案 時力者 謂作之得時 力倍於常 故名時力也 距來者 謂弩執勁利 足以距來敵也

색은 한나라에는 또 소부에서 제조하는 시력과 거래의 두 종류 쇠뇌가 있다. 살펴보니 시력은 쇠뇌를 만들 때 힘이 평상시보다 갑절이 들기 때문에 '시력'이라고 이른다. 거래는 쇠뇌의 기세가 굳세고 날카로워서 쳐들어오는 적을 막기에 충분한 것을 이른다. 그 이름은 모두 《회남자》에 보인다.

韓又有少府所造時力距來二種之弩 按 時力者 謂作之得時則力倍於常 故有時力也 距來者 謂以弩執勁利 足以距於來敵也 其名竝見淮南子

⑨ 超足而射초족이사

색은 살펴보니 초족超足은 뛰어오르는 기세를 이용하는 것을 이른다. 대개 일어나 발로 밟아서 쏘는 것이다. 그러므로 아래의 문장에 "강인한 쇠뇌를 밟는다."라고 한 것이 이것이다.

按 超足謂超騰用埶 蓋起足蹋之而射也 故下云蹠勁弩是也

정의 초족은 발을 나란히 하는 것이다. 대저 쇠뇌를 발사하려면 모두 앉아 발을 들어 쇠뇌를 밟고 양손으로 기계를 잡아당겨야 하며, 그렇게 하면 비로소 발사되는 것이다.

超足 齊足也 大欲放弩 皆坐 擧足踏弩 兩手引捧機 然始發之

한나라 군사의 검과 창은 모두 명산冥山,[1] 당계棠谿,[2] 묵양墨陽,[3] 합부合賻,[4] 등사鄧師,[5] 완풍宛馮,[6] 용연龍淵과 태아太阿[7]에서 나오는데, 모두 육지에서는 소와 말을 베고 물에서는 고니와 기러기를 벨 수 있으며, 적을 마주하면 단단한 갑옷과 쇠 가림막,[8] 가죽으로 만든 활깍지[9] 및 방패의 끈[10]을 끊을 수 있으니 갖추어지지 않은 것이 없습니다.

한나라의 군사는 용감한 데다 갑옷을 입고 굳센 쇠뇌를 밟고 예리한 검을 차고 있으니, 한 사람이 100명을 대적하는 것은 말할 필요도 없습니다. 대저 한나라의 강인한 (군졸과) 대왕처럼 현명한 군자가 서면하여 진나라를 섬겨서 공수拱手하고 복종한다면, 사직을 부끄럽게 만들고 천하의 웃음거리가 되는 것이 이것보다 큰 일이 없을 것입니다. 이런 까닭으로 대왕께서는 곰곰이 생각해 보시기를 바랍니다.

韓卒之劍戟皆出於冥山[1]棠谿[2]墨陽[3]合賻[4]鄧師[5]宛馮[6]龍淵太阿[7] 皆陸斷牛馬 水截鵠鴈 當敵則斬堅甲鐵幕[8] 革抉[9]㕹芮[10] 無不畢具 以韓卒之勇 被堅甲 蹠勁弩 帶利劍 一人當百 不足言也 夫以韓之勁與大王

> 之賢 乃西面事秦 交臂而服 羞社稷而爲天下笑 無大於此者矣 是故願
>
> 大王孰計之

① 冥山명산

[집해] 서광이 말했다. "《장자》에는 남쪽으로 가면 영郢에 이르는데, 북
면하면 명산冥山을 보지 못한다고 한다." 살펴보니 사마표가 말했다. "명
산은 삭주朔州 북쪽에 있다."

徐廣曰 莊子云南行至郢 北面而不見冥山 駰案 司馬彪曰冥山在朔州北

[색은] 《장자》에서 말한다. "남쪽으로 가면 영에 이르는데 북면하면 명
산을 보지 못한다." 사마표가 말했다. "명산은 삭주 북쪽에 있다." 곽상
이 말했다. "명산은 태극太極에 있다." 이궤가 말했다. "한나라에 있다."

莊子云南行至郢 北面而不見冥山 司馬彪云冥山在朔州北 郭象云冥山在乎太
極 李軌云在韓國

② 棠谿당계

[집해] 서광이 말했다. "여남군 오방현에 당계정이 있다."

徐廣曰 汝南吳房有棠谿亭

[색은] 〈지리지〉에 당계정은 여남군 오방현에 있다.

地理志棠谿亭在汝南吳房縣

[정의] 옛 성은 예주 언성현 서쪽 80리에 있다. 《염철론》에서 "당계의 검
이 있다."라고 한 것이 이것이다.

故城在豫州偃城縣西八十里 鹽鐵論云有棠谿之劍是

③ 墨陽묵양

집해 《회남자》에서 말한다. "묵양의 막야莫邪이다."

淮南子曰 墨陽之莫邪也

색은 《회남자》에서 말한다. "검에 감복하는 자는 날카로운 것을 귀하게 여기나 묵양의 막야를 기대하지는 않는다." 즉 묵양은 장인匠人의 이름이다.

淮南子云服劍者貴於剡利 而不期於墨陽莫邪 則墨陽匠名也

④ 合賻합부

집해 賻의 발음은 '부附'이다. 서광이 말했다. "다른 판본에는 '백伯'으로 되어 있다."

音附 徐廣曰 一作伯

색은 살펴보니 《전국책》에는 '합백合伯'으로 되어 있고 《춘추후어》에는 '합상合相'으로 되어 있다.

按 戰國策作合伯春秋後語作合相

⑤ 鄧師등사

색은 등국鄧國에 검을 주조하는 공인이 있었는데 사는 이름이다.

鄧國有工鑄劍 而師名焉

⑥ 宛馮완풍

집해 서광이 말했다. "형양군에 풍지馮池가 있다."

徐廣曰 滎陽有馮池

색은 서광은 형양군에 풍지가 있다고 했는데, 완宛 땅 사람이 풍지에서 검을 주조했으므로 완풍宛馮이라고 부른다고 했다.

徐廣云滎陽有馮池 謂宛人於馮池鑄劍 故號宛馮

⑦ 龍淵太阿용연태아

집해 《오월춘추》에서 말한다. "초왕이 풍호자風胡子를 불러서 고하기를 '과인이 듣자니 오나라에는 간장干將이 있고 월나라에는 구야歐冶가 있다고 했다. 과인이 그대를 통해 이 두 사람을 청해 검을 만들게 하고자 하는데 할 수 있겠는가?'라고 했다. 풍호자가 '할 수 있습니다.'라고 했다. 이에 가서 두 사람을 만나보고 검을 만들게 했는데 첫째는 용연龍淵이라 하고 둘째는 태아太阿라고 했다."

吳越春秋曰 楚王召風胡子而告之曰 寡人聞吳有干將 越有歐冶 寡人欲因子請 此二人作劍 可乎 風胡子曰 可 乃往見二人 作劍 一曰龍淵 二曰太阿

색은 살펴보니 《오월춘추》에서 말한다. "초왕이 풍호자를 시켜 오의 간장과 월의 구야에게 2개의 검을 만들기를 청했으며 그 첫째를 용천龍泉이라 하고 둘째를 태아라고 했다." 또 《태강지기》에서 말한다. "여남군 서평西平에 용천수龍泉水가 있는데 도검을 담금질하면 특별히 단단하고 예리해진다. 그러므로 용천검이 있게 되었는데 초나라의 보검이다. 특별히 견고하고 날카롭기 때문에 견백론堅白論이 있어 이르기를 '황黃(누런 쇠)은 단단한 것이 되고, 백白(흰 쇠)은 예리한 것이 되기 때문이다.'라고 했다. 나란히 그것을 판단해 보니 '백白은 단단하지 않고, 황黃은 예리하지 않기 때문이다.'라고 했다. 그러므로 천하의 보검은 한나라에 많게 되었다. 첫째는 당계棠谿, 둘째는 묵양墨陽, 셋째는 합백合伯, 넷째는 등사鄧師, 다섯째는 완풍宛馮, 여섯째는 용천龍泉, 일곱째는 태아太阿, 여덟째는 막야莫邪, 아홉째는 간장干將이다." 그러나 간장과 막야는 장인匠人의 이름이다.

그 검은 모두 서평현西平縣에서 나왔다. 지금은 철관령鐵官令 하나를 두어 따로 호戶를 다스리게 하는데, 이는 옛날 검을 주조하던 땅이다.

按 吳越春秋楚王令風胡子請請吳干將越歐冶作劍二 其一曰龍泉 二曰太阿 又 太康地記曰汝南西平有龍泉水 可以淬刀劍 特堅利 故有龍泉之劍 楚之寶劍也 以特堅利 故有堅白之論云 黃 所以爲堅也 白 所以爲利也 齊辨之曰 白 所以爲 不堅 黃 所以爲不利也 故天下之寶劍韓爲衆 一曰棠谿 二曰墨陽 三曰合伯 四 曰鄧師 五曰宛馮 六曰龍泉 七曰太阿 八曰莫邪 九曰干將也 然干將莫邪匠名 也 其劍皆出西平縣 今有鐵官令一 別領戶 是古鑄劍之地也

⑧ 堅甲鐵幕건갑철막

집해 서광이 말했다. "양성에서 철이 난다."

徐廣曰 陽城出鐵

색은 살펴보니 《전국책》에서 "적을 대적하면 갑옷, 방패, 가죽신, 쇠 가림막을 벤다."라고 했다. 추탄생은 막幕은 다른 판본에는 '맥陌'으로 되 어 있다고 했다. 유씨가 말했다. "막은 쇠로 만든 팔뚝과 정강이 가리개 를 이른다. 그 검이 예리해 벨 수 있다는 말이다."

按 戰國策云當敵則斬甲盾鞮鍪鐵幕也 鄒誕幕一作陌 劉云 謂以鐵爲臂脛之衣 言其劍利 能斬之也

⑨ 革抉혁결

집해 서광이 말했다. "다른 판본에는 '결決'로 되어 있다."

徐廣曰 一作決

색은 抉의 발음은 '결決'이다. 가죽으로 만든 활깍지를 말한다. 결決은 활깍지이다.

音決 謂以革爲射決 決 射韝也

⑩ 伐芮벌예

집해 伐의 발음은 '벌伐'이다.

伐音伐

색은 벌伐은 '벌瞂'과 같고 伐의 발음은 '벌伐'이다. 방패를 이른다. 芮
는 통상적인 발음으로 읽으며 방패를 메는 끈을 이른다.

伐與瞂同 音伐 謂楯也 芮音如字 謂繫楯之綬也

정의 《방언》에서 말한다. "방패는 관동에서는 벌瞂이라고 이르고 관
서에서는 순盾이라고 이른다."

方言云 盾 自關東謂之瞂 關西謂之盾

대왕께서 진秦나라를 섬긴다면 진秦나라는 반드시 의양宜陽과 성
고成皐의 땅을 요구할 것입니다. 지금 이 땅을 바치면[①] 내년에 또
다시 땅을 떼어 달라고 요구할 것입니다. 주다 보면 떼어줄 땅이
없게 될 것이고 주지 않는다면 지난날 애쓴 보람도 없고 다시 재
앙만 받게 될 것입니다. 또 대왕의 땅은 다함이 있어도 진나라 요
구는 끝이 없을 것이니 한정이 있는 땅으로 끝이 없는 요구를 맞
이한다면 이것이 이른바 원한을 사고 재앙을 맺는다는 것으로서
싸워보지도 않고 땅만 빼앗기는 것입니다.

신이 듣기에, 속담에 이르기를 '차라리 닭의 부리가 될지언정 소
의 꽁무니는 되지 말라.[②]'라고 했습니다. 지금 서면하여 공수拱手

하고 신하가 되어 진나라를 섬기는 것이 어찌 소의 꽁무니와 다르겠습니까? 대저 대왕의 현명함과 강한 한나라 군사를 보유하고서 소의 꽁무니라는 이름을 갖게 되는 것이니 신은 삼가 대왕을 위해 부끄럽게 여깁니다."

이에 한나라 왕은 갑자기 성이 난 얼굴로 안색을 바꾸고 옷소매를 걷어 올리고 눈을 부릅뜨며 칼자루를 잡고 하늘을 쳐다보며 크게 한숨 내쉬면서③ 말했다.

"과인이 비록 불초하지만 반드시 진나라를 섬기지는 않을 것이오. 지금 그대④는 조나라 군주의 가르침으로 고해 주셨으니 공경히 사직을 받들어 따르겠소."

大王事秦 秦必求宜陽成皐 今茲效之① 明年又復求割地 與則無地以給之 不與則棄前功而受後禍 且大王之地有盡而秦之求無已 以有盡之地而逆無已之求 此所謂市怨結禍者也 不戰而地已削矣 臣聞鄙諺曰 寧爲雞口 無爲牛後② 今西面交臂而臣事秦 何異於牛後乎 夫以大王之賢 挾彊韓之兵 而有牛後之名 臣竊爲大王羞之 於是韓王勃然作色 攘臂瞋目 按劍仰天太息③曰 寡人雖不肖 必不能事秦 今主君④詔以趙王之教 敬奉社稷以從

① 效之효지

색은 살펴보니 정현은 《예기》에 주석하여 말했다. "효效는 정呈(윗사람에게 바치다)과 같으며 당하는 것이다."

按 鄭玄注禮云效猶呈也 見也

② 寧爲雞口 無爲牛後영위계구 무위우후

[색은] 살펴보니《전국책》에서 말한다. "차라리 닭의 우두머리가 될지언정 소의 새끼가 되지 말라." 연독延篤이 주석하여 말했다. "시尸는 닭 중에서 주인이다. 종從은 소의 새끼를 이른다. 차라리 닭 중의 주인이 될지언정 소의 뒤를 따르는 새끼는 되지 말라는 말이다."

按 戰國策云寧爲雞尸 不爲牛從 延篤注云尸 雞中主也 從謂牛子也 言寧爲雞中之主 不爲牛之從後也

[정의] 닭의 부리는 비록 작지만 오히려 음식을 먹는 곳이고, 소의 뒤는 비록 크지만 바로 분뇨糞尿가 나오는 것이다.

雞口雖小 猶進食 牛後雖大 乃出糞也

③ 太息태식

[색은] 태식은 오래도록 기氣를 쌓았다가 크게 내쉬는 것을 이른다.

太息謂久蓄氣而大吁也

④ 主君주군

[색은] 소진을 가리킨다. 예禮에서 경대부卿大夫를 주主라고 칭한다. 지금 소자蘇子가 제후들을 합종하게 하는 것을 아름답게 여기고 칭찬해 아름답다고 한 것이다. 그러므로 주라고 칭한 것이다.

指蘇秦也 禮 卿大夫稱主 今嘉蘇子合從諸侯 褒而美之 故稱曰主

또 위魏나라로 가서 위魏나라 양왕襄王^①을 설득해 말했다.

"대왕의 땅은 남쪽에 홍구鴻溝,^② 진陳, 여남汝南, 허許, 언鄢,^③ 곤양昆陽, 소릉召陵, 무양舞陽, 신도新都, 신처新郪가^④ 있고 동쪽에 회수淮水와 영수潁水,^⑤ 자조煮棗,^⑥ 무서無胥^⑦가 있습니다. 서쪽에 장성長城의 경계가 있고 북쪽에 하외河外,^⑧ 권卷, 연衍, 산소酸棗 땅^⑨이 있는데 땅은 사방 1,000리입니다. 땅의 이름은 비록 작지만 모두 경작지와 집들이어서 일찍이 목축할 곳이 없었습니다.^⑩ 백성이 많고 수레와 말이 많아서 낮밤으로 행인이 끊이지 않고 수레 소리는 쿵쿵대고 삐걱거리는 것^⑪이 마치 삼군三軍의 무리가 있는 듯합니다.

又說魏襄王^①曰 大王之地 南有鴻溝^②陳汝南許鄢^③昆陽召陵舞陽新都新郪^④ 東有淮潁^⑤煮棗^⑥無胥^⑦ 西有長城之界 北有河外^⑧卷衍酸棗^⑨ 地方千里 地名雖小 然而田舍廬廡之數 曾無所芻牧^⑩ 人民之衆 車馬之多 日夜行不絶 輷輷殷殷^⑪ 若有三軍之衆

① 魏襄王위양왕

[색은] 《세본》에는 혜왕의 아들이며 이름은 사嗣이다.

世本惠王子名嗣

[신주] 이때는 혜왕이 정식으로 왕을 칭한 후년後年이다. 사마천은 잘못 설정한 기년에 의해 양왕 때라고 기록했다.

② 鴻溝홍구

[집해] 서광이 말했다. "형양에 있다."

徐廣曰 在滎陽

신주 초한 쟁패 시대에 항우와 유방이 이곳을 경계로 동서로 나눈 협정을 맺은 바 있다. 위나라의 수도 대량 부근에서 남쪽으로 이어진다.

③ 陳汝南許鄢진여남허언

집해 서광이 말했다. "언鄢은 영천군에 있다. 鄢의 발음은 '언[於憓切]'이다."

徐廣曰 在潁川 於憓切

색은 鄢의 발음은 '언偃' 또는 '언[於建反]'이다. 《전국책》에는 '언鄢'으로 되어 있다. 살펴보니 〈지리지〉에는 영천군에 허許, 언鄢의 두 현이 있고 또 언릉현이 있다. 그래서 혹시 의혹이 있다고 칭한 것이다. 傿의 발음은 '언焉'이다.

音偃 又於建反 戰國策作鄢 按 地理志潁川有許鄢二縣 又有傿陵縣 故所稱惑也 傿音焉

정의 진陳, 여남汝南은 지금 여주와 예주현이다.

陳汝南 今汝州豫州縣也

④ 昆陽召陵舞陽新都新郪곤양소릉무양신도신처

집해 〈지리지〉에는 영천군에 곤양현과 무양현이 있고 여남군에 신처현이 있으며 남양군에 신도현이 있다.

地理志潁川有昆陽舞陽縣 汝南有新郪縣 南陽有新都縣

색은 〈지리지〉에는 곤양과 무양은 영천군에 속하고 소릉과 신처는 여남군에 속한다고 했다. 살펴보니 신처는 곧 처구郪丘이고 장제章帝가 은殷나라 후예를 송宋에 봉한 곳이다. 신도는 남양군에 속한다. 살펴보니

《전국책》에는 바로 신처만을 이르고 '신도新都' 두 글자는 없다.

地理志昆陽舞陽屬潁川 召陵新郪屬汝南 按 新郪即郪丘 章帝以封殷後於宋 新
都屬南陽 按 戰國策直云新郪 無新都二字

[정의] 소릉은 예주에 있고 무양은 허주에 있다.

召陵在豫州 舞陽在許州

⑤ 淮潁회영

[정의] 회양과 영천의 두 군이다.

淮陽潁川二郡

[신주] 회양군과 영천군은 진나라 통일 이후에 생긴 것이다. 회영淮潁을
물줄기 이름인 회수와 영수라고 번역하면 이 두 물줄기는 위나라 남쪽이
지 동쪽이 아니며, 또한 회수는 위나라에서 멀어 이는 위나라 강역을 말
하는 것이 아니다.

⑥ 煮棗자조

[집해] 서광이 말했다. "완구宛句에 있다."

徐廣曰 在宛句

[정의] 완구에 있다. 살펴보니 완구는 조주曹州의 현이다.

在宛朐 按 宛朐 曹州縣也

[신주] 춘추시대 조曹나라가 위치하던 곳이라 당나라에서 조주라고 했다.

⑦ 無胥무서

[색은] 살펴보니 그 땅은 빠져 있었다.

按 其地闕

⑧ 河外하외

[정의] 하남의 땅을 이른다.

謂河南地

[신주] 하남이 아니라 하서의 땅을 가리킨다. 그래서 북쪽에 있다고 했다. 정확히는 서북쪽이다. 혹 하외는 하내군 일대를 가리킬 수 있다. 대량의 북쪽이기 때문이다.

⑨ 卷衍酸棗권연산조

[집해] 서광이 말했다. "형양군 권현에는 장성이 있는데 양무陽武를 거쳐 밀密에 이른다. 연衍은 지명이다."

徐廣曰 滎陽卷縣有長城 經陽武到密 衍 地名

[색은] 서광이 "형양군 권현에는 장성이 있다."라고 했는데, 대개 땅이 험한 것에 의지해서 설명했기 때문이다.

徐廣云 滎陽卷縣有長城 蓋據地險爲說也

[정의] 권현은 정주鄭州 원무현 북쪽 7리에 있다. 산조酸棗는 활주滑州에 있다. 연은 서광이 지명이라고 일렀다.

卷在鄭州原武縣北七里 酸棗在滑州 衍 徐云地名

⑩ 田舍廬廡之數 曾無所芻牧전사려무지수 증무소추목

[신주] 농지는 모두 경작지로 곡물을 생산할 수 있는 곳이지 소, 말, 양 등을 키울 풀밭이 아니라는 것이다.

⑪ 輷輷殷殷횡횡은은

[정의] 輷의 발음은 '횡[麾宏反]'이다. 殷의 발음은 '은隱'이다.

輷 麾宏反 殷音隱

신주 횡횡輷輷은 수레가 지나갈 때 밖으로 쿵쿵 울리는 소리이고, 은
은殷殷은 수레가 지나갈 때 안에서 삐걱대는 소리이다.

신이 가만히 헤아려보니 대왕의 나라는 초나라에 뒤지지 않습니
다. 그러나 연횡론자들은 왕을 두렵게 하여① 강한 호랑이나 이리
같이 천하를 침략하는 진나라와 사귀게 하며, 마침내② 진나라가
끼치는 우환이 있어도 그 재앙을 돌아보려 하지 않습니다. 대저
강한 진나라 세력을 끼고 안으로 그 군주를 겁주니, 죄가 이보다
지나친 것이 없을 것입니다.

위나라는 천하의 강한 나라입니다. 왕은 천하의 현명한 왕이십니
다. 지금 서면하여 진나라를 섬길 뜻이 있어 동쪽 울타리라고 일
컬으면서 제왕의 궁전을 짓고③ 의관과 혁대를 받아④ 봄과 가을
에 제사를 지낸다면⑤ 신은 속으로 대왕께서 한 일을 부끄럽게 여
길 것입니다.

臣竊量大王之國不下楚 然衡人怵王① 交彊虎狼之秦以侵天下 卒②有
秦患 不顧其禍 夫挾彊秦之勢以內劫其主 罪無過此者 魏 天下之彊國
也 王 天下之賢王也 今乃有意西面而事秦 稱東藩 築帝宮③ 受冠帶④ 祠
春秋⑤ 臣竊爲大王恥之

---

① 衡人怵王횡인솔왕

정의 衡의 발음은 '횡橫'이고 怵의 발음은 '솔卹'이다.

衡音橫 怵音卹

② 卒졸
정의 卒의 발음은 '출[恖忽反]'이다.
卒音恖忽反

③ 築帝宮축제궁
색은 진나라를 위한 궁을 지어서 그들이 순수하는 것을 대비하고 머물게 하는 까닭에 '제궁'이라고 이른다.
謂爲秦築宮 備其巡狩而舍之 故謂之帝宮

④ 受冠帶수관대
색은 관과 띠의 제도는 모두 진나라 법을 따르는 것을 이른다.
謂冠帶制度皆受秦法

⑤ 祠春秋사춘추
색은 봄이나 가을에 공물을 받들어 진나라 제사를 돕는 것을 이른다.
言春秋貢奉 以助秦祭祀

신이 듣건대, 월왕 구천句踐은 피폐한 군사 3,000명으로 싸워서 간수干遂[1]에서 부차夫差를 사로잡았고, 주나라의 무왕은 3,000명의 군사와 전차 300대로 주紂를 목야牧野[2]에서 제압했다고 하니,

어찌 군졸이 많아야만 되겠습니까. 진실로 그의 위엄을 떨친 것이었습니다.

지금 삼가 듣건대, 대왕의 군사는 무사武士가 20만,[3] 창두蒼頭가 20만,[4] 분격한 병사가 20만, 잡역부[5]가 10만, 병거가 600대, 기마가 5,000필이라고 했습니다. 이것은 월왕 구천과 무왕을 아득히 넘어서는 것입니다. 그런데 지금 여러 신하의 말을 듣고 신하로 진나라를 섬기고자 합니다. 대저 진나라를 섬기면 반드시 땅을 떼어 바쳐 성의를 표시해야[6] 합니다. 그러므로 군사를 사용해보지도 않고 국토는 이미 줄어드는 것입니다.

무릇 진나라를 섬기라고 말하는 신하들은 모두 간사한 사람들이고 충신이 아닙니다. 대저 남의 신하 된 자들이 그의 군주의 땅을 떼어 주면서 외교를 구걸하고 한때의 구차한 공로를 취하면서 그 후환은 돌아보지 않습니다. 공가公家(왕실)를 부수어서 개인의 가문으로 만들고, 밖으로 강한 진나라 세력을 끼고서 안으로 그의 군주를 겁박하여 땅을 떼어주기를 요구하는 것이니, 대왕께서는 곰곰이 생각해보시기를 바랍니다.

臣聞越王句踐戰敝卒三千人 禽夫差於干遂[1] 武王卒三千人 革車三百乘 制紂於牧野[2] 豈其士卒衆哉 誠能奮其威也 今竊聞大王之卒 武士二十萬[3] 蒼頭二十萬[4] 奮擊二十萬 廝徒[5]十萬 車六百乘 騎五千匹 此其過越王句踐武王遠矣 今乃聽於群臣之說而欲臣事秦 夫事秦必割地以效實[6] 故兵未用而國已虧矣 凡群臣之言事秦者 皆姦人 非忠臣也 夫爲人臣 割其主之地以求外交 偷取一時之功而不顧其後 破公家而成私門 外挾彊秦之勢以內劫其主 以求割地 願大王孰察之

① 干遂간수

색은 살펴보니 간수干遂는 지명인데 있었던 곳을 알지 못한다. 그러나 간干을 살펴보니 이것은 물가의 높은 땅이다. 그러므로 '강간江干'이나 '하간河干'이 있는 곳이 이곳이다. 또 좌사의 《오도부》에서 '장간연속長干延屬'이라고 하였는데 이 간은 강江 옆의 땅이다. 수遂는 도道이다. 간에 길이 있다. 이로 인하여 지명이 되었을 것이다.

按 干遂 地名 不知所在 然按干是水旁之高地 故有江干河干是也 又左思吳都賦云長干延屬是干爲江旁之地 遂者 道也 於干有道 因爲地名

정의 소주蘇州 오현吳縣의 서북쪽 40여 리 지점에 만안산萬安山이 있고 그 서남쪽 1리에 태호太湖가 있다. 부차가 고소姑蘇에서 무너지고 간수에서 사로잡혔는데 서로의 거리는 40여 리이다.

在蘇州吳縣西北四十餘里萬安山西南一里太湖 夫差敗於姑蘇 禽於干遂 相去四十餘里

② 牧野목야

정의 지금 위주성衛州城이 이곳이다. 주무왕이 주紂를 목야에서 정벌하고 성을 쌓았다.

今衛州城是也 周武王伐紂於牧野 築之

③ 武士二十萬무사이십만

집해 《한서》〈형법지〉에서 말한다. "위나라 무졸武卒은 삼촉三屬의 갑옷을 입고 12석의 쇠뇌를 가지고 화살 50발을 진 채 창을 그 위에 두고 투구를 쓰고 검을 차고 3일의 식량을 꾸려서 한낮에 100리를 달리는 시험에 합격하면 그의 호세戶稅를 면제하고 그의 전택을 이롭게 했다."

漢書刑法志曰 魏氏武卒衣三屬之甲 操十二石之弩 負矢五十 置戈其上 冠胄帶
劍 贏三日之糧 日中而趨百里 中試則復其戶 利其田宅

[색은] 衣의 발음은 '의意'이고 屬의 발음은 '촉燭'이다. 살펴보니 삼촉은
갑옷을 이른다. 어깨를 덮는 것이 첫째이고 갑옷의 치마가 둘째이고 정
강이를 덮는 것이 셋째이다. 갑옷에는 치마가 있는데 《좌전》에 보인다.
贏의 발음은 '영盈'인데 식량을 꾸리는 것을 이른다. 中의 발음은 '중[竹仲
反]'인데, 그 근력으로 무거운 것을 짊어지고 시험에 합격하는 것을 이른
다. 復의 발음은 '복福'인데, 시험에 합격한 사람은 국가에서 마땅히 넉넉
하게 부역을 면제시키고 좋은 전답과 저택을 하사하는 것이다. 그러므로
'그 전택을 이롭게 한다.'라고 했다.

衣音意 屬音燭 按 三屬謂甲衣也 覆髆 一也 甲裳 二也 脛衣 三也 甲之有裳 見
左傳也 贏音盈 謂齎糇糧 中音竹仲反 謂其筋力能負重 所以得中試也 復音福
謂中試之人 國家當優復 賜之上田宅 故云利其田宅也

④ 蒼頭二十萬창두이십만

[색은] 푸른 수건으로 머리를 싸매서 무리들과 다르게 하는 것을 이른
다. 순경이 "위나라에 창두 20만 명이 있다."라고 한 것이 이것이다.

謂以青巾裹頭 以異於衆 荀卿魏有蒼頭二十萬是也

⑤ 廝徒사도

[색은] 廝의 발음은 '사斯'이다. 사도廝徒는 취사와 급식하는 군사를 이
른다. 사廝는 말을 기르는 천한 자인데 지금 일으켜 졸卒로 삼은 것이다.

廝音斯 謂廝養之卒 斯 養馬之賤者 今起爲之卒

[정의] 廝의 발음은 '사斯'이다. 사도는 불을 때고 삶으며 공양을 하는

잡역을 이른다.

廝音斯 謂炊烹供養雜役

⑥ 效實효실

색은 땅을 떼어 진秦나라에 바치고 자신의 성실함을 표하는 것을 이른다.

謂割地獻秦 以效己之誠實

《상서》〈주서〉에 이르기를① '연약할 때 끊어내지 않으면 넝쿨이
되었을 때 어찌할 것인가? 털끝 같을 때 치지 않는다면 장차 도끼
자루를 써야 한다.'라고 했습니다. 일에 앞서 생각이 정해지지 않
으면 뒤에는 큰 우환이 있을 것인데 장차 어찌할 것입니까? 대왕
께서 진실로 신의 말을 들어 여섯 나라가 합종으로 친하여 마음
을 기울이고 힘을 합쳐 뜻을 하나로 하신다면 반드시 강한 진나
라에 대한 근심을 없앨 수 있습니다. 그러므로 폐읍敝邑의 조왕趙
王께서는 신을 시켜 어리석은 계책을 드러내서② 맹약盟約을 받들
도록 하셨으니 대왕께서 명령하시는 말씀③에 달려 있습니다."
위왕이 말했다.
"과인이 불초하여 일찍이 현명한 가르침을 듣지 못했소. 지금 주
군主君(소진)께서는 조왕趙王의 명으로 말씀하셨으니 공경히 국가
로써 따를 것이오."
周書曰① 緜緜不絕 蔓蔓奈何 豪氂不伐 將用斧柯 前慮不定 後有大患
將奈之何 大王誠能聽臣 六國從親 專心并力壹意 則必無彊秦之患 故

> 敝邑趙王使臣效②愚計 奉明約 在大王之詔詔之③ 魏王曰 寡人不肖 未
> 嘗得聞明教 今主君以趙王之詔詔之 敬以國從

① 周書曰주서왈

신주 《상서》〈주서〉에는 이 내용이 전해지지 않는다.

② 效효

색은 이곳의 '효效'는 '정呈'과 같으며 드러낸다는 뜻이다.

此效猶呈也 見也

③ 大王之詔詔之대왕지조조지

신주 진시황이 통일 후에 명命을 '제制'라고 하고 영令을 '조詔'라고 고
쳤다.

> 이로 인해 동쪽 제齊나라로 가서 제나라 선왕宣王을 설득해서 말
> 했다.①
> "제나라는 남쪽에 태산이 있고 동쪽에 낭야琅邪가 있습니다. 서
> 쪽에 청하淸河가 있고② 북쪽에 발해가 있으니, 이는 사방이 요새
> 인 나라라고 말합니다. 제나라 땅은 사방 2,000여 리이고 갑옷 입
> 은 군사가 수십만이며 곡식이 산더미와 같습니다. 삼군三軍의 좋
> 은 군사와 오가五家의 병사③들이 진격하면 뾰족한 화살 같고,④

싸우면 우레와 번개 같으며 풀어놓으면 비바람 같습니다.

곧 전쟁이 있더라도 일찍이 태산이 막아주고 청하가 흘러 끊어져 있으며 발해를 건넌 적이 없었습니다.⑤ 임치 안에는 7만 호나 되는데 신이 가만히 헤아려 보니 한 집에 남자 3명 이하는 아니니 한 호당 남자 3명을 기준으로 7만 호를 곱하면 총 21만 명이 되어 멀리 있는 현에서 징발하기를 기다리지 않아도 임치의 군사만으로 이미 21만 명이 됩니다. 임치는 매우 부유하고 튼튼해서 그 백성은 피리를 불고 비파를 타며 금을 타고 축筑을 치며⑥ 닭싸움을 하고 개 달리기를 시키며 육박⑦과 공차기⑧를 하지 않는 자가 없습니다.

임치의 길은 번화하여 수레바퀴가 서로 부딪치며 사람들 어깨가 맞닿으며 옷깃이 이어지는 것이 장막을 친 것과 같고 소매를 들어 올리면 장막이 이루어지고 땀을 흘리면 비가 오는 듯하며 집집마다 부유하고 사람들은 풍족하니 의지는 높고 기세는 솟아오릅니다. 대저 대왕의 현명함과 제나라 강함은 천하에 맞설 자가 없습니다. 지금 서면하여 진나라를 섬긴다면, 신은 속으로 대왕께서 한 일을 부끄럽게 여길 것입니다.

因東說齊宣王曰① 齊南有泰山 東有琅邪 西有淸河② 北有勃海 此所謂四塞之國也 齊地方二千餘里 帶甲數十萬 粟如丘山 三軍之良 五家之兵③ 進如鋒矢④ 戰如雷霆 解如風雨 即有軍役 未嘗倍泰山 絕淸河 涉勃海也⑤ 臨菑之中七萬戶 臣竊度之 不下戶三男子 三七二十一萬 不待發於遠縣 而臨菑之卒固已二十一萬矣 臨菑甚富而實 其民無不吹竽鼓瑟彈琴擊筑⑥ 鬪雞走狗 六博⑦蹋鞠⑧者 臨菑之塗 車轂擊 人肩摩 連袵成

惟 擧袂成幕 揮汗成雨 家殷人足 志高氣揚 夫以大王之賢與齊之彊 天
下莫能當 今乃西面而事秦 臣竊爲大王羞之

① 齊宣王曰제선왕왈

색은 《세본》에는 이름이 벽강辟彊이고 위왕威王의 아들이다.

世本名辟彊 威王之子也

신주 당시 제나라는 아직 위왕威王 치세 시기이다.

② 西有淸河서유청하

정의 곧 패주이다.

卽貝州

③ 五家之兵오가지병

색은 살펴보니 고유는 《전국책》에 주석하여 말했다. "오가는 곧 오국
五國이다."

按 高誘注戰國策云五家即五國也

④ 進如鋒矢진여봉시

색은 살펴보니 《전국책》에는 "뾰족한 화살처럼 빠르다."로 되어 있다.
고유가 말했다. "추시錐矢는 작은 화살이고 빠른 것에 비유했다." 《여씨
춘추》에서 말한다. "추시가 귀한 바는 소리에 응하는 것처럼 (동시에) 이
르기 때문이다."

按 戰國策作疾如錐矢 高誘曰錐矢 小矢 喻徑疾也 呂氏春秋曰所貴錐矢者 爲

應聲而至

정의 제나라 군대가 진격하는 것은 마치 창끝의 칼날과 좋은 활의 화살 같으니, 용병에 진격함은 있고 물러남은 없는 것이다.

齊軍之進 若鋒芒之刀 良弓之矢 用之有進而無退

⑤ 絶淸河 涉勃海也절청하 섭발해야

정의 임치는 그 자체가 풍족하다는 말이다. 절絶이나 섭涉은 모두 건너는 것이다. 발해는 창주滄州이다. 제나라에 전쟁이 있으면 하수를 건너지 않고도 두 지방을 취한다는 것이다.

言臨淄自足也 絶 涉 皆度也 勃海 滄州也 齊有軍役 不用度河取二部

신주 발해군 땅을 계속 제나라 영토로 인식하고 있다. 그래야 북경에 중심을 둔 것으로 설정한 연나라와 국경을 맞댈 수 있기 때문이다. 하지만 이는 〈연소공세가〉 및 〈조세가〉에 크게 어긋난다. 발해군 대부분은 이때 연나라 땅이었고 나중에 조나라 땅이 된다. 제나라는 차지한 적이 없다.

⑥ 擊筑격축

정의 축筑은 비파와 비슷한 크기로, 머리가 둥글며 다섯줄이고, 치는 것이고 두드려 울리지 않는다.

筑似琴而大 頭圓 五弦 擊之不鼓

⑦ 六博육박

색은 살펴보니 왕일은 《초사》에 주석하여 말했다. "박博은 나타내는 것이다. 6개의 말[棊]을 행하는 까닭에 '육박'이라고 한다."

按 王逸注楚詞云博 著也 行六棊 故曰六博

⑧ 蹴鞠답국

[집해] 유향의 《별록》에서 말한다. "축국蹴鞠은 전하는 말에 황제黃帝가 만들었다고 하는데 어떤 이는 전국시대에 시작되었다고 한다. 답국蹴鞠은 군사의 세력인데 무사를 훈련시키는 방법에 재질이 있음을 아는 것으로 모두 유희지만 이로써 강습하고 훈련한다." 蹴의 발음은 '답[徒獵反]'이고 鞠의 발음은 '국[求六反]'이다.

劉向別錄曰 蹴鞠者 傳言黃帝所作 或曰起戰國之時 蹴鞠 兵勢也 所以練武士知有材也 皆因嬉戲而講練之 蹴 徒獵反 鞠 求六反

[색은] 蹴의 발음은 '답[徒臘反]'이고 鞠의 발음은 '국[居六反]'이다. 《별록》의 주석에서 말한다. "축국蹴踘의 蹴의 발음은 '축[促六反]'이다. 축蹴은 또한 답蹴이다." 최표가 말했다. "황제 때에 시작되었으며 전쟁을 익히는 기예이다."

上徒臘反 下居六反 別錄注云 蹴踘 促六反 蹴亦蹴也 崔豹云 起黃帝時 習兵之執

또 한나라와 위나라가 진나라를 매우 두려워하는 까닭은 진나라와 더불어 영토를 맞대고 있기 때문입니다. 군사가 출동하면 서로 대치한 지 10일이 되지 않아 전승戰勝과 존망存亡의 기틀이 결정되기 때문입니다. 한나라와 위나라가 싸워서 진나라에 승리해도 군사는 반을 잃게 되어 사방의 국경을 수비하지 못합니다. 싸워서 승리하지 못하게 되면 국가는 이미 위태로워 망하는 일이 그 뒤를 따를 것입니다. 이런 까닭으로 한나라와 위나라는 진나라와 싸우는 것을 중하게 여기고 신하가 되는 것을 가볍게 여기는 것입니다.

지금 진나라가 제나라를 공격한다면 그렇게 되지 않을 것이니, 한나라와 위나라 땅을 등지고 위衛와 양진陽晉의 길을 지나고[①] 항보亢父의 험난한 곳[②]을 지나야 합니다. 하지만 수레는 두 대가 나란히 가지 못하고[③] 기마는 줄지어 갈 수 없어서 100명이 험한 곳을 수비하더라도 1,000명이 감히 지나가지 못하는 곳입니다. 진나라가 비록 깊숙이 쳐들어오고 싶어도 이리같이 (두려워) 뒤를 돌아보면서[④] 한나라와 위나라가 그 뒤를 도모할까 두려워합니다. 이런 까닭으로 두려워[⑤] 으름장을 놓고[⑥] 교만하게 뽐낼 뿐 감히 진격하지 못하니,[⑦] 진나라가 제나라에 위협이 될 수 없음이 또한 명백합니다.

대저 진나라가 제나라를 어떻게 할 수 없다는 것을 깊이 헤아리지 않고 서면하여 섬기고자 한다면[⑧] 이는 여러 신하의 계책이 잘못된 것입니다. 지금 신하로서 진나라를 섬겨야 되는 명분이 없으면 강한 국가의 결실이 있을 것이니 신은 이런 까닭으로 대왕께서 이를 조금 더 마음에 두고 계책을 세우시기를 바라는 것입니다."

제왕이 말했다.

"과인이 민첩하지 못하고 외지고 먼 땅에서 바다를 지키는데 길이 통하지 않는 동쪽 강역의 나라여서 일찍이 다른 가르침을 듣지 못했소. 지금 족하께서 조나라 군주의 명령으로 말씀했으니 공경히 국가로써 따를 것이오."

且夫韓魏之所以重畏秦者 爲與秦接境壤界也 兵出而相當 不出十日而
戰勝存亡之機決矣 韓魏戰而勝秦 則兵半折 四境不守 戰而不勝 則國
已危亡隨其後 是故韓魏之所以重與秦戰 而輕爲之臣也 今秦之攻齊則
不然 倍韓魏之地 過衛陽晉之道^① 徑乎亢父之險^② 車不得方軌^③ 騎不
得比行 百人守險 千人不敢過也 秦雖欲深入 則狼顧^④ 恐韓魏之議其後
也 是故恫疑^⑤虛猲^⑥ 驕矜而不敢進^⑦ 則秦之不能害齊亦明矣 夫不深料
秦之無奈齊何 而欲西面而事之^⑧ 是群臣之計過也 今無臣事秦之名而
有彊國之實 臣是故願大王少留意計之 齊王曰 寡人不敏 僻遠守海 窮
道東境之國也 未嘗得聞餘教 今足下以趙王詔詔之 敬以國從

① 倍韓魏之地 過衛陽晉之道배한위지지 과위양진지도

[집해] 서광이 말했다. "위나라 애왕 16년, 진나라는 위나라 포판蒲坂,
양진陽晉, 봉릉封陵을 함락했다."

徐廣曰 魏哀王十六年 秦拔魏蒲坂陽晉封陵

[색은] 살펴보니 양진은 위나라 읍이다. 〈위세가〉에 "애왕 16년에 진나
라는 위나라 포판, 양진, 봉릉을 함락했다."라고 한 것이 이것이다. 유씨
가 말했다. "양진은 지명이며 아마 제나라로 가는 길로 위衛나라 서남쪽
일 것이다."

按 陽晉 魏邑也 魏系家哀王十六年 秦拔魏蒲阪陽晉封陵是也 劉氏云陽晉 地
名 蓋適齊之道 衞國之西南也

[정의] 진나라가 제나라를 정벌하면, 한나라와 위나라의 땅을 등지고 제
나라와 싸운다는 말이다. 서광이 양진을 설명한 것은 잘못이고 진양晉陽
이 옳다. 위衛나라 땅은 조주曹州와 복주濮州 등의 주이다. 두예는 "조曹

는 위衛의 아래 읍이다."라고 했다. 양진의 옛 성은 조주 승씨현乘氏縣 서북쪽 37리에 있다.

言秦伐齊 背韓魏地而與齊戰 徐說陽晉非也 乃是晉陽耳 衛地曹濮等州也 杜預云曹 衞下邑也 陽晉故城在曹州乘氏縣西北三十七里

신주 〈소진열전〉 본문, 〈위세가〉, 집해 주석은 양진이라고 말했고, 〈육국연표〉와 정의 주석은 진양이라고 말했는데 진양이 옳다. 위나라의 진양은 조나라의 대도시 진양(태원의 옛 명칭)과는 다른 곳이며, 위나라의 진양, 포판, 진양은 모두 하동 지역에 있는 지명이다. 또 당시 위나라는 위애왕이 재위한 시기가 아니고 위혜왕 후년이다.

② 亢父之險강보지험

색은 亢의 발음은 '강剛' 또는 '강[苦浪反]'이다. 〈지리지〉에는 현 이름이고 양국梁國에 속한다.

亢音剛 又苦浪反 地理志縣名 屬梁國也

정의 옛 현은 연주 임성현 남쪽 51리에 있다.

故縣在兗州任城縣南五十一里

신주 강보亢父는《삼국지》에 자주 등장하는 지명이다. 색은 주석에서 亢의 발음은 '강'이라고 했으나《한서》에서 안사고의 주석은 "亢의 발음은 '항抗'이다."라고 했다. 세월이 흐르면서 발음이 변한 것으로 여겨진다. 또 항보는 위나라에서 송나라를 거쳐 노나라로 가는 길이지 제나라로 가는 길이 아니다. 또 〈지리지〉에서 항보는 동평국에 속해있으며, 동평국은 옛날에 양국이었다.

③ 車不得方軌거부득방궤

[정의] 수레 두 대가 나란히 지나가지 못한다는 말이다.

言不得兩車竝行

④ 狼顧낭고

[정의] 이리의 성격이 겁이 많아서 달리면서도 항상 뒤를 돌아보는 것이다.

狼性怯 走常還顧

⑤ 恫疑통의

[색은] 恫의 발음은 '통通'인데 한편으로는 '동洞'으로도 발음한다. 통의
는 두려워하는 것이다.

上音通 一音洞 恐懼也

⑥ 虛猲허갈

[집해] 猲의 발음은 '할[呼葛反]'이다.

呼葛反

[색은] 갈猲은 다른 판본에는 '갈喝'로 되어 있다. 모두 猲의 발음은 '할
[呼葛反]'이다. 고유가 말했다. "허갈虛猲은 숨을 헐떡거리면서 두려워하는
모양이다." 유씨가 말했다. "진나라 스스로 의심하고 두려워하여 감히
군사를 진격시키지 못하고 거짓으로 으름장을 놓는 말로 한나라와 위나
라를 협박하는 것이다."

猲 本一作喝 竝呼葛反 高誘曰 虛猲 喘息懼貌也 劉氏云 秦自疑懼 不敢進兵 虛
作恐怯之詞 以脅韓魏也

⑦ 驕矜而不敢進교긍이불감진

정의 진나라가 비록 항보에 이르더라도 오히려 이리처럼 뒤돌아보며 두려워하고 거짓으로 으름장을 놓고 꾸짖으며 교만하여 분수에 넘치는 짓을 하면서 잘난 척하지만 감히 진격해서 제나라를 정벌하지 못할 것이 명백하다는 말이다.

言秦雖至亢父 猶恐懼狼顧 虛作喝罵 驕溢矜誇 不敢進伐齊明矣

⑧ 而欲西面而事之이욕서면이사지

신주 제나라가 진나라를 섬기려고 한 적은 없다. 필요에 따라 합종과 연횡을 오갔을 뿐이다. 제나라는 또한 진나라와 동등하다고 생각하여 훗날 서로 동제와 서제라고 일컫기도 했다. 또 진나라가 이 당시에 제나라를 친다는 것은 불가능한 일이었다. 소진이 합종을 이끌어내기는 했어도 과연 이런 말을 했을까는 의문이다. 합종을 거부해서 조·위·한나라가 모두 진나라에 정복된 다음의 상황을 말한 것이라면 가능성이 있다.

이에 서남쪽으로 가서 초楚나라 위왕威王을 설득하여 말했다.①
"초나라는 천하의 강한 국가입니다. 왕은 천하의 현명한 왕이십니다. (초나라는) 서쪽에 검중黔中②과 무군巫郡③이 있고 동쪽에 하주夏州④와 해양海陽⑤이 있습니다. 남쪽에 동정호洞庭湖⑥와 창오산蒼梧山⑦이 있고 북쪽에 형새陘塞와 순양郇陽⑧이 있는데 국토는 사방 5,000여 리입니다.
갑옷 입은 군사는 100만 명이고 전차는 1,000대이고 기마는 1만 필이며 곡식은 10년을 지탱할 수 있습니다. 이것은 패왕이 될

자본입니다. 대저 초나라의 강함과 왕의 현명함은 천하에 대적할
자가 없을 것입니다. 지금 (초나라가) 서면하여 진나라를 섬긴다면
제후들 중에 서면하여 장대章臺 아래에서 조회하지 않을 자가 없
을 것입니다.

乃西南說楚威王曰^① 楚 天下之彊國也 王 天下之賢士也 西有黔中^②巫
郡^③ 東有夏州^④海陽^⑤ 南有洞庭^⑥蒼梧^⑦ 北有陘塞郇陽^⑧ 地方五千餘里
帶甲百萬 車千乘 騎萬匹 粟支十年 此霸王之資也 夫以楚之彊與王之賢
天下莫能當也 今乃欲西面而事秦 則諸侯莫不西面而朝於章臺之下矣

① 楚威王曰초위왕왈

색은 위왕의 이름은 상商이고 선왕宣王의 아들이다.

威王名商 宣王之子

신주 초나라는 선왕宣王 때 월나라 강북 영토를 거의 빼앗고 또 뒤이어
위왕 때 월나라를 거의 멸하여 최고 전성기를 구가하던 시절이다. 하지
만 당시 초나라는 넓은 영토에 비해 미개발지가 많았고 인구가 상대적으
로 적었다. 또 초나라는 넓은 영토 때문에 오히려 지켜야 할 곳이 많아서
전력이 분산되었다. 그 약점은 위왕의 뒤를 이은 회왕懷王 때 곧바로 나
타나는데 서쪽 한수漢水 유역의 거대한 영토를 진나라에 빼앗기자 급속
히 무너지기 시작하였다.

② 黔中검중

집해 서광이 말했다. "지금의 무릉군이다."

徐廣曰 今之武陵也

[정의] 지금의 낭주郞州이며 초나라 검중군인데, 그 옛 성은 진주辰州 서쪽 20리에 있고 모두 반호盤瓠의 후예이다.

今朗州 楚黔中郡 其故城在辰州西二十里 皆盤瓠後也

③ 巫郡무군

[집해] 서광이 말했다. "무군은 남군의 서쪽 경계이다."

徐廣曰 巫郡者 南郡之西界

[정의] 무군은 기주夔州 무산현이 이곳이다.

巫郡 夔州巫山縣是

④ 夏州하주

[집해] 서광이 말했다. "초나라 고열왕 원년에 진나라가 하주夏州를 빼앗았다." 살펴보니 《좌전》에서 "초나라 장왕이 진陳을 정벌할 때 향鄕의 한 사람을 얻어서 돌아와 하주라고 일컬었다."라고 하는데, 주석자가 하주가 어디인지 설명하지 않았다. 차윤이 《환온집》에 이르기를 "하구夏口의 성 상류 수 리에 모래톱이 있는데 이름이 하주이다."라고 했는데, 소진이 '동쪽에는 하주가 있다.'고 한 것이 이를 이른 것이다.

徐廣曰 楚考烈王元年 秦取夏州 駰案 左傳楚莊王伐陳 鄉取一人焉以歸 謂之夏州 而注者不說夏州所在 車胤撰桓溫集云 夏口城上數里有洲 名夏州 東有夏州謂此也

[색은] 배인이 《좌씨》 및 차윤이 설명한 하주에 의거한 것은 그 문장이 매우 분명한데, 유백장이 하주후夏州侯의 본국本國으로 삼은 것은 또한 뜻을 얻지 못한 것이다.

裴駰據左氏及車胤說夏州 其文甚明 而劉伯莊以爲夏州侯之本國 亦未爲得也

대강은 중주中州이다. 하수구夏水口는 형주荊州 강릉현 동남쪽 25
리에 있다.

大江中州也 夏水口在荊州江陵縣東南二十五里

⑤ 海陽해양

살펴보니 〈지리지〉에 해양海陽은 없다. 유씨가 말했다. "초나라
동쪽 경계이다."

按 地理志無海陽 劉氏云楚之東境

⑥ 洞庭동정

지금의 청초호가 이곳이고 악주岳州의 영역에 있다.

今之青草湖是也 在岳州界也

⑦ 蒼梧창오

지명이다. 〈지리지〉에 창오군이 있다.

地名 地理志有蒼梧郡

창오산은 도주道州 남쪽에 있다.

蒼梧山在道州南

⑧ 陘塞郇陽형새순양

서광이 말했다. "《춘추》에 '마침내 초나라를 정벌해 형陘에 주둔
했다.'라고 했다. 초위왕 11년에 위나라는 초나라의 형산陘山을 무너뜨렸
다. 석현析縣에는 균수鈞水가 있는데 혹시 순양郇陽은 지금 순양順陽일
까? 다른 판본에 '북쪽에는 분汾과 형陘의 요새가 있다.'고 한다."

徐廣曰 春秋曰 遂伐楚 次于陘 楚威王十一年 魏敗楚陘山 析縣有鈞水 或者郇

陽今之順陽乎 一本北有汾陘之塞也

색은 형산은 초나라 북쪽 경계에 있다. 《육국연표》 초위왕 11년, 위나라

가 초나라 형산을 무너뜨렸다고 한 것이 이것이다. 郇의 발음은 '순荀'이

다. 북쪽에는 순양郇陽이 있는데, 그 땅은 여남군과 영천군 경계에 있다.

〈지리지〉와 《태강지기》를 조사해 보니 북쪽 국경에 모두 순읍郇邑이 없

다. 순읍은 하동군에 있는데 진晉 땅이다. 순양을 헤아려 보니 신양新陽

이 되어야 하는데 발음이 서로 비슷해 글자가 변한 것이다. 여남군에 신

양현이 있는데 응소는 '신수新水의 북쪽에 있다.'라고 했다. 오히려 빈읍

豳邑이 변해서 순栒이 된 것이 또한 당연하다. 서광이 '순양은 신양愼陽이

되어야 한다.'라고 한 것은 아마 그 뜻에서 멀 것이다.

陘山在楚北境 威王十一年 魏敗楚陘山是也 郇音荀 北有郇陽 其地當在汝南潁

川之界 檢地理志及太康地記 北境竝無郇邑 郇邑在河東 晉地 計郇陽當是新陽

聲相近字變耳 汝南有新陽縣 應劭云在新水之陽 猶豳邑變爲栒 亦當然也 徐氏

云郇陽當是愼陽 蓋其疏也

정의 형산은 정주鄭州 신정현 서남쪽 30리에 있다. 순양順陽의 옛 성은

정주 양현 서쪽 140리에 있다.

陘山在鄭州新鄭縣西南三十里 順陽故城在鄭州穰縣西百四十里

진나라를 위협할 나라로는 초나라만 한 나라가 없습니다. 초나라

가 강해지면 진나라는 약해질 것이고 진나라가 강해지면 초나라

는 약해지니 그 형세상 두 나라가 양립할 수 없습니다. 그러므로

대왕을 위해 계획한다면 합종책을 따라 친해진다면 진나라를 고립시키는 것만 못할 것입니다. 대왕께서 합종책을 따라 친해지지 않으면 진나라는 반드시 양쪽의 군사를 일으켜 한 군은 무관武關으로 나가고 한 군은 검중黔中으로 내려올 것이니 언鄢과 영郢①이 흔들릴 것입니다.

신이 듣건대, 어지러워지기 전에 다스리고, 일이 생기기 전에 방비해야 한다고 했습니다. 우환이 닥친 뒤에 근심해 봐야 이미 미칠 수가 없게 됩니다. 그러므로 대왕께서는 서둘러 곰곰이 생각해 보시기를 바랍니다.

秦之所害莫如楚 楚彊則秦弱 秦彊則楚弱 其勢不兩立 故爲大王計 莫如從親以孤秦 大王不從〔親〕秦必起兩軍 一軍出武關 一軍下黔中 則鄢郢①動矣 臣聞治之其未亂也 爲之其未有也 患至而後憂之 則無及已 故願大王蚤孰計之

① 鄢郢언영

집해 서광이 말했다. "지금의 남군 의성宜城이다."

徐廣曰 今南郡宜城

정의 언향鄢鄉 옛 성은 양주襄州 솔도현 남쪽 9리에 있다. 안영성安郢城은 형주 강릉현 동북쪽 6리에 있다. 진나라 군사가 무관에서 출동하면 곧 언鄢에 다다른다. 군사가 검중黔中으로 내려오면 곧 영郢에 다다른다.

鄢鄉故城在襄州率道縣南九里 安郢城在荊州江陵縣東北六里 秦兵出武關 則臨鄢矣 兵下黔中 則臨郢矣

대왕께서 진실로 신의 말을 들어주신다면, 신은 산동山東의 나라들로 하여금 네 계절에 공물을 바치고, 대왕의 밝은 가르침을 받들어 사직을 맡기고 종묘를 받들며 군사를 훈련시키고 병기兵器를 수리하여 대왕께서 사용할 수 있도록 하겠습니다. 대왕께서 진실로 신의 어리석은 계획을 쓴다면, 한, 위, 제, 연, 조, 위衛나라의 훌륭한 음악과 미인들로 반드시 후궁을 채우고 연나라와 대代에서 나는 낙타와 좋은 말이 반드시 밖의 마구간에 가득할 것입니다. 그러므로 합종책을 쓰게 되면 초나라가 왕이 되고 연횡책이 성공하면 진나라가 제帝가 되는 것입니다. 지금 패왕의 과업을 버리고 남을 섬긴다는 명분을 가지는데 신 몰래 대왕께서 취하지 않았으면 하는 것입니다.

대저 진나라는 호랑이나 이리와 같은 나라로 천하를 집어삼키려는 마음을 가졌습니다. 진나라는 천하의 원수입니다. 연횡론자는 모두 제후들의 땅을 떼어 진나라를 섬기고자 하니, 이것이 이른바 원수를 기르면서 그 원수를 받든다고 하는 것입니다. 대저 남의 신하 된 자가 그 군주의 땅을 떼어 강한 호랑이와 이리 같은 진나라와 외교를 맺으면서 천하를 침해하려고 하는데, 마침내 진나라가 침략하는 우환이 닥쳐도 그 재앙을 돌아보지는 않을 것입니다. 대저 밖으로 강한 진나라의 위엄을 끼고 안으로 그 군주를 겁주며 땅을 떼어주기를 요구하니 대역죄로 불충함이 이보다 지나친 것이 없습니다.

그러므로 합종으로 (제후들과) 친하게 되면 제후들이 땅을 떼어 초나라를 섬기게 되고 연횡에 영합하면 초나라는 땅을 떼어 진나라를 섬기게 됩니다. 이 두 가지 책략은 서로 거리가 먼 것인데 둘 중에 대왕께서는 어느 것을 택하시겠습니까? 그러므로 폐읍敝邑의 조나라 군주께서는 신을 보내 어리석은 계책을 바쳐서 맹약을 받들게 하셨으니, 대왕의 명령에 달려 있습니다."

초왕이 대답했다.

"과인의 나라는 서쪽으로 진나라와 국경을 접하고 있는데 진나라는 파巴와 촉蜀을 들어 한중漢中을 병탄하고자 하는 마음이 있소.① 진나라는 호랑이나 이리와 같은 나라로 친하게 지낼 수 없습니다. 한나라와 위나라는 진나라에 핍박당해 함께 치밀하게 계책을 세우지 못할 것이며, 함께 세운 계책은 배신자가 진나라에 일러바쳐 계책이 미처 시행되기도 전에 국가가 위태해칠까 두렵소.

과인이 스스로 헤아려 보면 초나라가 진나라를 맞선다면 승리할 수 없으며 안으로 여러 신하와 모의해도 믿고 의지하기에 족하지 않소. 과인은 누워도 잠자리가 편안하지 않고 먹어도 맛을 느끼지 못하며 마음은 마치 매달려 있는 깃발과 같이 흔들려서 안정되지② 못하고 있소. 지금 그대가 천하를 하나로 만들어 제후들을 수습하고 위태한 나라들을 보존시키려고 하니 과인은 삼가 사직을 받들어 그대의 뜻을 따르겠소."

이에 여섯 나라가 합종책으로 힘을 합했다. 소진이 합종책의 맹약에 우두머리가 되었고 여섯 나라의 재상도 겸직했다.

大王誠能聽臣 臣請令山東之國奉四時之獻 以承大王之明詔 委社稷 奉宗廟 練士厲兵 在大王之所用之 大王誠能用臣之愚計 則韓魏齊燕趙衞之妙音美人必充後宮 燕代橐駝良馬必實外廄 故從合則楚王 衡成則秦

帝 今釋霸王之業 而有事人之名 臣竊爲大王不取也 夫秦 虎狼之國也
有吞天下之心 秦 天下之仇讎也 衡人皆欲割諸侯之地以事秦 此所謂養
仇而奉讎者也 夫爲人臣 割其主之地以外交彊虎狼之秦 以侵天下 卒有
秦患 不顧其禍 夫外挾彊秦之威以內劫其主 以求割地 大逆不忠 無過此
者 故從親則諸侯割地以事楚 衡合則楚割地以事秦 此兩策者相去遠矣
二者大王何居焉 故敝邑趙王使臣效愚計 奉明約 在大王詔之 楚王曰 寡
人之國西與秦接境 秦有舉巴蜀并漢中之心① 秦 虎狼之國 不可親也 而
韓魏迫於秦患 不可與深謀 與深謀恐反人以入於秦 故謀未發而國已危
矣 寡人自料以楚當秦 不見勝也 內與群臣謀 不足恃也 寡人臥不安席
食不甘味 心搖搖然如縣旌而無所終薄② 今主君欲一天下 收諸侯 存危
國 寡人謹奉社稷以從 於是六國從合而并力焉 蘇秦爲從約長 并相六國

① 竝漢中之心병한중지심

신주 진나라가 초나라 옛 수도이던 단양丹陽이 위치한 한수 중류일대
를 빼앗아 한중군을 설치한 것은 초나라 위왕을 이은 회왕 때이다.

② 薄박

집해 薄의 발음은 '박[白洛反]'이다.

白洛反

미미한 합종과 소진의 죽음

북쪽으로 조趙나라 군주에게 보고하러 가는데, 그 행렬이 낙양을 지나게 되었다. 이에 따르는 수레와 기병과 짐을 실은 수레들에는 제후들이 각각 사신을 보내 선물로 준 물품들이 많아서 왕과 비견할① 정도였다. 주나라 현왕顯王이 듣고 두려워서 길을 청소하고 사람을 시켜 교외에서 위로하게 했다.② 소진의 형제들과 아내와 형수는 눈을 내리깔고 감히 쳐다보지 못하고 엎드려서 식사를 대접하였다. 소진이 웃으면서 그의 형수에게 말했다.

"어찌하여 지난날에는 거만하더니 지금은 공손하십니까?"

형수가 뱀처럼 몸을 구부리고 기어가면서③ 얼굴을 땅에 묻고 사과하여 말했다.

"계자季子(소진의 자)④의 지위가 높고 재물이 많은 것을 보았기 때문입니다."

소진이 한숨을 쉬며 탄식해 말했다.

"이는 한 사람의 몸인데 부귀하면 친척들이 두려워하고 빈천하면 얕보고 쉽게 여기니, 하물며 보통 사람들이랴. 또 나에게 낙양의 성곽 옆에 밭⑤이 두어 뙈기만 있었어도 내 어찌 여섯 나라 재상의 인수를 찰 수 있었겠는가."

이에 1,000금을 흩어서 종족과 붕우에게 나누어주었다. 애초에, 소진이 연나라에 갈 때 남에게 100전을 빌려 노자로 삼았는데 부귀하게 되자 100금으로 보상했다. 또 일찍이 덕을 본 자에게 두루 보상했다. 그를 따랐던 자 한 사람만 보상을 받지 못했다. 이에 앞으로 와서 스스로 말하자 소진이 말했다.

"나는 그대를 잊지 않았다. 그대는 나와 함께 연나라에 이르렀는데 두세 번 나를 이수易水 부근에서 버리고자 했다.[6] 바야흐로 이때 나는 곤란했으므로 그대를 깊이 원망한 까닭에 그대를 뒤에 둔 것이다. 그대는 이제 또한 보상을 받을 것이다."

北報趙王 乃行過雒陽 車騎輜重 諸侯各發使送之甚衆 疑[1]於王者 周顯王聞之恐懼 除道 使人郊勞[2] 蘇秦之昆弟妻嫂側目不敢仰視 俯伏侍取食 蘇秦笑謂其嫂曰 何前倨而後恭也 嫂委虵蒲服[3] 以面掩地而謝曰 見季子[4]位高金多也 蘇秦喟然歎曰 此一人之身 富貴則親戚畏懼之 貧賤則輕易之 況衆人乎 且使我有雒陽負郭田[5]二頃 吾豈能佩六國相印乎 於是散千金以賜宗族朋友 初 蘇秦之燕 貸人百錢爲資 乃得富貴 以百金償之 徧報諸所嘗見德者 其從者有一人獨未得報 乃前自言 蘇秦曰 我非忘子 子之與我至燕 再三欲去我易水之上[6] 方是時 我困 故望子深 是以後子 子今亦得矣

① 疑의

색은 의疑는 '의擬'(비기다)로 해독해야 한다.

疑作擬讀

② 使人郊勞사인교로

집해 《의례》에서 말한다. "빈賓이 가까운 교외에 이르면 군주는 경卿을 시켜 조복을 입고 비단 꾸러미를 가지고 가서 위로하게 한다."

儀禮曰 賓至近郊 君使卿朝服用束帛勞

③ 委蛇蒲服위사포복

색은 위사委蛇는 얼굴을 땅으로 가리고 나아가는데 뱀이 기어가는 것과 같음을 이른다. 포복蒲服은 곧 포복匍匐이다. 蒲服의 발음은 나란히 '포복蒲仆'이다.

委蛇謂以面掩地而進 若虵行也 蒲服即匍匐 竝音蒲仆

④ 季子계자

집해 초주가 말했다. "소진의 자는 계자季子이다."

譙周曰 蘇秦字季子

색은 살펴보니 그의 형수가 소숙小叔을 불러 계자라고 한 것일 뿐이지 반드시 곧 그의 자字는 아니다. 초윤남이 곧 자字라고 한 것은 뜻을 얻지 못한 것이다.

按 其嫂呼小叔爲季子耳 未必即其字 允南即以爲字 未之得也

⑤ 負郭田부곽전

색은 부負는 등이고 베개이다. 성城 근처의 땅으로 기름지고 윤택하여 가장 비옥하므로 '부곽負郭'이라 했다.

負者 背也 枕也 近城之地 沃潤流澤 最爲膏腴 故曰負郭也

⑥ 去我易水之上거아이수지상

신주 당시 이수易水 남쪽에는 중산국中山國이 있어 동서 양쪽으로 연나라와 조나라를 끼고 있었다. 그래서 소진은 이수를 건너갈 수 없었을 것이다. 조나라가 중산국을 멸망시킨 서기전 296년 이후에야 연나라가 조나라에게 이수 부근의 땅을 얻어서 건너갈 수 있었다.

소진이 이미 여섯 나라에 합종책으로 친교할 것을 맹약하고 조나라로 돌아왔다. 조나라 숙후는 소진을 봉해 무안군武安君으로 삼고 이에 합종책의 맹약서를 진秦나라에 보냈다.① 진나라 군사는 감히 함곡관 밖을 15년간 넘보지 못했다.②

그 뒤 진나라는 서수犀首를 보내 제나라와 위나라를 속여서 함께 조나라를 치게하여 합종책의 맹약을 무너뜨리려 했다. 제나라와 위나라가 조나라를 정벌하자③ 조왕(숙후)이 소진을 꾸짖었다. 소진은 두려워하고 연나라에 사신으로 가기를 청하며 반드시 제나라에 보복하겠다고 했다. 소진이 조나라를 떠나자④ 합종책의 맹약은 모두 와해되었다.

蘇秦既約六國從親 歸趙 趙肅侯封爲武安君 乃投從約書於秦① 秦兵不敢闚函谷關十五年② 其後秦使犀首欺齊魏 與共伐趙③ 欲敗從約 齊魏伐趙 趙王讓蘇秦 蘇秦恐 請使燕 必報齊 蘇秦去趙④而從約皆解

---

① 投從約書於秦투종약서어진

색은 합종의 맹약서를 갖춘 것이다. 살펴보니 여러 판본에는 '투投'로 되어 있다. 설設이라고 말한 것은 그 합종의 맹약을 6개국에 선포한 일을 진나라에 알린 것을 이른다. 만약 '투投'로 되어 있다면 또한 해석하는 것이 쉽다.

乃設從約書 案 諸本作投 言設者 謂宣布其從約六國之事以告於秦 若作投 亦 爲易解

② 闚函谷關十五年규함곡관십오년

신주 당시 진나라는 위나라 하서 땅을 차지하는데 목적이 있었고 그 것을 달성하는 것이 주목적이었으므로 함곡관 너머를 넘보지 않았다. 하서 땅을 다 차지해야 함곡관 너머를 본격적으로 노릴 수 있기 때문이 다. 이후에 진나라는 위나라 하서 땅을 모두 차지했다.

③ 齊魏伐趙제위벌조

신주 조나라 숙후 18년(서기전 332)이다.

④ 去趙거조

집해 서광이 말했다. "처음 연나라에 유세한 것으로부터 이에 이르기 까지 3년이다."

徐廣曰 自初說燕至此三年

진나라 혜왕은 그의 딸을 연나라 태자의 아내로 삼아주었다. 이 해에 연나라 문후가 죽고 태자가 뒤를 이었는데,[①] 이이가 연나라 역왕易王이다. 역왕이 처음 즉위하자 제나라 선왕[②]은 연나라의 국상國喪을 기회 삼아 연나라를 정벌하고 10개 성을 빼앗았다. 역왕이 소진에게 말했다.

"지난날 선생이 연나라에 이르렀을 때, 선왕先王[③]께서는 선생에게 자금을 주고 조나라 왕을 만나게 하여 마침내 여섯 나라가 합종책을 약속했소. 지금 제나라가 먼저 조나라를 정벌하고 다음은 연나라에 이르렀으니 선생 때문에 천하의 웃음거리가 되었소. 선생께서는 연나라를 위해 빼앗긴 땅을 찾아 올 수 있겠소?"

소진이 크게 부끄러워하고 말했다.

"청컨대 왕을 위해[④] 찾아오겠습니다."

秦惠王以其女爲燕太子婦 是歲 文侯卒 太子立[①] 是爲燕易王 易王初立 齊宣王[②]因燕喪伐燕 取十城 易王謂蘇秦曰 往日先生至燕 而先王[③]資先生見趙 遂約六國從 今齊先伐趙 次至燕 以先生之故爲天下笑 先生能爲燕得侵地乎 蘇秦大慙 曰 請爲王[④]取之

① 是歲 文侯卒 太子立시세 문후졸 태자립

신주 당시 연문공이 죽고 연나라 태자가 뒤를 이어 즉위하였는데 이때는 연역왕 원년이고, 조숙후 18년이다.

② 齊宣王제선왕

신주 당시 제나라는 위왕威王의 치세였다.

③ 先王선왕

신주 당시는 연나라 역왕이 즉위한 원년이다. 〈연소공세가〉에 의하면, 연나라 역왕은 재위 10년에 왕이라고 하였다. 따라서 '선군先君'이라 해야 한다.

④ 爲王위왕

신주 '위군爲君'이라 해야 한다.

이에 소진은 제왕을 만나 재배하고 엎드려 경하하고는 고개를 들어 조문의 말을 했다.① 제왕이 말했다.

"이 어찌 경하와 조문을 동시에 급히 하오?"

소진이 대답했다.

"신이 듣건대 굶주린 사람이 굶주려도 오훼烏喙를 먹지 않는 이유는,② 그것을 먹으면 배가 점점 부르지만 굶주려 죽는 것과 같은 고통이 있기 때문입니다.③ 지금 연나라가 비록 약하고 작지만 곧 진왕秦王의④ 젊은 사위입니다. 대왕께서 연나라의 10개 성을 차지한 것을 이롭게 여기신다면 길이 강한 진나라와 원수가 될 것입니다. 지금 약한 연나라로 하여금 기러기가 갈 때처럼 선봉이 되게 하고 강한 진나라가 그 뒤를 막아선다면 천하의 정예병을 부르게 될 것이니, 이것은 오훼를 먹는 것과 같습니다."

제왕이 초연愀然하게⑤ 얼굴색을 바꾸며 말했다.

"그렇다면 어찌해야 하오?"

소진이 말했다.

"신이 듣건대, 옛날에 일을 잘 제어하는 자는 화를 복으로 바꾸고 실패로 인하여 공을 이룬다고 했습니다. 대왕께서 진실로 신의 계책을 들어주신다면, 바로 연나라에 10개 성을 돌려주십시오. 연나라는 까닭 없이 10개 성을 얻으면 반드시 기뻐할 것이며 진왕도 자기 때문에 연나라의 10개 성을 돌려주었다는 것을 알게 되면 또한 반드시 기뻐할 것입니다. 이것이 이른바 원수를 버리고 돌 같이 굳건한 교분을 쌓는다고 하는 것입니다. 대저 연나라와 진나라가 함께 제나라를 섬기게 되면, 대왕께서 천하에 호령해도 감히 듣지 않을 자가 없을 것입니다. 이것은 왕이 빈말로써 진나라에 붙으면서 10개 성으로 천하를 취하는 것입니다. 이것이 패왕의 업입니다."

제왕이 말했다.

"좋소."

이에 연나라에 10개 성을 돌려주었다.

蘇秦見齊王 再拜 俯而慶 仰而弔[①] 齊王曰 是何慶弔相隨之速也 蘇秦曰 臣聞飢人所以飢而不食烏喙者[②] 爲其愈充腹而與餓死同患也[③] 今燕雖弱小 即秦王之[④]少壻也 大王利其十城而長與彊秦爲仇 今使弱燕爲鴈行而彊秦敝其後 以招天下之精兵 是食烏喙之類也 齊王愀然[⑤]變色曰 然則奈何 蘇秦曰 臣聞古之善制事者 轉禍爲福 因敗爲功 大王誠能聽臣計 即歸燕之十城 燕無故而得十城 必喜 秦王知以己之故而歸燕之十城 亦必喜 此所謂棄仇讎而得石交者也 夫燕秦俱事齊 則大王號令天下 莫敢不聽 是王以虛辭附秦 以十城取天下 此霸王之業也 王曰 善 於是乃歸燕之十城

① 俯而慶 仰而弔부이경 앙이조

색은 유씨가 말했다. "당시에 경사와 조사에는 그에 상응하는 말이 있어야 하는데 다만 사가가 기록하지 않았을 뿐이다."

劉氏云 當時慶弔應有其詞 但史家不錄耳

② 烏喙者오훼자

집해 《본초경》에서 말한다. "오두풀이 일명 오훼이다."

本草經曰 烏頭 一名烏喙

색은 喙의 발음은 '탁卓' 또는 '훼[許穢反]'이다. 지금의 독약인 오두가 이것이다.

烏喙 音卓 又音許穢反 今之毒藥烏頭是

정의 《광아》에서 말한다. "착해爛奚는 독부자毒附子이다. 한 해가 되면 오훼烏喙가 되고 3년이 되면 부자附子가 되고 4년이 되면 오두烏頭가 되고 5년이 되면 천웅天雄이 된다."

廣雅云 爛奚 毒附子也 一歲爲烏喙 三歲爲附子 四歲爲烏頭 五歲爲天雄

③ 與餓死同患也여아사동환야

색은 유씨는 유愈는 잠暫과 같다고 했는데 잘못이다. 오두를 먹으면 그 잠시는 굶주림이 나아지고 배를 채우게 되지만, 잠깐 동안에 독이 퍼져 죽게 되니 또한 굶주려 죽는 것과 같은 고통이 있는 것을 이른다.

劉氏以愈猶暫 非也 謂食烏頭爲其暫愈飢而充腹 少時毒發而死 亦與飢死同患也

④ 秦王之진왕지

신주 이때 진나라는 혜문군 6년이다. 혜문군은 재위 14년에 왕을 칭하여 혜문왕 후원년이 된다. 따라서 일반 문장에서는 혜왕이라 일컬을 수 있지만 대화체에서는 절대 '왕'이라 할 수 없다. 당연히 '진군秦君'이라 해야 한다.

⑤ 愀然초연

색은 愀의 발음은 '주[自酋反]' 또는 '초[七小反]'이다.

愀音自酋反 又七小反

신주 초연은 발끈해서 안색이 변하는 모양이다.

사람들이 소진을 헐뜯어 말했다.

"(소진은) 좌우를 오가면서 나라를 팔아먹는 것을 반복하는 신하이니 장차 난을 일으킬 것이다."

소진이 죄를 얻을까 두려워서 (연나라로) 돌아왔는데, 연왕은 관직에 복직시키지 않았다. 소진이 연왕을 만나 말했다.

"신은 동주東周의 시골 사람이며 한 치의 공로도 세운 것은 없지만 왕께서① 친히 종묘에서 제수하고 조정에서 예우했습니다. 지금 신은 왕을 위해 제나라 군사를 물리치고 10개 성을 되찾게 하였으니 더욱 가까이해야 마땅할 것입니다. 지금 돌아왔지만 왕께서 신에게 관직을 내리지 않은 것은 사람들이 반드시 신을 믿지 못할 사람이라고 왕에게 헐뜯었기 때문일 것입니다.

신을 믿지 않는 것은 왕에게는 복입니다. 신이 듣건대 충忠과 신信은 스스로를 위하기 때문이고 (제나라가) 차지한 곳으로 나아가는 것은 남을 위하기 때문이라고 했습니다. 더욱이 신이 제나라 왕을 설득한 것은 일찍이 속인 것이 아닙니다. 신이 늙은 어머니를 동주東周에 버려둔 것은 진실로 스스로 위하는 것을 버리고 (제나라가) 차지한 곳으로 나아가는 행동을 한 것입니다. 지금도 효도로는 증삼曾參②과 같고 청렴으로는 백이伯夷와 같고 믿음으로는 미생尾生③과 같은 자가 있을 것입니다. 이러한 세 사람을 얻어서 대왕을 섬기게 한다면 어떻습니까?"

人有毀蘇秦者曰 左右賣國反覆之臣也 將作亂 蘇秦恐得罪歸 而燕王不復官也 蘇秦見燕王曰 臣 東周之鄙人也 無有分寸之功 而王① 親拜之於廟而禮之於廷 今臣爲王卻齊之兵而(攻)得十城 宜以益親 今來而王不官臣者 人必有以不信傷臣於王者 臣之不信 王之福也 臣聞忠信者 所以自爲也 進取者 所以爲人也 且臣之說齊王 曾非欺之也 臣棄老母於東周 固去自爲而行進取也 今有孝如曾參② 廉如伯夷 信如尾生③ 得此三人者以事大王 何若

① 而王이왕

신주 앞에 주석처럼, 역왕은 재위 11년에 왕을 칭했으니 대화체에서 왕이라는 말이 나올 수 없다. 당연히 '공公' 등이라 해야 한다. 이 뒤의 대화들도 모두 마찬가지이다. 《전국책》에는 이 때문에 당시 군주를 칭하던 '족하足下'라고 기록하였다.

② 曾參증삼

공자의 제자 증자曾子이다.

③ 尾生미생

춘추시대 사람으로 약속은 반드시 지키는 사람의 대명사이다.

왕이 말했다.

"만족할 것이오."

소진이 말했다.

"효성이 증삼과 같으니 의로 보아 그의 어버이를 떠나 하룻밤도 밖에서 잘 수 없을 것인데, 왕께서는 또 어찌 1,000리 밖을 가게 하여 약한 연나라의 위태한 왕을 섬기게 할 수 있습니까? 청렴하기가 백이와 같으니 의로써 고죽군孤竹君의 후계자가 되지 않았고 무왕의 신하가 되는 것을 좋아하지 않았으며 제후로 봉함을 받지 않고 수양산 아래에서 굶주려 죽었습니다. 청렴함이 이와 같다면 왕께서는 또 어찌 1,000리 밖을 가게 하여 제나라에서 차지한 곳으로 나아가게 하실 수 있겠습니까? 믿음이 미생과 같으니 여자와 다리 밑에서 만나자고 약속했는데 여자는 오지 않고 물이 불어났는데도 떠나지 않고 다리의 기둥을 붙들고 있다 죽었습니다. 믿음이 이와 같다면 왕께서는 또 어찌 1,000리 밖을 가게 하여 제나라의 강한 군사를 물리치게 하실 수 있겠습니까? 신은 이른바 충성과 믿음으로 군주에게 죄를 얻었기 때문입니다."

연왕이 말했다.

"그대는 충성스럽고 신실하지 않았을 뿐이오. 어찌 충성스럽고 신실하면서 죄를 얻을 수 있겠소?"

소진이 말했다.

"그렇지 않습니다. 신이 듣건대, 어떤 객이 멀리서 관리가 되었는데 그의 아내는 다른 사람과 간통했습니다. 그의 남편이 장차 돌아올 때가 되자 그의 아내와 간통한 자가 걱정했는데, 아내가 말하기를 '걱정하지 마시오. 내가 이미 술에 약을 타서 기다리고 있습니다.'라고 했습니다. 3일이 되어서 그의 남편이 과연 집으로 돌아왔는데, 아내는 첩을 시켜서 약을 탄 술을 가져가 올리게 했습니다. 첩은 술에 독약이 든 것을 말하고자 했으나 그러면 본처에게 쫓겨날까 두려웠습니다. 말하지 않으려고 했으나 그러면 남편을 죽이게 될까 두려웠습니다. 이에 거짓으로 넘어져서^① 술을 엎어 버렸습니다. 남편이 크게 노하고 태형笞刑 50대를 치게 했습니다. 이 때문에 첩이 한 번 넘어져서 술을 엎어버리자 위로는 남편을 보존하고 아래로는 본처를 보존하게 했으나 태형을 면치 못했으니 어찌 충성스럽고 신실한 것이 죄가 아니라고 할 수 있겠습니까? 대저 신의 허물은 불행히도 이와 같은 것입니다."

연왕이 말했다.

"선생께서는 다시 예전의 관직으로 나아가시오."

그리하여 더욱 두텁게 소진을 대우했다.

王曰 足矣 蘇秦曰 孝如曾參 義不離其親一宿於外 王又安能使之步行千里而事弱燕之危王哉 廉如伯夷 義不爲孤竹君之嗣 不肯爲武王臣 不受封侯而餓死首陽山下 有廉如此 王又安能使之步行千里而行進取

於齊哉 信如尾生 與女子期於梁下 女子不來 水至不去 抱柱而死 有信
如此 王又安能使之步行千里卻齊之彊兵哉 臣所謂以忠信得罪於上者
也 燕王曰 若不忠信耳 豈有以忠信而得罪者乎 蘇秦曰 不然 臣聞客有
遠爲吏而其妻私於人者 其夫將來 其私者憂之 妻曰 勿憂 吾已作藥酒
待之矣 居三日 其夫果至 妻使妾擧藥酒進之 妾欲言酒之有藥 則恐其
逐主母也 欲勿言乎 則恐其殺主父也 於是乎詳僵^①而棄酒 主父大怒 笞
之五十 故妾一僵而覆酒 上存主父 下存主母 然而不免於笞 惡在乎忠
信之無罪也 夫臣之過 不幸而類是乎 燕王曰 先生復就故官 益厚遇之

① 詳僵양강

색은 詳의 발음은 '양羊'이다. 양詳은 거짓이다. 강僵은 넘어지는 것이
며 僵의 발음은 '강薑'이다.

詳音羊 詳 詐也 僵 仆也 音薑

역왕의 어머니는 문후의 부인인데 소진과 사통했다. 연왕이 알았
지만 섬기기를 더욱 두텁게 했다. 소진이 처벌을 받을까 두려워서
이에 연왕을 설득해 말했다.

"신이 연나라에 있으면 연나라를 중하게 할 수 없으나 제나라에
있게 되면 연나라는 반드시 중하게 될 것입니다."

연왕이 말했다.

"선생께서 하고 싶은 대로 하시오."

이에 소진은 거짓으로 연나라에 죄를 얻었다고 하고, 제나라로 도망쳤는데 제나라 선왕이 객경客卿으로 삼았다.^① 제나라 선왕이 죽자 민왕潛王이 즉위했다.^② 민왕을 설득하여 장례를 후하게 해서 효孝를 밝히고 궁실을 높이며 원유苑囿(대궐에 있는 동산)를 크게 만들어 뜻을 얻은 것을 밝히게 했는데, 제나라를 피폐하게 하여 연나라를 위하고자 한 것이다.

연나라 역왕이 죽고^③ 연쾌燕噲가 즉위하여 왕이 되자, 그 뒤에 제나라 대부들로 소진과 총애를 다투는 자가 많았다. 이에 사람을 시켜 소진을 찔러 죽이게 했지만 죽이지 못하고 치명상을 입히고 달아났다.^④ 제왕은 사람을 시켜 도적을 찾았으나 잡지 못했다. 소진이 장차 죽으려 하면서 제왕에게 말했다.

"신이 곧 죽게 되면 신을 거열형에 처하여 저자에 조리돌리고 '소진이 연나라를 위해 제나라에서 난을 일으켰다.'라고 말하십시오. 이와 같이 하면 신의 도적을 반드시 잡을 것입니다."

이에 그의 말처럼 하자 소진을 살해한 자가 과연 스스로 나왔다. 제왕은 이에 잡아서 처형했다. 연나라에서 소문을 듣고 말했다.

"심하구나. 제나라에서 소생蘇生^⑤을 위해 원수를 갚은 것이여!"

易王母 文侯夫人也 與蘇秦私通 燕王知之 而事之加厚 蘇秦恐誅 乃說燕王曰 臣居燕不能使燕重 而在齊則燕必重 燕王曰 唯先生之所爲 於是蘇秦詳爲得罪於燕而亡走齊 齊宣王以爲客卿^① 齊宣王卒 潛王卽位^② 說潛王厚葬以明孝 高宮室大苑囿以明得意 欲破敝齊而爲燕 燕易王卒^③ 燕噲立爲王 其後齊大夫多與蘇秦爭寵者 而使人刺蘇秦 不死 殊而走^④ 齊王使人求賊 不得 蘇秦且死 乃謂齊王曰 臣卽死 車裂臣以徇

於市 曰 蘇秦爲燕作亂於齊 如此則臣之賊必得矣 於是如其言 而殺蘇
秦者果自出 齊王因而誅之 燕聞之曰 甚矣 齊之爲蘇生⑤報仇也

① 齊宣王以爲客卿제선왕이위객경

집해 서광이 말했다. "연나라 역왕 10년일 때이다."

徐廣曰 燕易王之十年時

신주 역왕 10년은 제나라 위왕 시절이다.

② 齊宣王卒 湣王即位제선왕졸 민왕즉위

신주 연왕 쾌 원년에 제나라는 마침내 위왕이 죽고 선왕이 즉위한다.
즉 민왕이 즉위한 것이 아니라 선왕이 즉위한 것이다.

③ 燕易王卒연역왕졸

집해 서광이 말했다. "역왕 12년에 죽는다."

徐廣曰 易王十二年卒

④ 殊而走수이주

집해 《풍속통의》 한漢나라 법령에 "만이와 융적은 죄가 있으면 마땅
히 죽인다."라고 일컬었다. 수殊는 죽는 것으로 주誅와 같은 뜻이다. 여기
에서 "죽지 않았으나 죽이고 달아났다."라고 한 것은 소진이 이때 곧바로
죽지는 않았지만 이는 죽을 만한 상처였다. 그러므로 '수殊'라고 했다.

風俗通義稱漢令 蠻夷戎狄有罪當殊 殊者 死也 與誅同指 而此云不死 殊而走
者 蘇秦時雖不即死 然是死創 故云殊

⑤ 生생

집해 서광이 말했다. "다른 판본에는 '선先'으로 되어 있다."

徐廣曰 一作先

소대와 소려

소진이 죽고 나서 그 일이 크게 누설되었다. 제나라는 뒤에 이러한 소문을 듣고 연나라를 원망하고 노여워했다. 연나라는 매우 두려워했다. 소진의 아우는 소대蘇代이고 소대의 아우는 소려蘇厲인데, 형이 성취한 것을 보고 또한 모두 (유세술을) 배웠다. 소진이 죽음에 이르자 소대는 연왕燕王을 만나보고서 (소진의) 옛일을 잇고자 해서 말했다.

"신은 동주東周 시골 사람입니다. 가만히 들어보니 대왕께서 의義가 매우 높다고 하여 제가 민첩하지는 못하나 호미와 가래를 버리고 대왕에게 만나 뵙기를 청한 것입니다. 한단邯鄲(조나라 수도)에 이르렀는데, 본 것들이 동주에서 들은 것보다 못했습니다. 신은 가만히 그 뜻을 버리고 연나라 조정에 이르러서 왕의 여러 신하와 하급 관리들을 관찰하고서 왕께서 천하의 명철한 왕이라고 여기게 되었습니다."

연왕이 말했다.

"그대가 명철한 왕이라고 한 것은 무엇을 이르는 것인가?"

소대가 대답했다.

"신이 듣건대, 명철한 왕은 자신의 과실을 듣는데 힘쓰고, 자신이 잘한 것을 듣고자 하지 않는다고 하니, 신은 왕의 과실을 말씀드리려고 청한 것입니다. 대저 제나라와 조나라는 연나라의 원수입니다. 초나라와 위나라는 연나라의 원조국입니다. 그러나 지금 왕께서 원수 나라를 받들면서 원조한 나라를 치고자 하시는데 연나라에 이로운 것이 아닙니다. 왕께서 스스로 그것을 잘 생각하셔야 합니다. 이것은 계책이 잘못된 것입니다. 그런데도 왕에게 알리는 신하가 없는 것은 충신이 아니기 때문입니다."

蘇秦既死 其事大泄 齊後聞之 乃恨怒燕 燕甚恐 蘇秦之弟曰代 代弟蘇厲 見兄遂 亦皆學 及蘇秦死 代乃求見燕王 欲襲故事 曰臣 東周之鄙人也 竊聞大王義甚高 鄙人不敏 釋鉏耨而干大王 至於邯鄲 所見者紲於所聞於東周 臣竊負其志 及至燕廷 觀王之群臣下吏 王 天下之明王也 燕王曰 子所謂明王者何如也 對曰 臣聞明王務聞其過 不欲聞其善 臣請謁王之過 夫齊趙者 燕之仇讎也 楚魏者 燕之援國也 今王奉仇讎以伐援國 非所以利燕也 王自慮之 此則計過 無以聞者 非忠臣也

왕이 말했다.
"대저 제나라는 참으로 과인의 원수라 정벌하고자 하는 바지만 다만 나라가 피폐해서 힘이 부족한 것이 곧 걱정일 뿐이오. 그대가 연나라로 제나라를 정벌할 수 있게 한다면 과인은 온 나라를 들어 그대에게 맡기겠소."
소대가 대답했다.

"대저 천하에는 교전하는 나라가 7개국인데 그중에 연나라가 가장 약합니다. 홀로 싸우는 것은 불가능하지만 (연나라가) 의지할 곳이 있다면 (그 나라는) 중요해지지 않을 수 없습니다. 남쪽으로 초나라에 의지하면 초나라가 중요해집니다. 서쪽으로 진나라에 의지하면 진나라가 비중이 커집니다. 중앙의 한나라와 위나라에 의지하면 한나라와 위나라가 비중이 커집니다. 진실로 의지하려는 나라가 비중이 커지니 이는 반드시 왕도 비중이 커지게 만들 것입니다.[1]

지금 제나라는 나이가 많은 군주[2]가 자기 생각대로만 하고 있습니다. 남쪽으로 초나라를 5년 동안 공격하느라 비축한 물자가 고갈되었습니다. 서쪽으로 진나라에 3년 동안 곤욕을 치러서 사졸들이 지치고 피폐해졌습니다. 북쪽으로는 연나라 군사와 싸워 삼군三軍을 무너뜨리고 두 장수를 잡아갔습니다.[3]

그런데 그 남은 군사로 남쪽으로 5,000대의 전차를 가진 큰 송宋나라를 무너뜨리고[4] 12명의 제후들을 병합하려 합니다.[5] 이로써 그 군주는 바라는 것을 얻을 수 있지만 그 백성들의 힘은 고갈될 것이니 어찌 만족스럽게 얻었다고 할 수 있겠습니까. 또 신이 듣건대, 자주 싸우면 백성들은 수고롭고 전쟁이 길어지면 병사들은 피폐해진다고 했습니다."

王曰 夫齊者固寡人之讎 所欲伐也 直患國敝力不足也 子能以燕伐齊 則寡人擧國委子 對曰 凡天下戰國七 燕處弱焉 獨戰則不能 有所附則 無不重 南附楚 楚重 西附秦 秦重 中附韓魏 韓魏重 且苟所附之國重 此 必使王重矣[1] 今夫齊 長主[2]而自用也 南攻楚五年 畜聚竭 西困秦三年 士卒罷敝 北與燕人戰 覆三軍 得二將[3] 然而以其餘兵南面擧五千乘之

大宋④ 而包十二諸侯⑤ 此其君欲得 其民力竭 惡足取乎 且臣聞之 數戰
則民勞 久師則兵敝矣

① 所附之國重 此必使王重矣 소부지국중 차필사왕중의
정의 여러 나라에 붙게 되면 여러 나라는 연나라를 중요하게 여겨서
연나라가 높아지고 중요해진다는 말이다.
言附諸國 諸國重燕而燕尊重

② 長主 장주
색은 살펴보니 제왕이 나이가 많다는 것을 이른다. 어떤 곳에는 "제나
라가 강한 까닭에 장주長主라고 말한다."로 되어 있다.
按 謂齊王年長也 或作齊彊 故言長主

③ 得二將 득이장
집해 서광이 말했다. "제나라는 삼군을 무너뜨리고 연나라는 두 장수
를 잃었다."
徐廣曰 齊覆三而燕失二將
색은 살펴보니 서광이 말했다. "제나라는 삼군을 무너뜨리고 연나라
는 두 장수를 잃었다." 또 《전국책》에서 "두 장수를 붙잡았다."라고 했는
데, 또한 연나라 두 장수로서 연나라에서 잃은 것을 이른다.
按 徐廣云齊覆三軍而燕失二將 又戰國策云獲二將 亦謂燕之二將 是燕之失也
신주 이 사건에 대해서 《사기지의》에서는 의문을 표하였고, 《전국책》
주석에는 이런 일이 없다고 하였다.

④ 擧五千乘之大宋거오천승지대송

정의 〈육국연표〉 '제표'에 "제민왕齊湣王 38년에 송나라를 멸하였다."
라고 했는데 이는 주나라 난왕赧王 29년에 해당한다. 여기에서는 연나라
쾌噲 때로 설명했으니 이는 주나라 신왕愼王 때에 해당하는데 제나라가
송나라를 멸하기 30여 년 전의 일이니 아마 문장이 잘못된 것이다.

齊表云齊湣王三十八年滅宋 乃當赧王二十九年 此說乃燕噲之時 當周愼王之
時 齊〔滅〕宋在前三十餘年 恐文誤矣

신주 단지 송나라 문제만이 아니라, 여기 언급된 전쟁은 모두 연왕 쾌
의 재위 말년에 있던 것으로, 역시 《전국책》 등이 훗날 여러 내용들을
뒤섞어 편찬했음을 보여준다. 擧를 '무너뜨렸다'라고 번역하였다.

⑤ 包十二諸侯포십이제후

신주 제나라가 사수泗水 주변의 작은 나라의 제후들을 병합한 일이다.

연왕이 말했다.

"내가 듣건대, 제나라에는 맑은 제수濟水와 탁한 하수河水가 있어
서① 이를 견고한 방비로 삼을 수 있으며 장성長城과 거방鉅防②은
족히 요새가 될 수 있다고 했는데 정말로 그렇소?"

소대가 대답했다.

"천시天時가 도와주지 않으면 비록 맑은 제수와 탁한 하수가 있다
고 하나 어찌 족히 견고한 방비가 되겠습니까? 백성들의 힘이 피
폐해지면 비록 장성이나 거방이 있다고 하나 어찌 족히 요새가

되겠습니까? 또 이전에는 제수의 서쪽③에서 군사행동을 하지 않은 것은 조나라를 대비하기 위해서이고, 하수의 북쪽④에서 군사행동을 하지 않은 것은 연나라를 대비하기 위해서입니다. 지금 제수의 서쪽과 하수 북쪽은 군역을 이미 모두 징발했으니 그 나라는 안으로 피폐해졌습니다.

대저 교만한 군주는 반드시 이익을 좋아하고 망국의 신하는 반드시 재물을 탐합니다. 왕께서 진실로 수치로 여기지 않고 조카⑤나 친동생을 (제나라에) 인질⑥로 보내 보물과 주옥과 비단으로 좌우 사람들을 섬기게 하면, 저들이 장차 연나라를 고맙게 여기고 송나라를 가볍게 여겨서 멸망시키려 할 것이니 이는 제나라를 망하게 할 수 있을 따름입니다."

연왕이 말했다.

"나는 마침내 그대 덕분에 하늘의 명을 받게 되었소."

연나라에서는 이에 연왕의 아들 한 명을 보내 제나라에 인질로 삼게 했다. 소려는 연나라에 인질로 가는 왕자를 통해 제왕(제민왕)을 만나보려고 했다. 제왕은 소진을 원망하며 소려를 감옥에 가두고자 했다. 그러나 연나라에서 인질로 온 왕자가 사죄하자 (소려는) 마침내 예물을 바치고⑦ 제나라의 신하가 되었다.

燕王曰 吾聞齊有清濟濁河① 可以爲固 長城鉅防②足以爲塞 誠有之乎
對曰 天時不與 雖有清濟濁河 惡足以爲固 民力罷敝 雖有長城鉅防 惡
足以爲塞 且異日濟西③不師 所以備趙也 河北④不師 所以備燕也 今濟
西河北盡已役矣 封內敝矣 夫驕君必好利 而亡國之臣必貪於財 王誠
能無羞從子⑤母弟以爲質⑥ 寶珠玉帛以事左右 彼將有德燕而輕亡宋

則齊可亡已 燕王曰 吾終以子受命於天矣 燕乃使一子質於齊 而蘇厲
因燕質子而求見齊王 齊王怨蘇秦 欲囚蘇厲 燕質子爲謝 已遂委質⑦爲
齊臣

① 有清濟濁河유·청제제탁하

정의 제수濟水와 탑수漯水의 두 물길은 위로 황하黃河로 이어져 나란히
임치臨淄와 청주靑州의 북쪽으로 흘러 바다로 들어간다. 황하의 또 다른
근원은 낙주洛州와 위주魏州 두 주의 경계에서 북쪽으로 흘러 바다로 들
어가는데 또한 제나라 서북쪽의 경계이다.
濟漯二水上承黃河 竝淄靑之北流入海 黃河又一源從洛魏二州界北流入海 亦
齊西北界

신주 제수와 탑수가 황하와 이어진다는 것은 황하가 분기한다는 것인
데, 이는 한漢나라 때부터 당나라 때까지 이어진 지리 개념이며, 전국시대
에는 그러지 않았을 것이다. 현재 하북성 남쪽에서 황하가 위 아래로 갈
라지는데 이때 황하의 윗 물줄기가 옛 황하의 주 물줄기이다.

② 長城鉅防장성거방

집해 서광이 말했다. "제북군 노현盧縣에는 방문防門이 있고 또 장성이
있어 동쪽으로 바다에 이른다."
徐廣曰 濟北盧縣有防門 又有長城東至海

정의 장성의 서쪽 끝은 제주濟州 평음현 영역에 있다. 《죽서기년》에서
말한다. "양혜왕 20년에 제민왕이 제방을 쌓아서 장성을 만들었다." 《태
산기》에서 말한다. "태산 서쪽에 장성이 있고 하수 가장자리에서 태산

을 지나 1,000리쯤 흘러 낭야대琅邪臺에 이르러 바다로 들어간다."

長城西頭在濟州平陰縣界 竹書紀年云 梁惠王二十年 齊閔王築防以爲長城 太山記云 太山西有長城 緣河經太山 餘一千里 至琅邪臺入海

③ 濟西제서

정의 제주의 서쪽이다.

濟州已西也

④ 河北하북

정의 창주滄州, 박주博州 등의 주는 탑하漯河의 북쪽에 있다는 것을 이른다.

謂滄博等州 在漯河之北

신주 창주는 옛 발해군으로 이 당시에는 연나라의 땅이었다. '하북'이라는 개념도 후대 한漢나라 이후의 황하 물줄기를 따른 것이다.

⑤ 從子종자

색은 《전국책》에는 '종從'이 '총寵'으로 되어 있다.

戰國策從作寵

⑥ 質질

정의 質의 발음은 '치致'이다.

音致

⑦ 委質위질

정의 質의 발음은 '즐[眞栗反]'이다.

質 眞栗反

신주 처음 벼슬하는 사람이 군주에게 예물을 바치고 자신을 맡기는 것이다.

연나라 재상 자지子之는 소대蘇代와 사돈관계를 맺고 연나라 권력을 얻고자 했다. 이에 소대를 시켜 제나라에 인질로 간 왕자를 모시게 하니, 제나라에서는 소대를 시켜 연나라에 보고하게 했다. 연왕 쾌噲가 물었다.

"제나라 왕이 패자霸者가 되겠소?"

소대가 말했다.

"되지 못할 것입니다."

연왕 쾌가 말했다.

"어째서인가?"

소대가 말했다.

"신하들을 믿지 못하기 때문입니다."

이에 연왕은 자지子之에게 모든 일을 맡기고 왕위까지 사양하니 연나라가 크게 어지러워졌다. 제나라는 연나라를 정벌하고 연왕 쾌와 재상 자지를 살해했다.[①] 연나라에서 소왕昭王을 세우자 소대와 소려는 마침내 감히 연나라로 들어가지 못하고 마침내 모두 제나라로 귀의하였는데 제나라는 이들을 잘 대우했다.

소대가 위魏나라를 지나는데 위나라에서 연나라를 위해 소대를 체포했다. 제나라에서 사람을 보내 위왕에게 말했다.

"제나라에서 송나라 땅을 청해 경양군涇陽君^②을 봉한다고 하더라도 진나라는 반드시 받아들이지 않을 것입니다. 진나라는 제나라와 친하게 지내고 송나라의 땅을 얻는 것을 이롭게 여기지 않는 것이 아니라^③ 제왕과 소자蘇子(소대)를 믿지 않기 때문입니다. 지금 제나라와 위나라가 이처럼 사이가 나쁘니 제나라는 진나라를 속이지 못할 것입니다.

진나라가 제나라를 믿고 제나라와 진나라가 연합한다면 경양군은 송나라 땅을 가지게 될 것이니 위나라에 이로울 것이 없습니다. 그러니 왕께서는 소자를 동쪽으로 보내느니만 못할 것입니다. 그러면 진나라는 반드시 제나라를 의심하고 소자도 믿지 않을 것입니다. 제나라와 진나라가 연합하지 않으면 천하에 변고가 없을 것이고, (송나라를) 정벌하려는 제나라의 형세가 이루어질 것입니다.^④"

이에 소대는 석방되었다. 소대가 송나라로 가자 송나라에서는 그를 잘 대우했다.

燕相子之與蘇代婚 而欲得燕權 乃使蘇代侍質子於齊 齊使代報燕 燕王噲問曰 齊王其霸乎 曰 不能 曰 何也 曰 不信其臣 於是燕王專任子之 已而讓位 燕大亂 齊伐燕 殺王噲子之^① 燕立昭王 而蘇代蘇厲遂不敢入燕 皆終歸齊 齊善待之 蘇代過魏 魏爲燕執代 齊使人謂魏王曰 齊請以宋地封涇陽君^② 秦必不受 秦非不利有齊而得宋地也^③ 不信齊王與蘇子也 今齊魏不和如此其甚 則齊不欺秦 秦信齊 齊秦合 涇陽君有宋地非魏之利也 故王不如東蘇子 秦必疑齊而不信蘇子矣 齊秦不合 天下無變 伐齊之形成矣^④ 於是出蘇代 代之宋 宋善待之

① 殺王噲子之살왕쾌자지

집해 서광이 말했다. "이는 주난왕周赧王의 원년 때이다."

徐廣曰 是周赧王之元年時也

② 涇陽君경양군

정의 경양군은 진왕의 아우이고 이름은 회悝이다. 경양은 옹주雍州의 현이다. 제나라의 소자는 진나라에 고하여 함께 송나라를 정벌하고 경양군을 봉하라고 했다. 그래서 제나라는 이러한 계책을 가설해서 소대를 구원한 것이다.

涇陽君 秦王弟 名悝也 涇陽 雍州縣也 齊蘇子告秦共伐宋以封涇陽君 然齊假設此策以救蘇代

③ 秦非不利有齊而得宋地也진비불리유제이득송지야

정의 제나라는 진나라와 서로 친해져 함께 송나라를 정벌하면 진나라는 송나라의 땅을 얻고 또 제나라는 진나라를 섬기겠다고 말하지만, (진나라는) 제나라와 소대를 믿지 않으므로 아마 성사되지 않을 것이라는 뜻이다.

齊言秦相親共伐宋 秦得宋地 又得齊事秦 不信齊及蘇代 恐爲不成也

④ 伐齊之形成矣벌제지형성의

신주 보통 번역은 '제나라를 정벌할 형세가 이루어진다.'이다. 《전국책》에도 문장이 이와 같다. 하지만 어떻게 자기 나라를 정벌할 형세가 이루어진다고 표현하겠는가? 그래서 위처럼 번역했다. 마침 〈전경중완세가〉에서 소대가 제왕에게 송나라 정벌을 권유하는 대목이 나온다. 따라서 구두점은 '伐, 齊之形成矣'가 되어야 한다.

제나라가 송나라를 정벌하자 송나라가 급박해졌다. 소대는 이에 연나라 소왕에게 서신을 보냈는데 그 편지에 다음과 같이 말했다.①

"대저 만승萬乘의 반열에 있는 나라로서 인질을 제나라에 맡기는 것②은 명성을 떨어뜨리고 권세도 가벼워지는 일입니다. 만승을 받들어 제나라를 도와 송나라를 정벌하는 것은 백성들을 피로하게 하고 재물을 낭비하는 것입니다. 대저 송나라를 쳐부수고 초나라의 회북淮北을 쇠잔하게 하여 제나라를 비대하게 하는 것은 원수 나라를 강하게 하는 것이어서 연나라도 해로울 것입니다.

이 세 가지는 모두 국가를 크게 무너뜨리는 것입니다. 그런데도 왕께서 행하시는 것은 장차 제나라에 신임을 얻고자 하는 것입니다. 하지만 제나라는 왕을 더 불신하는 데다 연나라를 꺼리는 것이 더욱 심해지고 있으니, 이것은 왕의 계책이 잘못된 것입니다. 대저 송나라와 회수淮水 북쪽까지 더하게 되면 강한 만승의 나라가 되는데, 제나라가 이를 병합한다면 이것은 또 하나의 제나라를 보태는 것이 됩니다.③

북이北夷 사방 700리④에 노나라와 위衛나라를 더하면 강한 만승의 나라가 되는데 제나라가 그를 합병하면 이는 2개의 제나라를 보태는 것이 됩니다. 대저 하나의 제나라가 강한 것도 연나라는 이리가 뒤돌아보는 것과 같아 지탱하지 못할 것인데, 지금 3개의 제나라가 연나라를 침범한다면 그 재앙은 틀림없이 커질 것입니다.

齊伐宋 宋急 蘇代乃遺燕昭王書曰[1] 夫列在萬乘而寄質於齊[2] 名卑而權輕 奉萬乘助齊伐宋 民勞而實費 夫破宋 殘楚淮北 肥大齊 讎彊而國害 此三者皆國之大敗也 然且王行之者 將以取信於齊也 齊加不信於王 而忌燕愈甚 是王之計過矣 夫以宋加之淮北 强萬乘之國也 而齊并之 是益一齊也[3] 北夷方七百里[4] 加之以魯衛 彊萬乘之國也 而齊并之 是益二齊也 夫一齊之彊 燕猶狼顧而不能支 今以三齊臨燕 其禍必大矣

① 遺燕昭王書曰유연소왕서왈

정의 이 편지는 송나라를 위해 연나라를 설득하는 것으로 제나라와 양나라(위나라)를 돕지 말라고 한 것이다.

此書爲宋說燕 令莫助齊梁

② 寄質於齊기질어제

정의 연나라는 앞서 한 명의 왕자를 제나라에 인질로 보낸 일이 있었다.

燕前有一子質於齊

③ 是益一齊也시익일제야

정의 다시 회북淮北의 땅을 제나라 도읍에 보태준다면 이는 만승의 국가를 더 강하게 만드는 것으로 제나라에서 이를 모두 병합한다면, 곧 하나의 제나라를 더하는 것이다.

更以淮北之地加於齊都 是强萬乘之國而齊總并之 是益一齊

④ 北夷方七百里북이방칠백리

산융과 북적이 제나라에 붙는 것을 이른다.

謂山戎北狄附齊者

제환공이 산융과 영지令支를 정벌하고 고죽국孤竹國을 처단하고 남쪽의 바닷가로 돌아오자 제후들이 와서 복종하지 않는 자가 없었다.

齊桓公伐山戎令支 斬孤竹而南歸海濱 諸侯莫不來服

북이北夷 사방 700리는 산융과 북적을 뜻할 수도 있지만 문맥으로는 노나라와 위衛나라를 합친 영토를 가리키는 것이며 그것을 제나라가 취하면 또 하나의 제나라가 생긴다는 뜻이다.

비록 그러하나 지혜로운 자는 일을 거행하면서 화를 복으로 바꾸고 실패를 바꾸어서 공으로 만듭니다. 제나라의 자주색 비단은 버려진 흰 비단을 물들인 것인데① 값어치는 열 배입니다.② 월왕 구천은 회계산에서 살면서 다시 강한 오나라를 쳐부수고 천하의 패자가 되었습니다. 이것은 모두 화를 복으로 바꾸고 실패를 바꾸어서 공으로 만든 것입니다.

지금 왕께서 만약 화를 복으로 바꾸고 실패를 바꾸어서 공으로 만드시려면 제나라를 패자霸者로 만들어③ 높이시는 것만 못합니다. 그러려면 사신을 보내 주나라 왕실에 맹약하고 진나라의 부절符節④을 불태우며 말하게 하기를 '가장 좋은 최상의 계책은 진나라를 쳐부수는 것이고 차선책은 반드시 오래토록 배척하는 것입니다.⑤'라고 하는 것입니다.

진나라는 배척당한다는 생각이 들면 방어선이 무너져 진왕은 반드시 근심할 것입니다. 진나라는 5대를 거쳐 제후들을 정벌했는데, 지금 제나라의 아래가 될 것이니 진왕의 뜻은 진실로 제나라를 궁지로 몰 수 있다면 (국력이 약해지더라도) 나라가 공을 세우는 것을 거리끼지 않을 것입니다. 그런즉 왕께서는 어찌하여 말 잘하는 사인을 시켜 이러한 말로써 진왕을 설득하지 않으십니까?

雖然 智者擧事 因禍爲福 轉敗爲功 齊紫 敗素也[1] 而賈十倍[2] 越王句踐 棲於會稽 復殘彊吳而霸天下 此皆因禍爲福 轉敗爲功者也 今王若欲 因禍爲福 轉敗爲功 則莫若挑[3]霸齊而尊之 使使盟於周室 焚秦符[4] 曰 其大上計 破秦 其次 必長賓之[5] 秦挾賓以待破 秦王必患之 秦五世伐 諸侯 今爲齊下 秦王之志苟得窮齊 不憚以國爲功 然則王何不使辯士 以此言說秦王曰

① 齊紫 敗素也제자 패소야

집해 서광이 말했다. "버려진 흰 비단을 가져다 물들여 자주색으로 만든다."

徐廣曰 取敗素染以爲紫

정의 제나라 군주가 자주색을 좋아했기 때문에 제나라 풍속에서 숭상했다. 거친 흰 비단을 취해 물들여 자주색으로 만들면 그 값은 열 배가 되고도 남았다. 제나라가 비록 크다는 명성이 있으나 나라 안은 곤궁하고 피폐하다고 깨우쳐 준 것이다. 《한비자》에서 말한다. "제환공이 자주색 옷을 즐겨 입자 온 나라에서 모두 자주색 옷을 입어서 당시 10필의 흰 비단으로 1필의 자주색 비단을 구하지 못하게 되니 환공이 걱정했다. 관중이 말하기를 '군주께서 그만두게 하시려면 어찌 옷을 입지 말라고 시험해 보지 않으십니까?'라고 했다. 환공이 좌우에게 말하기를 '자주색은 냄새가 고약하다.'라고 했다. 환공이 말한 지 3일 만에 국경 안에는 자주색 옷을 입는 자가 없었다."

齊君好紫 故齊俗尙之 取惡素帛染爲紫 其價十倍貴於餘 喻齊雖有大名 而國中以困弊也 韓子云 齊桓公好服紫 一國盡服紫 當時十素不得一紫 公患之 管仲曰 君欲止之 何不試勿衣也 公謂左右曰 惡紫臭 公語三日 境內莫有衣紫者

② 賈十倍가십배

【색은】 살펴보니 자주색 비단의 가격이 흰 비단보다 열 배 비싼데 본래는 버려진 비단을 이른다. 제나라가 비록 크다는 명성이 있을지라도 그 나라의 안은 곤궁하고 피폐한 것을 깨우쳐 준 것이다.

按 謂紫色價貴於帛十倍 而本是敗素 以喻齊雖有大名 而其國中困弊也

③ 挑조

【정의】 挑의 발음은 '조[田鳥反]'이다. 조挑는 가지는 것이다.

挑 田鳥反 執持也

④ 符부

【정의】 부符는 징조이다.

符 徵兆也

【신주】 신표이며 부절符節이다.

⑤ 其大上計~必長賓之기대상계~필장빈지

【색은】 長은 통상적인 발음으로 읽는다. 빈賓은 '배척'이다.

長音如字 賓爲擯

정의 가장 좋은 최상의 계책은 진나라를 쳐부수는 것이고, 다음의 계
책은 (진나라를) 오래토록 배척해서 관서關西에 버리는 것이다.

大好上計策 破秦 次計 長擯棄關西

(말 잘하는 사인이 진왕을 설득해서) '연나라와 조나라가 송나라를 쳐부
수어 제나라를 살찌게 해주고 제나라를 받들어 그 아래에 있는
것은 연나라와 조나라가 이롭게 여겨서가 아닙니다. 연나라와 조
나라에는 이롭지 않지만 형세가 그렇게 만든 것이고 진나라 왕을
믿지 않기 때문입니다. 그런즉 왕께서는 어째서 믿을 만한 자를
시켜서 연나라와 조나라를 접수하지 않으십니까? 경양군涇陽君과
고릉군高陵君[①]에게 명령을 내려 먼저 연나라와 조나라에 보내십
시오. 진나라에 변란이 있을 때 이로 인해 (두 사람을) 인질로 삼으면
연나라와 조나라는 진나라를 믿을 것입니다.

그러면 진나라는 서제西帝가 되고 연나라는 북제北帝가 되고 조
나라는 중제中帝가 될 것이니 삼제三帝가 서서 천하를 호령할 것
입니다. 한나라와 위나라가 듣지 않으면 진나라가 정벌하고, 제나
라가 듣지 않으면 연나라와 조나라가 정벌하니, 천하에서 누가 감
히 명령을 듣지 않겠습니까? 천하가 복종하여 명령을 듣게 되면,
그대로 한나라와 위나라를 몰아 제나라를 정벌하게 해서 제나라
에「반드시 송나라 땅을 반환하고 초나라 회북 땅을 돌려주라.」라
고 하십시오.

(제나라는) 송나라의 땅을 반환하고 초나라의 회북을 돌려주면 연나라와 조나라는 이로운 바가 될 것입니다. 삼제가 함께 서는 것은 연나라와 조나라가 바라던 것입니다. 대저 실제로 이익을 얻고 높여서 원하는 것을 얻으니, 연나라와 조나라는 제나라 버리기를 짚신을 벗어 던지듯이 할 것입니다. 지금 연나라와 조나라를 거두어 주지 않으신다면 제나라의 패업霸業은 반드시 성공할 것입니다.

제후들이 제나라를 돕는데 왕께서 따르지 않으시면 곧 나라가 정벌당할 것입니다. 제후들이 제나라를 돕는데 왕께서 따르신다면 곧 명성이 낮아질 것입니다. 지금 연나라와 조나라를 거두어 주면 나라는 편안해지고 명성은 높아질 것입니다. 연나라와 조나라를 거두어 주지 않으면 나라는 위태해지고 명성은 낮아질 것입니다. 대저 높고 편안한 것을 버리고 위태롭고 낮아지는 것을 취하는 것은 지혜로운 자가 할 바가 아닙니다.'라고 말하게 하십시오.

燕趙破宋肥齊 尊之爲之下者 燕趙非利之也 燕趙不利而勢爲之者 以不信秦王也 然則王何不使可信者接收燕趙 令涇陽君高陵君^① 先於燕趙 秦有變 因以爲質 則燕趙信秦 秦爲西帝 燕爲北帝 趙爲中帝 立三帝以令於天下 韓魏不聽則秦伐之 齊不聽則燕趙伐之 天下孰敢不聽 天下服聽 因驅韓魏以伐齊 曰 必反宋地 歸楚淮北 反宋地 歸楚淮北 燕趙之所利也 竝立三帝 燕趙之所願也 夫實得所利 尊得所願 燕趙棄齊如脫躍矣 今不收燕趙 齊霸必成 諸侯贊齊而王不從 是國伐也 諸侯贊齊而王從之 是名卑也 今收燕趙 國安而名尊 不收燕趙 國危而名卑 夫去尊安而取危卑 智者不爲也

① 涇陽君高陵君경양군고릉군

[집해] 서광은 말했다. "(좌)풍익의 고릉현이다."

徐廣曰馮翊高陵縣

[색은] 두 사람(경양군, 고릉군)은 진왕의 모제이다. 고릉군 이름은 현顯이고 경양군의 이름은 회悝이다.

二人 秦王母弟也 高陵君名顯 涇陽君名悝

진왕이 만약 이런 말을 들으면 반드시 심장을 찌른 것처럼 느낄 것입니다. 그런즉 왕께서는 어찌하여 말 잘하는 사인을 시켜서 이런 말로 진나라를 설득하지 않으십니까? 진나라는 반드시 취하고서 제나라는 반드시 정벌당할 것입니다. 대저 진나라를 끌어들이려면 교제를 두텁게 해야 하고 제나라를 정벌하려면 정당한 이익으로 해야 합니다. 교제를 두텁게 높이고 정당한 이익을 위해 힘쓰는 것은 성왕聖王의 일입니다."

연나라 소왕은 그의 편지 내용을 좋게 여기고 말했다.

"선인께서는 일찍이 소씨가 덕이 있다고 여겼는데 자지子之의 난 때문에 소씨가 연나라를 떠났소. 연나라는 제나라에 원수를 갚고자 하는데 소씨가 아니면 할 수 없을 것이오."

이에 소대를 불러서 다시 잘 대우하고 함께 제나라를 정벌할 계획을 세웠다.① 마침내 제나라를 처부수자 민왕은 탈출해 달아났다.

秦王聞若說 必若刺心然 則王何不使辯士以此若言說秦 秦必取 齊必

伐矣 夫取秦 厚交也 伐齊 正利也 尊厚交 務正利 聖王之事也 燕昭王善

其書 曰 先人嘗有德蘇氏 子之之亂而蘇氏去燕 燕欲報仇於齊 非蘇氏

莫可 乃召蘇代 復善待之 與謀伐齊^① 竟破齊 湣王出走

① 與謀伐齊여모벌제

신주 제나라가 송나라를 합병하자 더 이상 제나라를 방치할 수 없다고 여긴 진나라가 나머지 5국를 회유하여 제나라를 공격하여 몰락시킨 사건이다. 이는 합종책이 붕괴된 것으로 전국시대의 한 분기점을 이루면서 진나라가 통일을 앞당기는 계기가 된다. 이때 연나라는 악의를 등용하여 제나라로 깊숙이 쳐들어간다.

한참을 지나 진나라에서 연왕을 불렀는데 연왕은 가고자 했으나 소대가 연왕을 만류하면서 말했다.

"초나라는 지枳 땅^①을 빼앗으려다가 나라가 망할 지경에 이르렀고^② 제나라는 송나라를 빼앗으려다가 나라가 망할 지경에 이르렀으며,^③ 제나라와 초나라는 지 땅과 송나라를 차지하지도 못하고 진나라를 섬기게 되었으니 무엇 때문이겠습니까? 곧 공로가 있는 나라는 진나라와 깊은 원수가 되기 때문입니다. 진나라가 천하를 취하려 하는 것은 의를 행하려는 것이 아니라 폭력입니다. 진나라가 폭력을 행하면서 천하에 곧바로 경고했습니다.^④

久之 秦召燕王 燕王欲往 蘇代約燕王曰 楚得枳^① 而國亡^② 齊得宋而國

> 亡③ 齊楚不得以有枳宋而事秦者 何也 則有功者 秦之深讎也 秦取天下
> 非行義也 暴也 秦之行暴 正告天下④

① 枳지

집해 서광이 말했다. "파군에 지현이 있다."

徐廣曰 巴郡有枳縣

정의 枳의 발음은 '지[支是反]'인데 지금 부주涪州의 성이다. 진나라 (통일) 시대에 지현은 강남에 있었다.

枳 支是反 今涪州城 在秦 枳縣在江南

② 國亡국망

집해 서광이 말했다. "연소왕 33년에 진나라는 초나라 언鄢과 서릉西陵을 함락했다."

徐廣曰 燕昭王三十三年 秦拔楚鄢西陵

정의 살펴보니 서릉은 황주에 있다.

按 西陵在黃州

신주 여기서 나라가 망했다는 것은 수도를 잃어 거의 멸망에 처했다는 뜻이다. 초나라는 수도 영을 버리고 동쪽으로 천도했고 제나라는 수도 임치를 5년간 잃었었다.

③ 齊得宋以國亡제득송이국망

정의 〈육국연표〉에서 제민왕 38년에 송나라를 멸했고, 40년에 5개국이 함께 민왕을 공격하자 민왕은 거莒 땅으로 달아났다.

年表云齊湣王三十八年 滅宋 四十年 五國共擊湣王 王走莒

④ 正告天下정고천하

색은 정고正告는 드러내 천하에 알리는 것을 이른다.

正告謂顯然而告天下也

(진나라가) 초나라에 경고하기를 '촉蜀 땅의 갑병은 배를 타고 민수汶水①에서 띄워 하수夏水②를 타다가 강수江水로 내려가면 5일만에 영郢에 이른다. 한중漢中의 갑병들은 배를 타고 파巴③에서 출발해 하수夏水를 타다가 한수漢水로 내려가면 4일만에 오저五渚④에 이른다. 과인이 갑병을 모아 완宛의 동쪽에서 수隨⑤로 내려가면 지혜가 있는 자라도 미처 계획을 세우지 못하고, 용사라도 분노할 겨를이 없게 될 것이니, 과인은 새매를 쏘는 것처럼⑥ 공격할 것이다. (초나라) 왕께서 천하의 군사를 기다려 함곡관을 공격하려고 하지만 이 또한 거리가 멀지 아니한가.'라고 했습니다. 초나라 왕은 이런 까닭에 17년간 진나라를 섬겼습니다.

告楚曰 蜀地之甲 乘船浮於汶① 乘夏水②而下江 五日而至郢 漢中之甲 乘船出於巴③ 乘夏水而下漢 四日而至五渚④ 寡人積甲宛東下隨⑤ 智者不及謀 勇士不及怒 寡人如射隼矣⑥ 王乃欲待天下之攻函谷 不亦遠乎 楚王爲是故 十七年事秦

① 汶민

汶의 발음은 '민[眉貧反]'이다.

眉貧反

汶의 발음은 '민旻'이다. 곧 강수가 나오는 곳인 민산岷山이다.

音旻 即江所出之岷山也

② 夏水하수

夏의 발음은 '가暇'이다. 하수의 큰 비로 크게 불어난 때를 이른다.

夏音暇 謂夏潦之水盛長時也

초나라 수도 영郢 주변의 운몽택雲夢澤을 가리키며, 여름에는 물이 불어 물줄기가 되므로 '하수夏水'라고 부른다. 그 끝이 하구夏口이며 강수와 한수와 하수가 만나는 곳이다. 하구는 오늘날 거대도시가 된 무한시武漢市이다.

③ 巴파

파巴는 물 이름이고 한수와 가깝다.

巴 水名 與漢水近

파령산은 양주 남쪽 190리에 있다. 《주지지》에서 말한다. "남쪽으로 노자수老子水를 건너 파령산을 오른다. 남쪽으로 대강大江을 돈다. 이 남쪽은 옛 파국巴國이므로 이로 인하여 산 이름으로 삼았다."

巴嶺山在梁州南一百九十里 周地志云 南渡老子水 登巴嶺山 南回(記)大江 此南是古巴國 因以名山

④ 五渚오저

《전국책》에서 말한다. "진나라는 형荊(초나라) 사람과 싸워서 초나

라를 크게 쳐부수고 영郢을 습격해 동정洞庭과 오저五渚를 빼앗았다." 그
렇다면 오저는 동정에 있는 것이다.

戰國策曰秦與荊人戰 大破荊 襲郢 取洞庭五渚 然則五渚在洞庭

[색은] 살펴보니 오저는 다섯 곳의 모래톱이다. 유씨는 완宛과 등鄧 사이
로 한수에 닿아 있다고 주장했는데, 그렇다면 동정에 있다는 것은 뜻을
얻지 못한 것이다. 어떤 이는 설명하기를 오저는 곧 오호五湖라고 했는데
더욱 유씨의 설명과는 같지 않다.

按 五渚 五處洲渚也 劉氏以爲宛鄧之間 臨漢水 不得在洞庭 或說五渚即五湖
益與劉說不同也

⑤ 隨수

[색은] 완현宛縣의 동쪽에서 내려가면 수읍隨邑이다.

宛縣之東而下隨邑

[신주] 옛 수나라로, 초나라가 합병한 곳이다. 오나라가 영을 함락할 때,
초나라 소왕昭王이 도망친 곳이다.

⑥ 如射隼矣여사준의

[색은] 살펴보면《역》에서 말한다. "새매를 높은 담 위에서 쏘아 잡았으
니 이롭지 않은 것이 없다." 진왕의 말은 나는 지금 초나라를 정벌하여
반드시 이기고 사로잡을 것이라는 뜻이다.

按 易曰射隼于高墉之上 獲之 無不利 秦王言我今伐楚 必當捷獲也

[정의] 준隼은 지금의 송골매와 같다.

隼若今之鶻

진나라는 한나라에 곧바로 경고하기를 '우리가 소곡少曲①에서 (군사를) 일으키면 하루 만에 태항太行②의 길을 끊을 수 있다. 우리가 의양宜陽에서 군사를 일으켜 평양平陽을 함락시키면③ 이틀 후에는 동요하지④ 않는 곳이 없을 것이다. 우리가 동주와 서주를 떠나 정鄭을 함락시키면 5일 이후에는 나라를 빼앗을 것이다.⑤'라고 했습니다. 한나라는 그러할 것이라고 여겼으므로 진나라를 섬겼습니다.

秦正告韓曰 我起乎少曲① 一日而斷大行② 我起乎宜陽而觸平陽③ 二日而莫不盡繇④ 我離兩周而觸鄭 五日而國擧⑤ 韓氏以爲然 故事秦

① 少曲소곡

색은 지명이며 의양에서 가깝다.

地名 近宜陽也

정의 회주懷州 하양현 서북쪽에 있고 해설은 〈범저열전〉에 있다.

在懷州河陽縣西北 解在范雎傳

신주 의양은 하수 남쪽이고 회주는 하수 북쪽이며 태항산도 하수 북쪽이니, 정의 주석에 타당성이 있다.

② 太行태항

정의 태항산 양장판羊腸阪 길은 북쪽에서 한나라 상당군을 지나간다.

太行山羊腸阪道 北過韓上黨也

③ 宜陽而觸平陽의양이촉평양

정의 의양과 평양은 모두 한나라 대도시이다. 하수河水가 (남북으로) 가르고 있다.

宜陽平陽皆韓大都也 隔河也

④ 繇요

색은 繇의 발음은 '요搖'이다. 요搖는 동요하는 것이다.

音搖 搖動也

⑤ 離兩周而觸鄭 五日而國擧이양주이촉정 오일이국거

색은 離는 통상적인 발음으로 읽는다. 군사를 주둔시키면 서주와 동주가 재앙을 당하는 것이며 정 땅을 공격하는 것을 이른다. 그러므로 5일이면 나라를 빼앗을 것이라고 했다. 거擧는 '발拔'(함락함)과 같다.

離 如字 謂屯兵以罹二周也 而乃觸擊于鄭 故五日國擧 擧猶拔也

정의 이離는 거치는 것이다. 동주와 서주를 거쳐서 동쪽으로 신정주新鄭州에 이르러 한나라 도읍을 함락시킨다는 것이다.

離 歷也 歷二周而東觸新鄭州 韓國都拔矣

진나라는 위나라에 곧바로 경고하기를 '우리가 안읍安邑을 빼앗고 여극女戟[①]을 막으면 한나라 태원太原은 단절된다.[②] 나는 지軹를 무너뜨리고 남양南陽을 가로질러 기冀를 봉쇄하고[③] 서주와 동주를 포위할 것이다.[④] 여름날 물(하수河水)의 기세를[⑤] 날랜 배를 띄워 강력한 쇠뇌를 앞에 세우고 예리한[⑥] 창을 뒤에 세우고 형수滎水의 입구를 터트리면 위나라에게는 대량大梁이 없을 것이다.⑦ 백마구白馬口를 터트리면 위나라에게는 외황外黃과 제양濟陽이 없을 것이다.⑧ 숙서宿胥의 입구⑨를 터트리면 위나라에게는 허虛와 돈구頓丘⑩가 없을 것이다. 육지로 공격하면 하내를 치고 물로 공격하면 대량을 없앨 것이다.'라고 했습니다. 위나라는 그러할 것이라고 여겼으므로 진나라를 섬겼습니다.

秦正告魏曰 我擧安邑 塞女戟① 韓氏太原卷② 我下軹 道南陽 封冀③ 包兩周④ 乘夏水⑤ 浮輕舟 彊弩在前 銳⑥戈在後 決滎口 魏無大梁⑦ 決白馬之口 魏無外黃濟陽⑧ 決宿胥之口⑨ 魏無虛頓丘⑩ 陸攻則擊河內 水攻則滅大梁 魏氏以爲然 故事秦

① 女戟여극

[색은] 여극은 지명인데 아마 태항산의 서쪽에 있었을 것이다.

女戟 地名 蓋在太行山之西

② 太原卷태원권

[색은] 유씨는 卷의 발음은 '권[軌免反]'이라고 했다. 살펴보니 안읍을 빼앗고 여극을 막으면 한씨의 한나라 의양宜陽에 이른다. 태원太原이라고 했는데 위나라 땅은 태원에 이르지 않았으며 또한 다른 이름의 태원이 없으니 아마 태太는 덧붙여진 글자일 것이다. 원原은 마땅히 '경京' 자가 되어야 한다. 경京과 권卷은 모두 형양군에 속하며 위나라의 국경이다. 또 아래에 지도軹道는 하내군 지현이고 여기서 말한 '도道' 자 역시 덧붙여진 글자이다. 서광은 "패릉에 지도정軹道亭이 있다."라고 했는데 위나

라의 강역이 아니라고 했으니 그 주석이 틀린 것이 이와 같다.

劉氏卷音軌免反也 按 擧安邑 塞女戟 及至韓氏之韓國宜陽也 太原者 魏地不
至太原 亦無別名太原者 蓋太衍字也 原當爲京 京及卷皆屬滎陽 是魏境 又下
軹道是河內軹縣 言道者 亦衍字 徐廣云霸陵有軹道亭 非魏之境 其疏謬如此

[정의] 卷의 발음은 '권[軌免反]'이다. 유장백이 말했다. "태원은 마땅히
태항太行이 되어야 한다. 권卷은 단절과 같은 것이다."

卷 軌免反 劉伯莊云 太原當爲太行 卷猶斷絕

[신주] [색은] 주석보다 [정의] 주석에서 인용한 유백장의 말에 타당성이
있다. 즉 안읍을 거쳐 하내로 가로지르면 태항은 한나라 상당군에 위치
한 곳이니 이 지역은 단절되어 본토와 끊어진다는 말이다.

③ 下軹 道南陽 封冀하지 도남양 봉기

[집해] 서광이 말했다. "패릉에 지도정이 있고 하동군 피지皮氏에 기정
冀亭이 있다."

徐廣曰 霸陵有軹道亭 河東皮氏有冀亭也

[색은] 살펴보니 위나라 남양南陽은 곧 하내군이다. 봉封은 봉릉封陵이
다. 기冀는 기읍이다. 모두 위나라 국경에 있다. 그러므로 서광이 말했다.
"하동군 피지현에 기정冀亭이 있다."

按 魏之南陽即河內也 封 封陵也 冀 冀邑 皆在魏境 故徐廣云河東皮氏縣有冀亭

[신주] 모두 전국시대의 지리에 정통하지 못한 주석들이다. 그 핵심은 하
내를 감싸서 양주를 포위한다는 것이다. 지軹는 곧 〈지리지〉의 하내군
지현이다. 그 주변 남양까지 가로지르면 곧 위나라의 하동과 하내 지역
을 연결하는 길목인 기관箕關이 봉쇄된다는 뜻이다. 기冀는 곧 기관이다.
하동군 피지는 이곳과 먼 거리라서 해당하지 않는다. 또 《전국책》에는

"지를 무너뜨리고 남양, 봉릉, 기의 길로 나서서[下枳, 道南陽, 封, 冀]"로 끊어
서 읽었지만 잘못이며, 〈소진열전〉의 "기를 무너뜨리고 남양을 가로질러
기를 봉쇄하고[下枳, 道南陽, 封冀]"로 끊어 읽는 것이 옳다.

④ 包兩周포양주

집해 서광이 말했다. "장의가 '하동을 함락시키고 성고를 빼앗았다.'라
고 했다."

徐廣曰 張儀曰 下河東 取成皐也

정의 양주는 왕성과 공鞏이다,

兩周 王城及鞏

⑤ 乘夏水승하수

신주 위나라는 황하 이북과 이남, 낙양 동쪽에 있던 나라인데 장강의
지류 하수夏水로 보면 모순이 생긴다. 따라서 승하수乘夏水를 '여름날 물
(하수河水)의 기세를 타고'로 번역하였으며, 이때 물은 황하를 말한다.

⑥ 銕염

집해 서광은 銕의 발음은 '염[由冉反]'이라고 했다.

徐廣曰 由冉反

정의 유백장은 銕의 발음은 '셤[四廉反]'이고 예리한 뜻이라고 했다.

劉伯莊云 音四廉反 利也

⑦ 決滎口 魏無大梁결형구 위무대량

색은 형택滎澤 입구와 지금 변하汴河 입구는 통하며 그 물의 깊이는 대

량大梁에 댈 만하다. 그러므로 '대량은 없을 것'이라고 했다.

滎澤之口與今汴河口通 其水深 可以灌大梁 故云無大梁也

신주 실제로 진나라는 형수 입구를 터서 위나라 수도 대량을 잠기게

하여 위나라를 멸망시켰다.

⑧ 外黃濟陽외황제양

색은 백마하의 나루는 동군에 있는데, 그 흐름을 터뜨려서 외황外黃과

제양에 물을 쏟는 것이다.

白馬河津在東郡 決其流以灌外黃及濟陽

정의 옛 황성은 조주曹州 고성현 동쪽 24리에 있다. 제양 옛 성은 조주

원구현 서남쪽 35리에 있다.

故黃城在曹州考城縣東二十四里 濟陽故城在曹州冤朐縣西南三十五里

⑨ 宿胥之口숙서지구

집해 서광이 말했다. "《죽서기년》에는 위나라가 산새를 구하러 서구胥

口에 모였다고 하였다."

徐廣曰 紀年云魏救山塞集胥口

색은 살펴보니 《죽서기년》에는 '서胥'로 되어 있는데, 아마도 나루의

이름이겠지만 지금은 그 땅의 소재를 알지 못한다.

按 紀年作胥 蓋亦津之名 今其地不知所在也

정의 기수淇水는 위주衛州 기현 경계인 기구淇口에서 나와 동쪽으로 여

양黎陽에 이르러 하수로 들어간다. 《삼국지》〈위지〉에서 말한다. "무제

(조조)가 청기구淸淇口의 동쪽에서 숙서宿胥의 옛 봇도랑을 따라 백구白溝

를 열고, 청수淸水와 기수 두 물줄기를 이끌어 들였다."

淇水出衛州淇縣界之淇口 東至黎陽入河 魏志云 武帝於清淇口東因宿胥故瀆
開白溝 道清淇二水入焉

⑩ 虛頓丘허돈구

집해 서광이 말했다. "진시황 5년에 위나라 산조, 연허, 장평을 빼앗았다."
徐廣曰 秦始皇五年 取魏酸棗 燕虛長平

색은 허虛는 읍명이며 땅이 산조와 서로 가깝다.
虛 邑名 地與酸棗相近

정의 허는 은허殷墟를 이르며 지금 상주相州의 치소가 이곳이다. 돈구
頓丘의 옛 성은 위주魏州 돈병현 동북쪽 20리에 있다. 《괄지지》에서 말한
다. "두 지방 땅은 당시 위나라에 속했다."
虛謂殷墟 今相州所理是 頓丘故城在魏州頓兵縣東北二十里 括地志云 二國地
時屬魏

진나라가 안읍安邑을 공격하려고 하면서 제나라가 구원할까 두
려워서 송나라를 제나라에 맡겼습니다. 그리고 말하기를 '송나라
왕이 무도하여 나무 인형을 만들어 과인의 얼굴을 그려 놓고 활
로 쏘게 했소. 과인의 땅은 멀리 떨어져 있고 군사들은 멀어서 공
격할 수 없었소. 왕께서 진실로 송나라를 깨뜨리고 그 땅을 차지
한다면 과인은 스스로 얻은 것처럼 여길 것이오.'라고 했습니다.
안읍을 얻고 나서 여극女戟을 차단하고, 이어서 송나라를 무너뜨
리자 제나라의 죄라고 했습니다.①

진나라가 한나라를 공격하려고 하면서 천하(제후들)가 구제할까 두려워 제나라를 천하에 맡겼습니다. 그리고 이르기를 '제왕은 네 차례나 과인과 언약했지만 네 차례 모두 과인을 속였소. 또 반드시 천하를 인솔하여 과인을 공격한 것이 세 차례요. 제나라가 있으면 진나라가 없고 진나라가 있으면 제나라는 없으니 나는 반드시 (제나라를) 정벌해 반드시 멸망시킬 것이오.'라고 했습니다. 의양宜陽과 소곡少曲을 빼앗고 나서 인藺과 이석離石에 이르렀고 이어서 제나라를 깨뜨리자 천하(제후들)의 죄라고 했습니다.

秦欲攻安邑 恐齊救之 則以宋委於齊 曰 宋王無道 爲木人以〔寫〕〔象〕寡人 射其面 寡人地絶兵遠 不能攻也 王苟能破宋有之 寡人如自得之 已得安邑 塞女戟 因以破宋爲齊罪^① 秦欲攻韓 恐天下救之 則以齊委於天下 曰 齊王四與寡人約 四欺寡人 必率天下以攻寡人者三 有齊無秦 有秦無齊 必伐之 必亡之 已得宜陽少曲 致藺〔離〕石 因以破齊爲天下罪

① 以破宋爲齊罪이파송위제죄

색은 진나라는 제나라를 시켜 송나라를 멸망하게 했지만 오히려 송나라를 깨뜨린 것을 제나라의 죄명으로 삼았다.

秦令齊滅宋 仍以破宋爲齊之罪名

진나라가 위나라를 공격하려고 하면서 초나라를 중시하여,[①] 남양을 초나라에 맡겼습니다.[②] 이에 이르기를 '과인은 진실로 한나라와 또 절교하고자 하오. 균릉均陵을 짓밟고 맹애鄳阨를 막아[③] 진실로 초나라에 이롭게 된다면 과인이 스스로 가진 것처럼 여길 것이오.'라고 했습니다. 위나라는 동맹국을 버리고 진나라와 연합하니 (진나라는) 이어서 맹애를 차단한 것을 초나라의 죄라고 했습니다.

(진나라) 군사들은 (위나라를 치다가) 임중林中[④]에서 곤경을 겪게 되었는데 (연·조나라가 위나라를 도울 것을 염려해) 연나라와 조나라를 높이면서 교동膠東을 연나라에 맡기고 제서濟西를 조나라에 맡겼습니다. 위나라와 강화조약을 얻고[⑤] 나서 공자 연延을 이르게 하여 (볼모로 잡고),[⑥] 이어서 (위나라 장수) 서수犀首에게 군대를 거느리게 하여[⑦] 조나라를 공격했습니다.

秦欲攻魏重楚[①] 則以南陽委於楚[②] 曰 寡人固與韓且絕矣 殘均陵 塞鄳阨[③] 苟利於楚 寡人如自有之 魏棄與國而合於秦 因以塞鄳阨爲楚罪 兵困於林中[④] 重燕趙 以膠東委於燕 以濟西委於趙 已得講於魏[⑤] 至公子延[⑥] 因犀首屬行[⑦]而攻趙

① 攻魏重楚공위중초

색은 重은 붙는 것과 같은데 높이는 것이다.

重猶附也 尊也

정의 초나라가 위나라를 구원하는 것을 두려워한 것이다.

畏楚救魏

② 南陽委於楚남양위어초

정의 남양은 등주鄧州 땅이고 본래 한나라 땅이다. 한나라에서 먼저 진나라를 섬겼으며 지금은 초나라가 남양을 취했다. 그러므로 "한나라와 또 절교하고자 합니다."라고 말한 것이다.

南陽鄧州地 本韓地也 韓先事秦 今楚取南陽 故言與韓且絶矣

신주 남양군 대부분은 초나라 땅이었으며, 그 북부의 극히 일부만 한나라 땅이었다. 이때는 북부의 상당한 지역을 진나라가 빼앗아 소유하고 있었다. 그래서 진나라는 남양 지역을 초나라에 맡긴다고 한 것이다. 〈초세가〉에 따르면, 남양군 북부를 진나라에 잃은 것은 초나라 경양왕 원년이다. 이때로부터 약 15년 전이다.

③ 殘均陵 塞䣜阨잔균릉 새맹애

집해 䣜의 발음은 '맹盲'이다. 서광이 말했다. "맹䣜은 강하군 맹현이다. 균均은 다른 판본에는 '작灼'으로 되어 있다."

䣜音盲 徐廣曰 䣜 江夏䣜縣 均 一作灼

색은 균릉은 남양군에 있는데 아마 지금의 균주일 것이다. 맹䣜은 현 이름이고 강하군에 있다.

均陵在南陽 蓋今之均州 䣜音盲 縣名 在江夏

정의 균주의 옛 성은 수주隨州 서남쪽 50리에 있으며 아마 균릉일 것이다. 또 신주申州 나산현은 본래 한漢의 맹현이다. 신주에는 평청관平清關이 있는데, 아마 옛 맹현의 견고한 요새일 것이다.

均州故城在隨州西南五十里 蓋均陵也 又申州羅山縣本漢䣜縣 申州有平清關 蓋古䣜縣之阨塞

신주 맹애는 명애冥阨라고도 하며, 초나라의 요새이다. 〈위세가〉에 초나라를 언급하는 곳에 그 말이 나온다. 균릉과 명애는 모두 한수와 장강 유역이다. 그런데 이 이야기의 핵심은 남양군 북부에서 한나라를 차단하는 일이다. 그 일대는 남양군 북부에 동서로 길게 뻗은 복우산맥伏牛山脈일 것인데 한참 먼 남부지역을 거론한 것은 진나라가 초나라를 꾸짖기 위해 꾸며낸 말로 뒤에 본문에서 말하였다.

④ 林中임중
[집해] 서광이 말했다. "하남군 원릉苑陵에 임향이 있다."
徐廣曰 河南苑陵有林鄕

⑤ 得講於魏득강어위
[색은] 강講은 화해이다. 진나라와 위나라가 강화한 것이다.
講 和也 解也 秦與魏和也

⑥ 至公子延지공자연
[색은] 지至는 마땅히 '질質'이 되어야 한다. 공자 연延을 인질로 삼은 것을 이른다.
至當爲質 謂以公子延爲質也

⑦ 犀首屬行서수속행
[색은] 서수와 공손연은 본래 위나라 장수인 관계로 군대를 거느리게 한 것이다. 行의 발음은 '항[胡郞反]'이며, 군사를 이어서 서로 잇댄 것을 이른다.
犀首公孫衍本魏將 因之以屬軍行 行音胡郞反 謂連兵相續也

신주 서수가 곧 공손연이다.

(진나라) 군사들이 (조나라와 싸우다가) 초석譙石에서 손상을 입고 양마
陽馬에서 무너지자,[1] (위나라가 조나라를 도울 것을 염려해서) 위나라를 높
이고 섭葉과 채蔡를 위나라에 맡겼습니다. 조나라와 강화조약을
맺고 나서 곧 위나라를 겁박했지만 위나라는 땅을 떼어주지 않았
습니다. (싸움에 져서) 곤란해지면 태후의 아우 양후穰侯를 시켜 화
해하게 하고 이기면 외삼촌과 어머니를 속였습니다.[2]

연나라를 꾸짖을[3] 때는 '교동膠東으로' 했고, 조나라를 꾸짖을
때는 '제서濟西로' 했고, 위나라를 꾸짖을 때는 '섭葉과 채蔡로' 했
고, 초나라를 꾸짖을 때는 '맹애를 차단한 것으로' 했고, 제나라
를 꾸짖을 때는 '송나라로' 했습니다. 이는 반드시 명령하는 말이
쳇바퀴 돌 듯 하는 것이고 군사를 사용하는 것은 수를 놓는 것처
럼 치밀하게 하여 어머니도 제어하지 못하고 외삼촌도 말릴 수 없
었습니다.

兵傷於譙石 而遇敗於陽馬[1] 而重魏 則以葉蔡委於魏 已得講於趙 則劫
魏〔魏〕不爲割 困則使太后弟穰侯爲和 嬴則兼欺舅與母[2] 適[3]燕者曰
以膠東 適趙者曰 以濟西 適魏者曰 以葉蔡 適楚者曰 以塞鄳阨 適齊者
曰 以宋 此必令言如循環 用兵如刺蜚 母不能制 舅不能約

---

① 譙石 而遇敗於陽馬초석 이우패어양마

색은 살펴보니 초석과 양마는 모두 조나라 지명이지만 현읍은 아니다.

按 譙石陽馬竝趙地名 非縣邑也

② 嬴則兼欺舅與母영즉겸기구여모

[색은] 살펴보니 영嬴은 승勝과 같다. 외삼촌은 양후 위염魏冉이다. 어머니는 태후이다.

按 嬴猶勝也 舅 穰侯魏冉也 母 太后也

③ 適적

[색은] 適의 발음은 '택宅'이다. 적適은 꾸짖음이다. 아래도 같다.

適音宅 適者 責也 下同

용가龍賈 전투,① 안문岸門 전투,② 봉릉封陵 전투,③ 고상高商 전투,④ 조장趙莊 전투⑤에서 진나라가 살해한 삼진三晉의 백성이 수백만 명이며 지금 살아 있는 자는 모두 진나라가 죽인 자들의 고아들입니다. 서하西河의 밖이나 상락上雒의 땅과 삼천三川은 진晉나라가 재앙을 당한 곳으로 삼진三晉의 절반이나 됩니다. 진나라의 화근은 이처럼 큽니다.⑥ 연나라와 조나라에서 진나라로 가는 자는⑦ 모두 다투어 진나라를 섬기라고 그의 군주에게 설득하니 이것은 신이 크게 걱정하는 바입니다."

연나라 소왕은 진나라에 가지 않았다. 소대는 다시 연나라에서 중용되었다. 연나라는 소진 때처럼 제후들과 합종을 맺었으나 어떤 제후는 따르고 어떤 제후는 따르지 않았다. 그렇지만 천하는 이로 말미암아 소씨가 세운 합종책의 약속을 종주로 삼았다. 소대와 소려는 모두 천수를 누리고 죽었으며 이름은 제후들 사이에서 날리게 되었다.

龍賈之戰^① 岸門之戰^② 封陵之戰^③ 高商之戰^④ 趙莊之戰^⑤ 秦之所殺三晉之民數百萬 今其生者皆死秦之孤也 西河之外 上雒之地 三川晉國之禍 三晉之半 秦禍如此其大也^⑥ 而燕趙之秦者^⑦ 皆以爭事秦說其主 此臣之所大患也 燕昭王不行 蘇代復重於燕 燕使約諸侯從親如蘇秦時 或從或不 而天下由此宗蘇氏之從約 代厲皆以壽死 名顯諸侯

① 龍賈之戰용가지전

[집해] 위나라 양왕襄王 5년, 진나라는 위나라 용가龍賈의 군사를 무찔렀다.

魏襄王五年 秦敗我龍賈軍

[신주] 위나라 혜왕 후5년이다. 용가의 군대 4만 5,000명을 조음雕陰에서 무찌르자, 위나라는 진나라에 하서河西의 땅을 주었다.

② 岸門之戰안문지전

[집해] 한나라 선혜왕 19년, 진나라는 한나라 안문을 대파했다.

韓宣惠王十九年 秦大破我岸門

[신주] 위나라 양왕 5년이기도 하며, 위나라와 한나라의 연합군을 지휘한 장수 서수犀首가 패했다.

③ 封陵之戰봉릉지전

 집해 위나라 애왕哀王 16년, 진나라는 위나라 봉릉을 무너뜨렸다.

魏哀王十六年 秦敗我封陵

 신주 위나라 양왕 16년이다. 사마천은 양왕을 애왕이라 기록했다.

④ 高商之戰고상지전

 집해 이 전투는 보이지 않는다.

此戰事不見

⑤ 趙莊之戰조장지전

 집해 조나라 숙후肅侯 22년, 조장趙莊이 진나라와 싸워 무너지자 진나라는 조장을 하서河西에서 죽였다.

趙肅侯二十二年 趙莊與秦戰敗 秦殺趙莊河西

⑥ 三晉之半 秦禍如此其大也삼진지반 진화여차기대야

 색은 서하의 밖과 상락上雒의 땅과 삼천三川은 진국晉國으로 모두 곧 진나라가 위나라와 싸우던 곳이며 진나라 군사에게 패배하여 화를 당한 곳이 삼진三晉의 절반이나 된다는 말로, 진나라의 화근이 이처럼 크다는 것이다.

以言西河之外 上雒之地及三川晉國 皆是秦與魏戰之處 秦兵禍敗我三晉之半 是秦禍如此其大者乎

⑦ 燕趙之秦者연조지진자

 색은 연나라와 조나라 사람으로 진나라에 간 자는 유세하는 사인이라는 것을 이른다.

燕趙之人往秦者 謂游說之士也

태사공은 말한다.

소진 형제 세 사람은[①] 모두 제후들에게 유세를 해 이름을 날렸고 그 술책은 임기응변에 뛰어났다. 소진이 반간反間으로 몰려 죽자 천하에서 함께 웃음거리가 되었고 그의 술책을 배우는 것을 꺼려했다. 그러나 세상에서 소진은 특이한 것이 많다고 말하는데, 시대가 다르더라도 일에 비슷한 것이 있는 것은 모두 소진에게 가져다 붙였기 때문이다. 대저 소진은 시골 마을에서 일어나 6국을 연결하여 합종으로 친하게 했는데 이는 그의 지혜가 남보다 나았기 때문이다. 나는 그 까닭에 그의 행적과 사업을 나열하고 그 시대의 순서에 따라 서술했는데, 홀로 악명을 입지 않게끔 하려는 것이다.

太史公曰 蘇秦兄弟三人[①] 皆游說諸侯以顯名 其術長於權變 而蘇秦被反間以死 天下共笑之 諱學其術 然世言蘇秦多異 異時事有類之者皆附之蘇秦 夫蘇秦起閭閻 連六國從親 此其智有過人者 吾故列其行事次其時序 毋令獨蒙惡聲焉

① 兄弟三人형제삼인

색은 살펴보니 초윤남(초주)은 소씨의 형제는 5명이라고 말했는데, 다시 소벽蘇辟과 소곡蘇鵠이 있으며《전략》에도 그 설명이 똑같다. 살펴보니《소씨보》에도 그러하다.

按 譙允南以爲蘇氏兄弟五人 更有蘇辟蘇鵠 典略亦同其說 按 蘇氏譜云然

色은술찬 사마정이 펼쳐서 밝히다.

계자(소진)는 주나라 사람이며 귀곡자를 스승으로 섬겼다. 다른 사람의 마음을 헤아리게 된 것은 엎드려《음부》를 읽고부터이다. 합종으로 연횡을 갈라놓고 육국에서 재상 인수를 찼다. 천자는 길을 청소하고 집안사람들은 엎드려 모셨다. 현명하구나! 소대와 소려여. 영예를 잇고 일족의 무리를 이루었으니!

季子周人 師事鬼谷 揣摩既就 陰符伏讀 合從離衡 佩印者六 天王除道 家人扶服 賢哉代厲 繼榮黨族

지명

기타

《신주 사마천 사기》〈열전〉을 만든 사람들

한가람역사문화연구소 사기연구실

이덕일(한가람역사문화연구소 소장, 문학박사)

김명옥(문학박사)

송기섭(문학박사)

이시율(고대사 및 역사고전 연구가)

정　암(지리학박사)

최원태(고대사 연구가)

한가람역사문화연구소는 1998년 창립된 이래 한국 사학계에 만연한 중화사대주의 사관과 일제식민 사관을 극복하고 한국의 주체적인 역사관을 세우려 노력하고 있는 학술연구소이다. 독립운동가들의 역사관 계승 작업을 꾸준히 진행하는 한편《사기》본문 및 '삼가주석'에 한국 고대사의 진실을 말해주는 수많은 기술이 있음을 알고 연구에 몰두 했다. 지난 10여 년간 '《사기》 원전 및 삼가주석 강독(강사 이덕일)'을 진행하는 한편 사기연구실 소속 학자들과《사기》에 담긴 한중고대사의 진실을 찾기 위한 연구 및 답사도 계속했다.《신주 사마천 사기》는 원전 강독을 기초로 여러 연구자들이 그간 토론하고 연구한 결과의 집대성이라고 할 수 있다. 한가람역사문화연구소는《신주 사마천 사기》 출간을 시작으로 역사를 바로세우기 위해 토대가 되는 문헌사료의 번역 및 주석 추가 작업을 꾸준히 이어갈 계획이다.

한문 번역 교정

유정님 박상희 김효동 곽성용 김영주 양훈식 박종민

《사기》를 지은 사람들

본문_ 사마천

사마천은 자가 자장子長으로 하양(지금 섬서성 한성시) 출신이다. 한 무제 때 태사공을 역임하다가 이릉 사건에 연루되어 궁형을 당했다. 기전체 사서이자 중국 25사의 첫머리인 《사기》를 집필해 역사서 저술의 신기원을 이룩했다. 후세 사람들이 태사공 또는 사천이라고 높여 불렀다. 《사기》는 한족의 시각으로 바라본 최초의 중국 민족사라고 할 수 있는데 여기서 사마천은 동이족의 역사를 삭제하거나 한족의 역사로 바꾸기도 했다.

삼가주석_ 배인·사마정·장수절

《집해》 편찬자 배인은 자가 용구龍駒이며 남북조시대 남조 송 (420~479)의 하동 문희(현 산서성 문희현) 출신이다. 진수의 《삼국지》에 주석을 단 배송지의 아들로 《사기집해》 80권을 편찬했다.

《색은》 편찬자 사마정은 자가 자정子正으로 당나라 하내(지금 하남성 심양) 출신인데 굉문관 학사를 역임했다. 사마천이 삼황을 삭제한 것을 문제로 여겨서 〈삼황본기〉를 추가했으며 위소, 두예, 초주 등 여러 주석자의 주석을 폭넓게 모으고 자신의 견해를 덧붙여 《사기색은》 30권을 편찬했다.

《정의》 편찬자 장수절은 당나라의 저명한 학자로, 개원 24년(736) 《사기정의》 서문에 "30여 년 동안 학문을 섭렵했다"고 썼을 정도로 《사기》 연구에 몰두했다. 그가 편찬한 《사기정의》에는 특히 당나라 위왕 이태 등이 편찬한 《괄지지》를 폭넓게 인용한 것을 비롯해서 역사지리에 관한 내용이 풍부하다.